Aprenda a ser decisivo

Consiga ultrapassar impasses

Saiba quando responder "sim" ou "não"

írito
Negócios

nael Useem

É Hora de
Decidir

Actual Editora
Conjuntura Actual Editora, Lda.

Missão
Editar livros nos domínios da Gestão e da Economia e tornar-se uma editora
de referência nestas áreas. Ser reconhecida pela sua qualidade técnica,
actualidade e relevância de conteúdos, imagem e *design* inovador.

Visão
Apostar na facilidade e na compreensão de conceitos e ideias
que contribuam para informar e formar estudantes, professores, gestores
e todos os interessados, para que, através do seu contributo, participem
na melhoria da sociedade e da gestão das empresas em Portugal
e nos países de língua oficial portuguesa.

Estímulos
Encontrar novas edições interessantes e **actuais** para as necessidades
e expectativas dos leitores das áreas de Economia e de Gestão.
Investir na qualidade das traduções técnicas. Adequar o preço
às necessidades do mercado. Oferecer um *design* de excelência
e contemporâneo. Apresentar uma leitura fácil através de uma
paginação estudada. Facilitar o acesso ao livro, por intermédio
de vendas especiais, *website*, *marketing*, etc.
Transformar um livro técnico num produto atractivo.
Produzir um livro acessível e que, pelas suas características,
seja **actual** e inovador no mercado.

É Hora de Decidir

Michael Useem

ACTUAL EDITORA
www.actualeditora.com
Lisboa — Portugal

Actual Editora
Conjuntura Actual Editora, Lda.
Caixa Postal 180
Rua Correia Teles, 28 A
1350 100 Lisboa
Portugal

TEL: (+351) 21 3879067
FAX: (+351) 21 3871491

Website: www.actualeditora.com

Título original: *The Go Point*
Autor: Michael Useem
Copyright © 2006 Michael Useem
Edição original publicada por Crown Business, divisão da Random House, Inc.

Edição Actual Editora – Fevereiro 2008
Todos os direitos para a publicação desta obra em Portugal reservados
por Conjuntura Actual Editora, Lda.
Tradução: Catarina Espadinha
Revisão: Marta Pereira da Silva
Design da capa e paginação: Fernando Mateus
Gráfica: Guide – Artes Gráficas, Lda.
Depósito legal: 270890/08

ISBN: 978-989-8101-22-8

Nenhuma parte deste livro pode ser utilizada ou reproduzida, no todo ou em parte, por qualquer processo mecânico, fotográfico, electrónico ou de gravação, ou qualquer forma copiada, para uso público ou privado (além do uso legal como breve citação em artigos e críticas) sem autorização prévia por escrito da Conjuntura Actual Editora.

Este livro não pode ser emprestado, revendido, alugado ou estar disponível em qualquer forma comercial que não seja o seu actual formato sem o consentimento da sua editora.

Vendas especiais:
O presente livro está disponível com descontos especiais para compras de maior volume para grupos empresariais, associações, universidades, escolas de formação e outras entidades interessadas. Edições especiais, incluindo capa personalizada para grupos empresariais, podem ser encomendadas à editora. Para mais informações contactar Conjuntura Actual Editora, Lda.

Índice

Prefácio		9
Introdução - Decidir com consequências para terceiros		23
1	No calor do momento	39
2	Entrar no jogo das decisões	67
3	Usar a rede	91
4	Prever o futuro	113
5	Tomar decisões	137
6	Transcender o lucro pessoal	173
7	Erros não forçados	195
Notas		219
Referências bibliográficas		227
Agradecimentos		241
Créditos de fotografias, imagens, tabelas e simulações		245
Sobre o autor		247

Prefácio

Imagine por alguns instantes que é levado da sua vida quotidiana normal e é lançado como bombeiro florestal no meio de um incêndio devastador no Colorado, tornando-se no líder *de facto* de uma equipa cujo objectivo é impedir que o fogo alastre. Com escassas informações disponíveis sobre as condições meteorológicas, tem de decidir com urgência para onde a sua equipa se deve dirigir — para cima ou para baixo na montanha — e a sua escolha forçada tem potenciais consequências de vida ou morte.

Ou que está agora na sala de transacções de obrigações da Lehman Brothers e tem de tomar decisões de compra ou venda que envolvem muitos milhões de dólares que terão sérias consequências, não apenas para a rentabilidade da sua empresa, mas também para o seu bónus no final do ano.

Ou talvez que é o novo presidente executivo da Hewlett-Packard, obrigado a arrumar a desordem deixada pelo seu antecessor, que aprovou uma decisão de fundir a Compaq Computer com a sua própria empresa de computadores em dificuldades. Terá de haver uma redução de postos de trabalho, talvez até a dissolução de uma divisão inteira. Como é que decide quem sai e o que fica?

Todos estes são exemplos de horas de decidir, momentos de decisão, alturas para dizer "sim" ou "não", instantes para saltar numa direcção ou noutra quando o destino de outros depende disso. Como deve fazê-lo?

Para dominar a arte e a prática de ser decidido, a nossa narrativa irá levá-lo até alguns dos terrenos mais intimidantes na Terra — desde uma

(10) É Hora de Decidir

montanha em chamas no Estado norte-americano de Montana até à montanha mais alta nos Himalaias; desde uma sala de reuniões do conselho de administração de uma empresa até a um campo de batalha da Guerra Civil norte-americana; desde a Tyco em dificuldades, até à Lenovo em grande crescimento.

Mas testemunharemos também casos de pessoas que tomam decisões menos decisivas ou limitadas pelo tempo: no treino de astronautas, na escrita de poesia, na preparação de um *quarterback**, na direcção de uma igreja, no aceitar de um emprego. E tomaremos quatro decisões ao aplicarmos o que aprendemos com aqueles que arriscaram as suas empresas, as suas carreiras e os seus países para chegarem à decisão certa.

É Hora de Decidir leva-nos até ao interior do coração e da mente das pessoas quando é hora de decidirem. E a partir das suas e das nossas experiências, criaremos um modelo de tomada de decisão, os princípios e ferramentas para ser decidido em alturas em que realmente é importante: usando pequenos passos para tomar decisões difíceis, construindo uma rede de conselheiros e oráculos para testar ideias, mantendo opções em aberto até terem de ser fechadas.

Este livro baseia-se em mais de cem entrevistas e observações de decisores proeminentes, na maioria realizadas entre 2002 e 2006. Em relação às entrevistas, a minha abordagem foi pedir às pessoas que escrevessem e analisassem as decisões que tomaram e que tiveram consequências para aqueles à sua volta que dependiam delas. Quais foram as suas melhores e piores decisões, as mais desafiantes? Como chegaram lá? Que factores os levaram até aos seus momentos de decisão individuais? O que mudariam e o que aprenderam? Durante as entrevistas, geralmente com 60 minutos de duração mas algumas vezes mais curtas e outras mais longas, guardei anotações detalhadas e, muitas vezes, uma gravação digital.

Procurei entrevistar pessoas de um vasto grupo de profissões e vocações: um astronauta da NASA, um coronel da Marinha, um cirurgião torácico, um bispo Episcopal, professores, executivos e empreendedores chineses. Segue-se uma lista completa. Muitos não são explicitamente referidos no texto, mas a sua experiência e pensamento reflectem-se em todo o livro. Os cenários das entrevistas foram desde uma *suite* executiva até salas de aula, caminhos e centros de treino. Acompanhei uma equipa de combate a fogos florestais enquanto combatiam as chamas na Califórnia, passei horas na sala de transacções de um banco de investimentos e juntei-me a um *briefing* durante um dia inteiro apresentado pelos res-

---

* **N. T.** Líder do ataque de uma equipa de futebol americano.

Prefácio (11)

ponsáveis pelo programa de treino para astronautas no Johnson Space Center em Houston.

Ocasionalmente, também observei decisores enquanto descreviam, analisavam ou tomavam decisões com consequências para terceiros. E em alguns casos, tive a oportunidade quer de observar quer de entrevistar as pessoas em questão, algumas vezes em diversas ocasiões. Todos os momentos de observação foram acompanhados por apontamentos detalhados e, em alguns casos, por uma gravação de áudio ou até de vídeo.

Figuras de vulto, como o CEO da Cisco Systems, John Chambers; o General Peter Pace, Chefe do Estado-Maior das Forças Armadas norte--americanas*; a antiga CEO da Hewlett-Packard, Carly Fiorina; o Presidente do Paquistão, Pervez Musharraf; e o *chairman* da New York Times Company, Arthur O. Sulzberger Jr., partilharam ou transmitiram as suas experiências de tomada de decisão. Mas também andei por zonas menos exploradas, onde as decisões tomadas ou evitadas tiveram consequências dramáticas para os envolvidos. Caminhei por uma zona de incêndio na Storm King Mountain, no Estado norte-americano do Colorado, com 17 bombeiros profissionais, na tentativa de compreender a cadeia de momentos de decisão que levaram um grupo anterior, em 1994, a ser engolido por uma explosão letal, e falei com um sobrevivente de um famoso desastre de avião nos Andes.

Para além destas entrevistas, dediquei mais de 50 dias ao estudo *in loco* de tomadas de decisão por parte dos comandantes da Guerra Civil norte--americana que combateram em Gettysburg. Percorri vezes sem conta esse campo de batalha santificado com gestores e estudantes de MBA, acompanhado por guias autorizados do campo de batalha do National Park Service, William Bowling, Hans Henzel e Charles Fennell, e, durante um desses dias, pelo historiador da Guerra Civil James M. McPherson.

Enquanto parte das Wharton Leadership Ventures**, observei igualmente gestores e estudantes de MBA a tomarem centenas de decisões acerca de tudo, desde encontrar o caminho certo até à reestruturação de programas, em locais tão remotos como a Patagónia ou até a Antárctida. Em conjunto com um programa de desenvolvimento de liderança para o sistema de escolas públicas de Filadélfia, debati informalmente com professores e administradores o modo como tomam decisões. Lições acerca das tomadas de decisão quando é hora de decidir podem ser encontradas literalmente em toda a parte.

---

* **N. T.** No original, U.S. *Joint Chiefs of Staff*.

** **N.T.** Oportunidades experimentais de aprendizagem para estudantes e licenciados da Wharton e para gestores que completaram o programa de *Executive Education* da Wharton.

(12) É Hora de Decidir

Em todas estas entrevistas e observações, andei à procura de temas recorrentes e de experiências únicas numa grande variedade de organizações e até de fronteiras nacionais. Procurei extrair o que é constantemente mais importante para os decisores quando são responsáveis por outros, independentemente do contexto. Recorri igualmente a uma grande variedade de estudos de investigação e relatos históricos, alguns, mas não todos, citados nas páginas deste livro. Os princípios e ferramentas de decisão aqui identificados sustentam uma dívida enorme para com aqueles que me dispensaram o seu tempo, a sua experiência e o seu intelecto.

DECISORES ENTREVISTADOS

A lista que se segue identifica a quase totalidade dos indivíduos a cuja experiência em tomadas de decisão recorri. Os seus cargos ou funções referem-se ao momento da entrevista. As entrevistas assinaladas com um asterisco podem ser encontradas na página *Web* do *É Hora de Decidir* em http://leadership.wharton.upenn.edu/TheGoPoint.

Decisor	Cargo ou função	Data
Advani, Deepak*	*Vice president* sénior e responsável pelo *marketing* da Lenovo (China)	23 de Agosto de 2005
Ashby, Jeffrey S.	Astronauta da NASA	29 de Outubro de 2003
Barr, John*	Fundador, director-geral e *chairman* da SG Barr Devlin e presidente da Poetry Foundation	26 de Janeiro e 2 de Fevereiro de 2005
Behrman, Grant	Fundador e *managing partner* da Behrman Capital	1 de Outubro de 2004, 11 de Novembro de 2005 e várias outras ocasiões
Bennison, Charles E., Jr.	Bispo da Diocese Episcopal da Pensilvânia	27 de Maio de 2004

Decisor	Cargo ou função	Data
Bernard, Joe	Tenente-Coronel da Marinha dos EUA*, Officer Candidates School, Quantico, Virgínia	21 de Maio de 2004
Boatner, Tom	Gestor de grupo, Operações de incêndio, National Office of Fire and Aviation, National Interagency Fire Center	19 de Julho de 2001, 25 de Janeiro e 16 de Fevereiro de 2005
Bogle, John C.	Fundador e CEO aposentado do Vanguard Group	18 de Janeiro de 2002
Boitano, Aldo	Vertica SA (Chile e EUA); alpinista do K2**	Várias vezes, 1997-2005
Breen, Edward D., Jr.	*Chairman* e CEO da Tyco International	29 de Setembro e 20 de Dezembro de 2005
Brennan, John J.	*Chairman* e CEO do Vanguard Group	15 de Março de 2004, 28 de Julho de 2005 e 9 de Setembro de 2005
Buch, Madhabi Puri	Director-geral sénior, Product and Technology Group, ICICI Bank (Índia)	28 de Janeiro de 2006
California Interagency Hot Shot Superintendents	Dez líderes de dedicadas equipas de combate a fogos florestais dos EUA	18 de Fevereiro de 2003
Canessa, Roberto	Cardiologista pediátrico, Montevideu, Uruguai; sobrevivente do desastre aéreo de 1972 nos Andes	10 e 11 de Fevereiro de 2005
Carter, Larry	CFO*** da Cysco Systems	28 de Março de 2003

---

* **N. T.** No original, *US Marine Corps*.

** **N. T.** Também conhecido como Monte Godwin-Austen, Chogori ou Dapsang, é uma montanha da cordilheira de Karakoram, uma das cadeias dos Himalaias.

*** **N. T.** Responsável pelo pelouro financeiro de uma empresa.

(14) É Hora de Decidir

Decisor	Cargo ou função	Data
Cattano, Michael	Director-geral, Corporate Bond Trading, Lehman Brothers	1 de Março de 2004
Chambers, John T.	*President* e CEO da Cysco Systems	28 de Março de 2003
Christensen, Johannah	*Program manager* do Fórum Económico Mundial	3 de Março de 2005
Jim, Cook	Coordenador de projectos de formação, US Forest Service Fire Safety Office, National Interagency Fire Center	23-26 de Julho de 2004 e várias outras datas
Cook, Wayne	Comandante de operações, Meadow Fire, Parque Nacional de Yosemite	25 de Julho de 2004
Cooper, Daniel	COO*, Departamento de Cirurgia, Hospital da Universidade da Pensilvânia	19 de Março de 2004
Crisson, Mark	Director de Serviços, Serviços Públicos de Tacoma	29 de Março de 2004
Crooke, Michael W.*	*President* e CEO da Patagonia, Inc	20 de Fevereiro de 2005
Dillon, Steve	Orientação/controlo de voo/ instrutor de propulsão, formação em voos espaciais, United Space Alliance	29 de Outubro de 2003 e 12 de Abril de 2004
Doehring, Sarah	Bombeira pára-quedista, U.S. Forest Service	22 e 28 de Abril de 2005 e outras datas
Druskin, Robert	*President* e CEO do Global Corporate Investment Banking Group, Citigroup	3 de Junho de 2004

---

* **N. T.** Responsável pelas áreas operacionais, nomeadamente produção e engenharia.

Decisor	Cargo ou função	Data
Elachi, Charles*	Administrador do Jet Propulsion Laboratory	23 de Fevereiro e 24 de Março de 2004
Fiorina, Carly	CEO da Hewlett-Packard	13 de Agosto de 2002 e 28 de Março de 2003
Fuld, Richard S., Jr.	*Chairman* e CEO da Lehman Brothers	20 de Janeiro de 2006
Grangaard, Paul	Director, serviços a clientes privados do Piper Jaffray	30 de Janeiro de 2004
Heifetz, Ronald A.	Co-director do Centro de Liderança Pública, Kennedy School, Universidade de Harvard	2 de Junho de 2005
Higgins, Nancy M.	*Vice president* executiva de ética e conduta empresarial da MCI	2 de Fevereiro de 2005
Hillary, Peter	Explorador e escritor	9 de Janeiro e 9 de Junho de 2005
Hund-Mejean, Martina	*Vice president* sénior e director financeiro da Tyco International	13 de Outubro de 2005
Irick, Jaime A.	*Vice president* de vendas, Homeland Protection, General Electric Co.	4 de Junho de 2005
Jones, Thomas W.	*Chairman* e CEO, Global Investment Management, Citigroup	3 de Junho de 2004
Jordan, Rodrigo	*President*, da Vertical SA (Chile); alpinista do K2	Várias vezes 1997-2005, mais recentemente a 1 de Setembro de 2005
Kaiser, Larry R.	Cirurgião-chefe, Hospital da Universidade da Pensilvânia	25 de Maio de 2004

(16) É Hora de Decidir

Decisor	Cargo ou função	Data
Kamath, K. V.*	CEO do ICICI Bank (Índia)	5 e 26 de Janeiro de 2005
Khatu, Satish	Director-Geral da IBM ASEAN/South Asia	12 de Março de 2004
King, Al	Chefe da secção de planeamento, Meadow Fire, especialista em segurança e prevenção, National Park Service e National Interagency Fire Center, Parque Nacional de Yosemite	25 de Julho de 2004
Krol, John A.	Antigo CEO da Dupont; Administrador principal da Tyco International	18 de Outubro de 2005
Kurtz, Eric	Subchefe de operações, Meadow Fire, Parque Nacional de Yosemite	25 de Julho de 2004
Lester, Mark	*Vice president*, Clinical Excellence, Hospital St. Mary, Saginaw, Michigan	29 de Junho de 2005
Li, Dongsheng	*Chairman* e CEO da TCL (China)	Março de 2005
Liu, Chuanzhi*	*Chairman* do Lenovo Group (China)	16 e 30 de Agosto de 2004
Livermore, Ann M.	*Vice president* executivo, Technology Solutions Group, Hewlett-Packard Company	2 de Fevereiro de 2005
Lykketoft, Mogens	Antigo Primeiro-ministro e ministro das Finanças dinamarquês, líder dos Sociais--Democratas da Dinamarca	4 de Março de 2004
McPherson, James M.	Historiador da Guerra Civil, Universidade de Princeton	27 de Abril de 2003

Prefácio (17)

Decisor	Cargo ou função	Data
Means, Robert	Chefe de operações, Meadow Fire, Parque Nacional de Yosemite	25 de Julho de 2004
Miller, Richard S.	*Vice president* sénior, Global Sales Operations e Government Sales, Lucent Technologies	15 de Abril de 2004
Pace, Peter	Chefe do Estado-Maior das Forças Armadas norte--americanas; antigo Subchefe do Estado-Maior das Forças Armadas	9 de Fevereiro de 2006, 6 de Dezembro de 2005, 9 de Dezembro de 2003 e outras ocasiões entre 1999 e 2002
Peterson, Peter G.	*Chairman* sénior do Blackstone Group	9 de Fevereiro de 2004
Petrie, Dave	Orientação/controlo de voo/instrutor de propulsão, Space Flight Training, United Space Alliance	29 de Outubro de 2003; 12 de Abril de 2004
Pillmore, Eric M.	*Vice president* sénior, Corporate Governance, Tyco International	Várias vezes entre 2002 e 2005
Platt, Lewis*	*Chairman* e então administrador principal da Boeing Company; antigo CEO da Hewlett-Packard	30 de Janeiro de 2004; 18 de Julho de 2005
Pottruck, David S.	Antigo CEO da Charles Schwab Corporation; Administrador da Intel Corporation	Várias vezes entre 2001 e 2005, mais recentemente a 1 de Outubro e 3 de Novembro de 2005
Poulsen, Soren Moller	Coronel, Força Aérea Dinamarquesa	8 de Junho de 2005
Purcell, Miguel	Gestor do Hotel Portillo, Chile; Alpinista do K2	2 de Setembro de 2005

(18) É Hora de Decidir

Decisor	Cargo ou função	Data
Rachal, Louis	Comandante da Officer Candidates School, Marinha dos EUA	21 de Abril de 2004
Rieder, Rick	Director de Global Credit Trading da Lehman Brothers	4 de Fevereiro e 1 de Março de 2004
Rodek, Jeffrey R.	*Chairman* executivo da Hyperion Solution	23 de Abril de 2004
Rosso, Brit	Superintendente, Arrowhead Interagency Hotshot Crew	25 de Julho de 2004
Russel, Ian	CEO da Scottish Power	8 de Março de 2004
Rust, Randy	Gabinete de Segurança, Meadow Fire, Parque Nacional de Yosemite	25 de Julho de 2004
Scully Steve	*Program manager* da EBS Dealing Resources	27 de Maio e 3 de Junho de 2005
Sekijima, Yasuo	*President* do Hitachi Institute Of Management Development	11 de Novembro de 2004
Sulzberger, Arthur O., Jr.	*Chairman* e editor da The New York Times Company	3-10 de Janeiro de 2004
Sutton, Larry	Líder de unidade de treino, U.S. Bureau of Land Management, National Interagency Fire Center	Várias vezes entre 2002 e 2005
Thomson, Todd S.*	*Chairman* e CEO do Global Wealth Management Group, Citigroup; antigo CFO do Citigroup	Várias vezes entre 2004 e 2006, mais recentemente a 28 de Janeiro de 2006
Unruh, James A.	*Chairman* e CEO da Unisys Corporation	1995
Unwin, Roger	CEO da National Grid Transco	14 de Maio de 2004
Watkins, Sherron	Antiga *vice president* da Enron Corporation	Várias vezes entre 2002 e 2004

Decisor	Cargo ou função	Data
Willumstad, Robert B.	*President* e COO do Citigroup	4 de Junho de 2004
Wuchner, Gary P.	Comandante dos Bombeiros, Orange County Fire Authority; Director de Informação, Meadow Fire, Parque Nacional de Yosemite	25 de Julho de 2004
Zhang, Ruimin*	*Chairman* e CEO da Haier Group Company	20 de Fevereiro de 2005

Participei igualmente numa grande variedade de programas educativos, reuniões empresariais e conferências nos Estados Unidos, na Ásia, na Europa e na América Latina, onde os tópicos de apresentação ou discussão incluíam tomadas de decisão que afectam terceiros. Durante estes eventos, participei frequentemente em discussões individuais com participantes, questionando-os acerca das suas próprias decisões e das de outros nas suas organizações. Reuni, com frequência, apontamentos detalhados acerca das suas observações e experiências. As organizações, grupos e empresas que tive oportunidade de observar ou de testemunhar em tais cenários incluem:

Academia Militar dos EUA

Academia Naval dos EUA

Accenture

American Public Power Association

American Public Transportation Association

American Society of Ophthalmic Administrators

ASIS International

Association for Human Resources Management in International Organizations (Nações Unidas)

AstraZeneca

Aventis

(20) É Hora de Decidir

Aviva

Axcel Company

Bank of America

Behrman Capital

Berwind Group

Blank Rome LLP
Blockbuster

Cendant/ Coldwell Banker

Centocor

CEO Academy

Checkpoint Systems

Chinese Securities Association

Chubb

Cisco Systems

Coca-Cola

Coldwell Banker

Cooper Health Systems

Credit Union Executives Society

DaimlerChrysler

Degussa

Delta Dental

Deutsche Post World Net

Ely Lilly

Escola de Economia de Estocolmo

Escuteiras dos EUA*

Federated Department Stores

Fidelity Investments

Forças de Defesa da Dinamarca

General Cologne Re

General Mills

Gestores chilenos via Seminarium

Gestores dinamarqueses via DIEU
(Copenhaga, Dinamarca)

Gestores mexicanos via HSM

Gestores peruanos via Seminarium
(Santiago, Chile)

Gestores tailandeses via Sasin

Graduate School of Business
Administration da Universidade de
Chulalongkorn

GlaxoSmithKline

Governo Municipal de Xangai

H&R Block

---

* **N. T.** No original, *Girl Scouts of the USA*.

Hearst Corporation

Hospital Geral de Singapura

ICICI (Índia)

ImBev

Indian School of Business

Institute for Private Investors

Institute of Business Travel Management

Johnson & Johnson

Kimberly-Clark

KPMG

LG Electronics

LIMRA International

McGraw-Hill

Médicos brasileiros via Unimed

Merrill Lynch

Michigan State University

Morgan Stanley

Pacific Coast Builders

Philips Medical Systems

Piper Jaffray

Pitney Bowes

PricewaterhouseCoopers

Principal Financial Group

Professores e administradores de escolas públicas de Filadélfia

Radian Group

Reuniões anuais do Fórum Económico Mundial em Davos, Suíça

Royal Dutch/Shell Group of Companies

Sanofi Aventis

Scotia Bank

Scottish Power

Seattle Pacific University

Securities Industry Association

State Farm Insurance

TeleDenmark (TDC)

Textron

Thomson

Toyota

Universidade de Gestão de Singapura

U.S. Marine Corps	Women's World Banking
U.S. Veterans Administration	Wyeth
United Healthcare	Yamanouchi
Universidade de Ulster	Young Leaders Program da Goldman Sachs
VF Corporation	

Além disso, dediquei vários dias a visitas e à aprendizagem directa com um grande número de instituições que dependem de tomadas de decisão ou que formam pessoas nessa temática. Estas incluem a National Interagency Fire Center em Boise, Estado norte-americano de Idaho; o Johnson Space Center da NASA, perto de Houston, Texas; a Army War College em Carlisle, Pensilvânia; e o 2004 Meadow Fire no Parque Nacional de Yosemite.

Durante o Outono de 2004, em colaboração com o meu colega Andy Zelleke, realizei entrevistas com presidentes não executivos do Conselho de Administração, administradores não executivos, presidentes executivos, CFO, *vice presidents* executivos, conselheiros gerais e *corporate secretaries* de 31 grandes empresas cotadas em bolsa. Nestas entrevistas, concentrámo-nos nas tomadas de decisão em conselhos de administração. Visto que conduzimos essas entrevistas com a promessa de confidencialidade, nem as pessoas nem as suas empresas podem ser aqui identificadas, mas as suas experiências também ocupam um lugar proeminente nestas páginas.[1]

Durante a conclusão deste livro, consultei igualmente três empresas sobre a governação das sociedades empresariais — a Tyco International em 2002, a Fannie Mae em 2004 e a Healthcare South em 2005 — e essas experiências forneceram valiosos conhecimentos acerca do modo como as decisões são tomadas em grandes escritórios e nas salas de reuniões dos conselhos de administração.

Introdução

DECIDIR COM CONSEQUÊNCIAS PARA TERCEIROS

Neste capítulo irá aprender:
- o que pode estar em causa quando toma uma decisão
- a importância de algumas ferramentas de decisão

Como professor e director do Center for Leadership and Change Management na Wharton School da Universidade da Pensilvânia, passei mais de uma década a estudar e a interagir com homens e mulheres no centro dos acontecimentos e fiquei convencido de que um dos aspectos da liderança menos explorados e menos desenvolvidos é a arte e a ciência de tomar decisões: arte porque tomar decisões depende de palpites e intuições; ciência porque também é necessário que seja um acto disciplinado e analítico.

Todos queremos tomar as melhores decisões possíveis, para nós e em nome dos outros. Isso é óbvio. As boas decisões aumentam os nossos activos, estimulam a nossa carreira, melhoram a nossa reputação. No desporto, o talento natural pode levar um *quarterback* à National Football League*, mas as tomadas de decisão acertadas — quando passar ou quando agarrar a bola e correr para a linha — determinam quem joga de início e quem vê o jogo no banco. Num ambiente empresarial, a capacidade de tomar decisões transparentes, directas e oportunas pode rotular-nos de "pessoa a quem recorrer", aquele em quem os outros confiam para iniciar um programa ou introduzir um produto.

Mas, mesmo que ninguém queira tomar más decisões, muitos fazem-no, todos os dias, de formas por vezes espectaculares. Introduzimos um Edsel** no mercado; aceitamos o emprego errado ou recrutamos alguém incompetente para uma função crucial. Erros não forçados estragam vitórias em jogos de ténis e sonhos partilhados; jogadas inteligentes ganham jogos e constroem futuros. A questão é como evitar da melhor maneira os erros não forçados e fazer as jogadas certas.

Na minha própria sala de aula, testemunho directamente as diferenças tangíveis entre boas e más decisões quando peço a estudantes de MBA e gestores a meio das suas carreiras para se dividirem em grupos, depois para criarem uma companhia aérea através de uma simulação de computador baseada na experiência real de uma *start-up* fenómeno da década de 1980, a People Express. A experiência simulada exige que os participantes tomem apenas meia dúzia de decisões — quantas aeronaves comprar, quais os preços a cobrar, quantos colaboradores recrutar — durante nove anos; porém, o efeito cumulativo dessas decisões é enorme. Quando as equipas tomam demasiadas más decisões, ficam perante um colapso abrupto, semelhante ao que a verdadeira People Express enfrentou. Quando as suas decisões são acertadas, podem construir uma companhia aérea que vale centenas de milhões de dólares. As melhores equipas conseguiram

---

* **N. T.** Campeonato de futebol americano dos EUA

** **N. T.** Modelo de automóvel da Ford lançado na década de 1950 e considerado um dos maiores fracassos na história da indústria automóvel dos Estados Unidos.

Introdução (25)

criar uma empresa com um valor de mercado bastante superior a mil milhões de dólares. Uma vez que a única diferença entre a prosperidade e a insolvência foi a qualidade das decisões, os resultados das escolhas certas — e das erradas — tornam-se surpreendentemente evidentes.

DECIDIR PARA ALÉM DE NÓS

Para a maioria, o equipamento de tomada de decisão é, normalmente, bastante seguro, pelo menos em termos gerais. Não seguimos o lemingue* líder em cima de um penhasco. Não nos conseguem enganar para que pensemos que um chamariz de 99 cêntimos é uma refeição. Nem tentamos agarrar pára-choques de automóveis com os dentes (embora não tivesse sido um cão que lançou a New Coke).[1]

No entanto, no que diz respeito às decisões, há alguns erros inerentes — defeitos de fabrico da mente — que podem ter grandes consequências. É-se excessivamente optimista, por exemplo atribuindo probabilidade zero a situações que são apenas improváveis, como um icebergue no caminho de um navio enorme ou a ruptura de um dique como consequência de um furacão de categoria quatro. Vemos "padrões" nos movimentos aleatórios das acções, do mesmo modo que os nossos antepassados viam ursos e caçadores no gráfico de dispersão do céu nocturno. Fazemos escolhas que justificam as nossas escolhas no passado e depois procuramos informação para as sustentar. Não só cometemos estes erros, como também os fazemos com confiança. Mas essas são as boas notícias. Os erros previsíveis são erros evitáveis. E os princípios e ferramentas simples desenvolvidos nestas páginas podemos ajudar-nos a evitar as mudanças de direcção erradas mais comuns.

As ferramentas que se seguem podem ser aplicadas à maioria das decisões, desde aquelas que afectam apenas os indivíduos (a que médico ir, comprar ou não uma casa), até àquelas que determinam o destino de nações inteiras (invadir ou aguardar). Mas os princípios resultaram principalmente da centralização da atenção em *decisões que têm consequências para terceiros*, naqueles momentos em que alguém com responsabilidades é confrontado com uma oportunidade distinta, tangível e realista para aplicar recursos empresariais numa ou noutra direcção, em nome de objectivos colectivos, ou em alternativa não fazer qualquer compromisso,

---

* **N. T.** Pequeno roedor da família dos Murídeos, de cauda curta, pelagem densa e amarela, que vive nas regiões árcticas. As suas migrações em massa resultam por vezes naquilo que parecem ser suicídios colectivos.

uma não decisão que também é uma escolha, quer seja conscientemente reconhecida ou não. Estes são os momentos em que os riscos são mais elevados e em que as ideias mais úteis emergem e, por essa razão, foi onde escolhi focalizar a atenção.

A HORA DE DECIDIR

No fim de contas, todas as decisões se resumem a uma hora de decidir — esse momento decisivo em que a informação essencial está reunida, os prós e os contras foram avaliados e chegou a altura de agir. A hora de decidir não é sempre uma questão de "chegar ao sim". Se os gestores da Morton Thiokol tivessem chegado ao "não" em 1986 quando discutiram se os O-rings nos seus foguetes lançadores funcionariam em temperaturas baixas, um professor de New Hampshire e seis astronautas no vaivém *Challenger* teriam partido numa altura posterior e mais quente. Mais exactamente, a hora de decidir é esse instante em que a escolha é feita, quer seja "sim" ou "não", e o compromisso passa de reflexão a acção. O modo como aproveita esse momento pode fazer uma grande diferença, não só para si mas também para todos à sua volta. [2]

Os astronautas Christa McAuliffe, Ellison Onizuka e Gregory Jarvis a caminho do *Challenger*.

As pessoas "fazem a sua própria história", afirmou notoriamente Karl Marx, mas "não o fazem em circunstâncias escolhidas por elas próprias, mas em circunstâncias com que se depararam, dadas e transmitidas directamente do passado". Verdadeiro.

Todas as decisões são possivelmente, em maior ou menor grau, produto da nossa história, da cultura em que vivemos e de outras circunstâncias não totalmente da nossa criação.

Introdução (27)

No entanto, dentro dessas limitações as horas de decisão oferecem-nos a oportunidade de moldar o nosso destino, por vezes de forma drástica. Nos famosos versos de Robert Frost "Duas estradas divergem numa floresta, e eu — /Eu escolhi a menos percorrida, / E isso fez toda a diferença."* [3]

Por vezes, as nossas horas de decidir podem até ser pontos de divergência que mudam o destino de instituições e nações. Será que Orlando seria o que é hoje sem a Disney World? E se Al Gore tivesse ganho na Florida? Ou imaginem como os EUA, a Rússia ou o próprio planeta seriam hoje se Nikita Khrushchev tivesse decidido não fazer os navios soviéticos voltarem para trás no auge da crise dos mísseis de Cuba.

Não admira que escritores tão diferentes como Philip Roth (*The Plot Against America*), Robert Harris (*Fatherland*) e Harry Turtledove (*The Guns of the South*) tenham achado a história alternativa uma forma de ficção tão apelativa. Todos esses "se" — se Robert E. Lee tivesse ganho em Gettysburg, se Franklin Delano Roosevelt tivesse mantido os Estados Unidos neutros na Segunda Guerra Mundial, se Lee Harvey Oswald nunca tivesse premido o gatilho, se os terroristas do 11 de Setembro tivessem sido barrados pela segurança do aeroporto — relembram-nos como pode ser crucial chegar à decisão certa, especialmente quando implica consequências para terceiros. [4]

DECISÕES URGENTES

Todas as decisões implicam chegar a uma hora de decidir, mas chegar lá depende da natureza do terreno. Como acontece numa corrida de orientação, o princípio da sabedoria numa hora de decidir é reconhecer onde se está. Tal como qualquer *continuum*, o terreno de decisão tem praticamente um número infinito de níveis, mas muitas decisões juntam-se em dois grandes grupos, cada um impondo um conjunto de exigências independente. O primeiro grupo inclui decisões impostas por datas-limite que não são de escolha própria; o segundo, decisões sem quaisquer datas-limite.

Algumas decisões têm de ser tomadas *agora*. Quando não existe outra escolha se não fazer uma escolha, o "tic tac" do relógio concentra a mente e força uma resolução. Imagine que está a enfrentar o tenista profissional Andy Roddick quando ele faz um dos seus serviços a mais de 240km

---

* **N. T.** No original: "Two roads diverge in a wood, and I — / I took the one less traveled by, / And that has made all the difference."

(28) É Hora de Decidir

por hora. A bola passa a rede tão depressa como um carro das corridas Indy, mas é suficientemente pequena para caber num tubo de escape de um carro de fórmula Indy. Contudo, a velocidade é apenas um factor. Em direcção a que parte do *court* é que a bola vai? E para que lado está a rodar? Vai subir muito ou pouco e vai para a esquerda ou para a direita depois de bater no chão? Pense em qualquer outra coisa enquanto espera recebê-la, deixe-se distrair pelo mais pequeno pensamento errante e nem verá a bola passar.

Os *traders* de obrigações enfrentam uma hora de decidir semelhante medida em apenas segundos. Espere mais um segundo para tomar a decisão e o preço de uma obrigação está fora do alcance. Aja cedo de mais e perde uma retoma do mercado. Uma *trader* que entrevistei para este livro deu instruções à família para nunca lhe telefonar durante as horas das transacções, visto que ela era incapaz de se concentrar noutra coisa que não nas pequenas e fugazes margens no ecrã à sua frente. [5]

Agora imagine que é responsável por uma sala de *traders* de obrigações e que qualquer um deles pode fazê-lo ganhar ou perder milhões com um clique do rato. Bem organizadas, as decisões imediatas resultam num trimestre excelente; mal conduzidas, as acções deles podem ser um desastre para a empresa. O banqueiro de investimentos Rick Rieder chega, na maior parte dos dias, ao seu escritório no meio da cidade de Manhattan às seis da manhã, sendo responsável por transacções de rendimento fixo na Lehman Brothers. Aí, ele supervisiona uma grande operação de transacções, com mais de 125 *traders* a apostarem milhões em transacções de obrigações todos os dias. A sua concentração diária é tão radical que, no caminho para casa ao fim do dia, Rieder costumava ficar desorientado nos postos de portagens na auto-estrada. Após 12 horas de concentração total em tomadas de decisão rápidas e contínuas com fortunas em jogo, Rieder tinha dificuldades em concentrar-se para encontrar as moedas necessárias para pagar a viagem. O E-Zpass*, afirmou, foi a salvação.

Ou tente imaginar-se a trabalhar num negócio que encoraja decisões em milésimos de segundo. Criada por um consórcio de uma dezena de bancos, a EBS fornece mais de dois mil *traders* de moeda estrangeira e metais preciosos em 40 países, com tecnologia para transaccionar 110 mil milhões de dólares em moeda estrangeira todos os dias. As estatísticas são impressionantes; mais de metade das 50 mil transacções diárias — em média dois milhões de dólares por transacção, mas algumas a atingirem cem milhões de dólares — são realizadas em menos de meio

---

* **N. T.** O equivalente norte-americano à nossa Via Verde.

Introdução (29)

segundo, 95 por cento em um segundo. A transacção típica, na verdade, requer apenas 485 milésimos de segundo para ser realizada. Numa pequena fracção de transacções, uma caixa negra toma as decisões automaticamente, sem intervenção humana; mas a maioria dos negócios ainda permanece sob domínio das pessoas, que têm de fazer grandes apostas em segundos ou menos. Um bom dia para um único *trader* pode, ocasionalmente, implicar ganhos totais de mais de cinco mil milhões de dólares. Para prestar assistência a este mundo de tomadas de decisão humanas quase imediatas, a EBS comunica a transacção terminada aos seus clientes — digamos, o preço da troca de uma grande quantia de dólares por euros — num espaço de 170 milésimos de segundo. Em resposta ao pedido de um banco, a empresa está a trabalhar para conseguir cortar mais 20 milésimos de segundo da fatia de tempo já tão escassa. [6]

Estas decisões urgentes e instantâneas — o primeiro grande grupo — são recorrentes, implacáveis e determinadas pelo tempo. Exigem a capacidade de viver em função do relógio, de executar rapidamente e de permanecer firme sob um *stress* intenso.

ESCOLHAS PONDERADAS

Na outra ponta da escala estão as decisões com datas-limite ambíguas ou sem qualquer prazo: alterar um plano de carreira, lançar um novo produto ou transformar uma política. A hora de decidir não pode ser adiada para sempre, mas pode ser alcançada hoje ou adiada até amanhã, ou deixada em "banho-maria" durante semanas, até meses ou anos. Um gestor em ascensão disse-me que tinha conhecimento de que outra divisão na sua empresa estava a ser extremamente mal gerida e tinha a certeza de que conseguia fazer um trabalho melhor. Conseguir o emprego, todavia, significava que ele tinha não só de expulsar um colega de longa data, mas também de dominar um mercado que lhe era desconhecido. Sem qualquer data-limite a aproximar-se e com muito trabalho e confrontos desagradáveis a bloquearem-lhe o caminho, o gestor precisou de seis meses para chegar à hora de decidir nesta mudança de carreira.

Aparentemente, estas decisões difíceis de emergir são as mais fáceis de tomar. Os resultados podem ser tão importantes como as escolhas influenciadas pelo tempo, mas não existe um "calor do momento" para forçar a acção.

(30) É Hora de Decidir

Pelo contrário, há tempo para estudar todos os ângulos e ouvir todos os *stakeholders**. Como todos já experimentámos, o luxo de ponderar pode resultar numa armadilha. Sem estímulos naturais, a situação que esperamos resolver mantém-se connosco, de uma forma não muito agradável, até nos forçar a tomar uma decisão.

L. Paul Bremer III, o administrador dos EUA no Iraque, enfrentou uma situação do género na Primavera de 2003 após a destituição do regime brutal de Saddam Hussein. O objectivo final de Bremer era a criação de uma Constituição que levaria a uma governação autónoma e democrática do povo iraquiano, mas durante vários meses o Conselho Governativo iraquiano viu-se incapaz até de acordar um processo para a delineação da nova Constituição. Dado o rescaldo turbulento e muitas vezes violento do afastamento de Saddam, a falta de acordo não foi surpresa; mas sem um documento com base no qual construir um governo, não havia forma de avançar em direcção a uma governação autónoma. Por fim, Bremer criou uma "hora de decidir" artificial. No dia 15 de Novembro de 2003, anunciou que os Estados Unidos transfeririam a soberania ao Iraque sete meses e meio depois, a 30 de Junho de 2004. Consequentemente, as facções em desacordo teriam de conciliar as suas diferenças até lá e continuar a tarefa de elaborar a Constituição e decidir como governar. [7]

APRENDER TESTEMUNHANDO

Como é que alguém pode dominar a arte e ciência de tomar decisões certas e oportunas? Um caminho prolífico é estudar armadilhas habituais das tomadas de decisão — o que dois investigadores apropriadamente denominaram de "armadilhas de decisão". Por exemplo, vários estudos dizem-nos que os custos irrecuperáveis não devem estar no caminho de pensamentos lúcidos acerca do futuro. Estudar as ferramentas clássicas envolvidas na tomada de decisões acertadas — o que outros investigadores chamaram de "escolhas inteligentes" — é um caminho fértil. De novo, vários estudos revelam que informação de qualidade é determinante para um julgamento acertado quando se chega à hora de decidir.

---

* **N. T.** Partes interessadas.

Introdução (31)

> Os estudos também mostram, de uma forma menos óbvia, que a intuição influenciada pelas experiências do passado — basicamente, palpites esclarecidos — pode ser um guia igualmente de confiança para a acção, especialmente quando existe uma grande pressão.[8]

Um segundo caminho de aprendizagem é tomar decisões e, de seguida, reflectir sobre elas. Este método é usado com grandes proveitos pela Marinha dos EUA na preparação da sua próxima geração de liderança. Durante meses de treino intenso, na enorme base da Marinha em Quantico, na Virgínia, é pedido aos futuros oficiais que tomem centenas de decisões e depois que as dissequem, examinem e inspeccionem em análises pós-acção. Se tomarem demasiadas decisões desastrosas, os candidatos fracassam. Para aqueles que sobrevivem, esta preparação implacável, que consiste em tomar, analisar e aprender com as suas decisões, prepara os oficiais para a séria responsabilidade de liderar outros em combate.[9]

Um terceiro caminho é testemunhar ou analisar o que outros fizeram ao tomarem as suas decisões e, de seguida, daí extrair o que é mais útil. Por que é que, por exemplo, Robert E. Lee decidiu na véspera do dia 3 de Julho de 1863, ordenar o que ficou conhecido como Pickett's Charge* — uma corrida desesperada ao longo de um campo aberto com mosquetes e canhões da União a dispararem por detrás de uma parede de pedra? Apenas o próprio Lee, é claro, poderia ter dito ao certo, mas ao dissecar a sua escolha, vemos os riscos da tomada de decisão em relevo profundo num dos maiores pontos de viragem da História norte-americana.[10]

Todos os três métodos são válidos e recorro aos três nestas páginas. Mas as dezenas de cursos de MBA que leccionei e os programas de gestão sobre liderança e tomada de decisão que liderei convenceram-me de que uma das formas mais importantes e duradouras de aprender a tomar decisões é estudar o que os outros fizeram — *in loco* quando e onde for possível, percorrendo o mesmo terreno de decisão que os outros percorreram antes de nós — e depois retirar lições dessa experiência para nós próprios.

Acompanhei grupos aos Himalaias à medida que tentávamos compreender as escolhas que levaram a grandes conquistas e a muito sofrimento, no ar desesperadamente rarefeito acima dos seis mil metros de altitude. Estudámos estes momentos em programas de gestão que realizei na

---

* **N. T.** "Ataque de Pickett".

Argentina, no Chile e no Brasil, na China, na Índia e no Japão. E na companhia de executivos de empresas como a AstraZeneca, a General Mills e a Merrill Lynch, percorri o mesmo terreno através do qual os homens de Pickett atacaram, investigando como um general tão competente como Lee poderia ter feito uma escolha tão desastrosa. Juntamente com profissionais de várias agências dos EUA, também andei por uma zona de impacto e de controlo de missão. E cheguei sempre à conclusão que esta aprendizagem interactiva faz com que as lições acerca das tomadas de decisão sejam compreendidas com maior eficácia e equipa melhor os participantes com os princípios e ferramentas necessários para tomarem as suas próprias decisões.[11]

A EXPERIÊNCIA CONTA

Hoje, Tom Boatner é responsável pelo envio de milhares de bombeiros pelos Estados Unidos para o combate de fogos florestais e em pastagens, mas praticamente todas as escolhas que ele faz na agitação do combate a um dos fenómenos da natureza mais imprevisíveis e perigosos tem por base uma ocasião há mais de um quarto de século atrás, quando um fogo violento ameaçava uma comunidade agrícola no Alasca.

Estávamos em Junho de 1977 quando Boatner saltou da traseira do carro dos bombeiros, não muito longe de três fogos florestais em rápido avanço numa área fronteiriça a Delta Junction, uma aldeia na sombra da cadeia de montanhas Alasca Range. Os incêndios tinham deflagrado quando ventos violentos vindos das montanhas varreram queimadas de árvores derrubadas ateadas por residentes locais, espalhando cinzas incandescentes nas florestas próximas.

Chamado para travar a propagação do incêndio, Boatner e uma dúzia de bombeiros chegaram perto das 15 horas com os seus machados habituais, os Pulaski, prontos para a acção. "Estávamos todos incrivelmente agitados e tensos, porque era o primeiro incêndio do ano e tínhamos ouvido que o vento era muito forte e as chamas avançavam rapidamente", contou-me Boatner à medida que reconstituía os acontecimentos. Um céu escurecido rodopiava com poeira, fumo e cinzas quando os bombeiros saltaram dos camiões no meio de um campo recentemente limpo. Alguns residentes apressavam-se a fugir em *pick-ups* quase a avariar; outros corriam para ajudar.

"Estava cheio de adrenalina. Queria agarrar no meu Pulaski e correr disparado até ao fumo mais próximo e começar a cortar uma linha e a combater o incêndio", disse Boatner. Apenas com 20 anos de idade e

Introdução (33)

estudante universitário, ele tinha trabalhado num Verão anterior como bombeiro, mas estava prestes a encontrar um experiente bombeiro que mudaria para sempre a sua matriz de tomada de decisões na avaliação e combate de fogos florestais.

O supervisor do incêndio era Robert Burritt, com 29 anos mas já um veterano na área. Boatner recordou que, na primeira vez que viu o seu comportamento decidido, ele contrastava totalmente com os bombeiros cheios de vontade mas inexperientes que corriam à sua volta — e os fogos que se agitavam à volta deles. "Ele estava muito tranquilo e muito calmo, olhava em volta e não dizia muito", recordou Boatner. "Eu só queria gritar com ele e dizer 'Vá lá, vamos embora, temos de fazer alguma coisa!'"

Burritt testemunhava a mesma cena frenética e conseguia sentir a ansiedade que corria à sua volta, mas possuía um modelo de decisão que apontava para uma resposta bastante diferente. Em vez de correr para atacar o fogo, o supervisor recolheu meticulosamente os dados que achou que precisava acerca da equipa e dos residentes e depois planeou metodicamente a melhor maneira de conter as chamas.

"Bill", dava instruções a um chefe de equipa, "leva a tua equipa para aquela espiral no topo da colina, fixa-te aí e põe a tua equipa a atacar pelo flanco. Investiga o incêndio e contacta-me daqui a 15 minutos com uma actualização do que está a acontecer e do que precisamos para dominar o fogo." E a seguir para outro: "Joe, leva a tua equipa para aquele fogo no fundo deste campo e faz a mesma coisa." E a um terceiro: "Fred, vai com aquela *bulldozer* juntar-te àquela corporação de bombeiros voluntários e vê como estão naquele terceiro fogo." Após mais algumas instruções a outras equipas, Burritt finalmente fez sinal: "Ok, vão ao trabalho e contactem-me quando tiverem melhores informações!"

Burritt demorou menos de quinze minutos a preparar a equipa, a avaliar o fogo e a planear o ataque. Ao fazê-lo, recorda Boatner, "ele transformou o seu grupo totalmente caótico e frenético num grupo calmo e ponderado que tinha as mesmas informações acerca do que estava a acontecer, que sabia qual era o plano para toda a gente e qual era o seu papel no plano". Apoiado por uma boa estratégia e pela orientação contínua e firme de Burritt, Boatner e os seus colegas bombeiros combateram agressivamente as chamas pela noite dentro até ao dia seguinte. Apenas 24 horas após terem chegado, tinham reduzido aquele inferno a cinza quente.

Para Tom Boatner, este incêndio tornou-se um acontecimento marcante. Quase duas décadas mais tarde, em Junho de 1996, ele voltou ao Alasca, agora responsável pelas operações do que ficou conhecido como Incêndio de Miller's Reach, um enorme incêndio que exigiu o envio de mais de 1500 bombeiros e quase duas dezenas de helicópteros e aerotanques. Durante as primeiras horas no terreno, Boatner concluiu que era a missão mais perigosa que alguma vez lhe tinha sido atribuída; a probabilidade de fatalidades nunca tinha sido maior. Mas, recordando-se do comportamento de Burritt anos antes, ele lembrou-se: "Tinha de transmitir a todos os envolvidos no combate como era fundamental permanecermos calmos e confiantes e sermos bastante ponderados no que estávamos a fazer. Estávamos numa situação incrivelmente perigosa. Se não estivéssemos na melhor forma, morreria muita gente."[12]

Quando este incêndio foi controlado duas semanas mais tarde, tinha destruído mais de 150 km2 e 350 casas. Mas graças aos métodos de Tom Boatner que tinham sido inicialmente desenvolvidos por Robert Burritt há tantos anos atrás, os seus bombeiros estiveram na sua melhor forma, evacuando mais de três mil residentes sem quaisquer fatalidades ou feridos graves e, finalmente, controlando um dos piores incêndios na história do Alasca.

Durante quase 30 anos de serviço público, Tom Boatner liderou equipas em mais de 250 fogos florestais com praticamente todas as descrições possíveis. E durante todos eles, a imagem de Robert Burritt a tomar decisões calmamente num tórrido campo no Alasca nunca esteve longe do pensamento de Boatner quando enfrentou a sua própria hora de decidir.

Existe todo um mundo de ensinamentos a adquirir ao percorrer com Tom Boatner os terrenos onde lutou contra as chamas — ensinamentos sobre o facto de as tomadas de decisão poderem ser urgentes e ponderadas, e que vão muito para além do trabalho dos bombeiros. Tal não pode ser feito literalmente através de um livro, mas farei o meu melhor nestas páginas para colocar os leitores onde a acção está — onde as decisões são tomadas — e permitir-lhes ver os acontecimentos desenrolarem-se através dos olhos dos participantes.

MODELOS DE DECISÃO:
PRINCÍPIOS E FERRAMENTAS QUE PODE UTILIZAR

Robert Burritt chegou ao campo de batalha com um modelo de decisão bem desenvolvido, um conjunto de conceitos pessoais para tomar decisões importantes. Foi esse modelo que Tom Boatner vislumbrou momentaneamente naquela primeira vez no Alasca e depois adoptou para sempre. Boatner viu Burritt analisar calmamente a

Introdução (35)

confusão à sua volta e transmitir que o plano de ataque devia surgir de decisões deliberadas, não num abrir e fechar de olhos, e ele fez disso um princípio de vida.

> Observando de perto as decisões a serem tomadas em circunstâncias por vezes extraordinárias e descobrindo os princípios, bons e maus, que surgem de tais experiências tangíveis, podemos começar a construir os nossos modelos de decisão que orientem as nossas próprias horas de decisão.

Não existem tamanhos únicos no que diz respeito aos modelos, assim como nos fatos ou no calçado. Para ser verdadeiramente útil, um modelo de decisão deve ser suficientemente genérico para se aplicar a diversas situações e, porém, suficientemente específico para fornecer um verdadeira orientação nas escolhas na vida real. Mais do que um guia passo a passo para a acção, o modelo fornece um conjunto de indicações, de chamadas de atenção acerca do que nunca devemos esquecer quando nos confrontamos com várias decisões importantes. Mas um modelo de decisão verdadeiramente útil também tem de reflectir a história, cultura e preferências do seu titular. Eu apresentarei os traços gerais nos capítulos que se seguem, mas os leitores devem usar os meus modelos como um ponto de partida para aperfeiçoarem as suas próprias condições pessoais.

Para serem mais informativos e criarem raízes profundas, os modelos de decisão têm de ser acompanhados por duas características especiais. Primeiro, cada um dos princípios dos modelos deve ter raízes em experiências tangíveis, pois isso funciona, muitas vezes, como um estímulo mais importante e mais duradouro. Anos mais tarde, Tom Boatner ainda baseia a sua calma e determinação de não se apressar a fazer um julgamento na imagem do impávido Robert Burritt no meio do caos envolvente. A minha experiência com a aprendizagem interactiva, assim como com uma grande quantidade de estudos, confirma que princípios como estes são mais facilmente retidos na memória e mais facilmente relembrados quando descobertos em situações de emoção intensa e de *stress* agudo. Incorporados na experiência, permanecem inesquecíveis.

Segundo, cada um dos princípios de decisão deve igualmente ser acompanhado por ferramentas de decisão, passos tácticos que transformam ideias em acção. Tom Boatner reconheceu que o princípio de permanecer calmo e analítico exigia ser traduzido no que ele fazia no terreno.

(36) É Hora de Decidir

E aqui ele começou a reconhecer que o comportamento sereno num momento de crise acalmava os outros de uma forma que as palavras não conseguiam; foi uma ferramenta que o ajudou a converter os seus conceitos mentais em comportamentos reais.

Estou convencido de que estes princípios e ferramentas de decisão são veículos essenciais para traduzir ideias em acção, uma das características mais desafiantes do comportamento humano, especialmente no que diz respeito a tomar decisões com consequências para terceiros. Muitas vezes, compreendemos e defendemos elevados conceitos de gestão como o pensamento estratégico, esquecendo-nos de o fazer quando confrontados com uma decisão tangível.

Os investigadores de organizações Jeffrey Pfeffer e Robert Sutton denominaram esta separação entre conceito e comportamento de "*gap* saber-fazer". Escrevem que os gestores de empresas "dizem coisas tão inteligentes sobre como ter um bom desempenho, trabalham arduamente e, no entanto, estão encurralados em empresas que fazem tantas coisas que eles sabem que vão minar o desempenho". Muitas vezes, as pessoas "sabiam o que fazer, mas não o fizeram", e o "*gap* saber-fazer", concluem eles, é "uma das barreiras mais importantes e problemáticas para o desempenho organizacional". Acredito que a mesma barreira se aplica no que diz respeito a chegar à hora de decidir e espero que este livro ajude os leitores a ultrapassá-la.[13]

A ARMADILHA ENRON

Lembro-me muito bem quando Kenneth Lay falou sobre as lições da sua liderança e das suas tomadas de decisão no Fórum Económico Mundial em Davos, na Suíça, em 1997. Ao *chairman* e CEO da Enron Corporation juntaram-se indivíduos ilustres do topo de empresas europeias: Percy Bernevik da empresa suíça de engenharia ABB Asea Brown Boveri, Heinrich von Pierer da empresa industrial alemã Siemens e Cor A. J. Herkstroter da grande empresa de energia Royal Dutch Petroleum Company.

Como testemunha deste acontecimento, fiquei muito impressionado pela descrição de Lay de como ele tinha mudado a Enron de uma pequena empresa petrolífera para uma central de fornecimento de energia. Outros na plateia também pareciam particularmente atentos aos conceitos que ele apresentava. A estrela de Lay era tão dominante que parecia caminhar na mesma água que Bill Gates da Microsoft, Andy Grove da Intel e outras celebridades que abrilhantavam os corredores em Davos nesse ano.

Introdução (37)

No início de 2001, Lay entregou o seu cargo de CEO a Jeffrey Skilling, enquanto permaneceu *chairman* executivo. Impressionados com o que ouvíamos acerca dos métodos criativos e do extraordinário crescimento da Enron, eu e vários colegas do corpo docente convidámos Skilling a apresentar-se como objecto de estudo exemplar numa cadeira obrigatória de liderança que oferecíamos aos nossos novos alunos de MBA no Outono de 2001. Todos os 800 alunos deviam ler acerca de Lay, Skilling e da ascensão da Enron, e depois Skilling visitaria a escola por um dia, contaria a sua história e apresentar-se-ia como um exemplo vivo a partir do qual os nossos alunos aprenderiam liderança. Da nossa perspectiva, este parecia um momento dourado em formação. A revista *Fortune* tinha recentemente apontado a Enron como uma das 25 empresas mais admiradas de todo o mundo e a número um em capacidade de inovação.[14]

Quando Jeffrey Skilling se demitiu da Enron a 14 de Agosto de 2001, o seu escritório informou-nos enigmaticamente que ele não poderia vir a Wharton no Outono. Ficámos espantados, visto que já tínhamos preparado o programa e considerávamos a visita de Skilling como um dos pontos altos. Não me tinha apercebido na Suíça no início de 1997 ou até nos Estados Unidos no início de 2001 que, por detrás das descrições da liderança e das decisões de Lay e Skilling, estavam comportamentos totalmente contrários. Enquanto enfatizavam a integridade e elogiavam o código ético da Enron como exemplar, estavam ao mesmo tempo a pedir ao conselho de administração da Enron que suspendesse o seu código de ética de modo a permitir a formação de entidades com objectivos especiais que levariam a empresa à falência a 2 de Dezembro de 2001.[15]

Desconfio que Lay e Skilling acreditavam no seu código de ética enquanto conceito, mas as suas acções não reflectiam esse entendimento. A empresa e eles padeciam de um grave "*gap* saber-fazer" que ajudou a empresa a desmoronar-se. Para mim, compreender esse *gap* fortaleceu um factor no meu modelo de decisão, nomeadamente a necessidade de nos certificarmos de que a realidade coincide com a aparência antes de tomarmos uma decisão baseada nesta última. Penso que para todos nós, porém, a Enron, Kenneth Lay e Jeffrey Skilling são, na realidade, uma espécie de peça de moralidade contínua acerca do poder que as decisões erradas têm para destruir vidas — neste caso as suas próprias vidas e as dos infelizes accionistas e colaboradores da Enron — e da necessidade de criar modelos que possam ajudar-nos a ultrapassar momentos de tentação e chegar a uma base superior de decisão em relação ao que realmente importa nos negócios e na vida.

O teórico organizacional John Van Maanen gosta de falar acerca do valor da alegoria enquanto mensagem "transmitida por escrito através da narração de um conjunto de acontecimentos concretos". Teóricos literários descrevem a alegoria como símbolos subindo verticalmente a partir da narrativa e movimentando-se horizontalmente através dela. Este livro percorre praticamente esse caminho. Usei narrativas de personagens e acontecimentos — o mais perto que conseguimos estar de sentir directamente os acontecimentos nas páginas de um livro — para tornar os princípios e ferramentas de decisão tão marcantes e tangíveis quanto possível para chegar à hora certa de decidir.[16]

(1)
No calor do momento

Neste capítulo irá aprender:

- a importância de se preparar para tomar decisões
- a encontrar o seu modelo para decisões urgentes

(40)   É Hora de Decidir

Às 16 horas do dia 5 de Agosto de 1949, Wagner Dodge e a sua equipa de 16 elementos saltaram de pára-quedas em Mann Gulch, na remota imensidão selvagem do Estado do Montana, para combater o que parecia ser um incêndio florestal rotineiro. Às 17h56, todos à excepção de três dos bombeiros estavam mortos, fatalmente queimados — o então pior desastre na história do U.S. Forest Service e registado de forma memorável por Norman Maclean em *Young Men and Fire*.[1]

Quarenta e cinco anos mais tarde, a 6 de Julho de 1994, Donald Mackey ajudava a supervisionar uma equipa de 49 bombeiros espalhados pela montanha Storm King no Estado do Colorado. Alguns elementos do grupo tinham saltado de pára-quedas para a montanha nesse dia; outros tinham vindo de helicóptero, outros a pé. Mais uma vez, parecia ser um incêndio rotineiro e, mais uma vez, o fogo provou que é sempre um erro tratar qualquer incêndio numa zona remota como rotineiro. Às quatro da tarde de 16 de Julho, o desastre de Mann Gulch parecia prestes a repetir-se.

Em ambos os casos, o azar e uma confluência fatal de factores ambientais contribuíram para a emboscada flamejante dos bombeiros, mas as decisões individuais foram cruciais em cada caso. Em Mann Gulch e em Storm King, aqueles directamente mais responsáveis no terreno enfrentaram uma sequência de momentos de decisão durante as fatídicas horas na zona de incêndio e as suas decisões nesses momentos ajudaram-nos a levar as suas equipas para próximo do desastre.

Os fogos florestais são uma circunstância especial e os bombeiros que os combatem — os homens e mulheres que vão de pára-quedas, de helicóptero ou a pé para os combater — são uma estirpe especial. Mas embora as condições sejam únicas, a experiência daqueles que combatem os fogos no exterior ensina-nos muito acerca da tomada de decisões entre quatro paredes, especialmente quando existe pouca margem para erros ou adiamentos. Os momentos de decisão que os chefes de equipa enfrentam e as consequências que se seguem geralmente não são transparentes e são importantes para os objectivos do empreendimento. E tal como em tantas decisões de negócios determinantes, as decisões em incêndios castigam brutalmente aqueles que não têm sempre em mente o quadro global da situação e os pequenos detalhes.

O fogo que devastou a montanha Storm King no Colorado a 5 e 6 de Julho de 1994, que veio a ser conhecido como o incêndio de South Canyon, tem sido objecto de um amplo estudo oficial e de análises secundárias, incluindo por parte do filho de Norman Maclean, John, que narrou o percurso do incêndio e os esforços para o combater em *Fire on the Mountain*. Assim, temos um registo excepcionalmente bem documentado das decisões tomadas pelos responsáveis pelos bombeiros na montanha.[2]

Ao analisar os registos, não procuro criticar alguém envolvido ou atribuir as culpas a quem quer que seja pelo desastre que aconteceu. Quer tenham sobrevivido ao incêndio ou não, os bombeiros de fogos florestais que se reuniram na montanha Storm King foram heróis: colocaram-se numa situação arriscada para proteger outros e alguns pagaram com a vida. Mas os bombeiros também sentem que é seu dever analisar as tragédias do passado para determinar que decisões foram erradas e, assim, evitar calamidades semelhantes no futuro. Desse estado de espírito e da sua coragem provêm lições eternas na arte e ciência de tomar decisões, qualquer que seja a área.

O BÁSICO: SEGURANÇA, RAPIDEZ E CONTROLO

Quando combatem fogos em zonas remotas selvagens, os bombeiros geralmente agrupam-se em equipas que podem ter entre três a 20 elementos. As equipas são rapidamente mobilizadas, combinando com outras equipas para combaterem incêndios maiores e, a seguir, com igual rapidez, separando-se e mobilizando-se de novo para outras ocorrências. Como seria de esperar do seu organigrama, os chefes de equipa actuam tanto em colaboração como de forma independente, mas durante incêndios com várias equipas, como foi o caso em South Canyon, devia, necessariamente, assumir-se uma responsabilidade clara e autoritária. Como veremos em breve, isso não aconteceu na montanha Storm King.

"Em qualquer ocorrência, grande ou pequena", declara um dos manuais básicos do serviço de bombeiros, "o Comandante de Operações tem a responsabilidade final na execução eficaz e com segurança" de todos os aspectos do combate. Os deveres do comandante fortalecem a garantia de que as decisões contribuem da forma mais eficiente para os três objectivos básicos do combate aos incêndios: segurança, rapidez e controlo.[3]

O primeiro critério de tomada de decisões para os chefes de equipas de bombeiros e comandantes de operações é sempre a segurança das suas equipas. Apesar do perigo físico ser um motivo de preocupação sempre que as equipas são chamadas, os ferimentos fatais não são mais toleráveis no combate aos incêndios do que a contabilidade fraudulenta nos negócios ou histórias falsas em jornalismo. Todavia, visto que o risco está sempre presente, os chefes em fogos florestais têm de ser capazes de avaliá-lo e de dar os passos necessários em direcção à sua atenuação.

O segundo critério para os chefes de equipa e comandantes de operações é a rapidez. O combate a incêndios é um mundo de urgência de decisão. A hesitação e os equívocos podem fazer mais do que atrasar uma solução: podem complicar radicalmente o problema. Nos mercados de produtos, o curto prazo pode significar meses; nos mercados bolsistas, dias; nas zonas de incêndio, horas ou menos. Um incêndio de quatro hectares — uma insignificância no livro de estratégias para fogos florestais — se não for rapidamente controlado pode explodir, num espaço de minutos, para um incêndio de 400 hectares. "Tome decisões acertadas e atempadas", aconselha o manual oficial dos bombeiros, com razão.[4]

O critério final para a tomada de decisões numa zona de incêndio é um conjunto de reflexões técnicas para controlar o fogo: Quantos bombeiros são necessários? Onde deve ser feita uma linha de fogo? Qual o nível de reconhecimento aéreo que é necessário? Em tais escolhas técnicas pode estar o destino quer dos recursos naturais da área em questão quer dos homens e mulheres que tentam preservá-los.

Girando em torno destas questões e nunca afastadas delas estão as condições inconstantes dos fogos em regiões remotas e selvagens. Não é da natureza das chamas ficarem quietas e cada nova mudança no fogo pode criar microclimas novos e perigosos — ventos fortes, calor intenso — que complicam ainda mais o controlo. Um comandante de operações ou chefe de equipa, que toma as decisões certas lidando com elas rapidamente e antecipa correctamente para onde o fogo se poderá virar subitamente e onde a sua equipa deve estar, alcança o objectivo básico do negócio: "Combater o incêndio agressivamente, mas primeiro garantir a segurança." Tome as decisões erradas, tome-as tarde de mais e pode ser o inferno.[5]

QUANDO UMA ATITUDE CONFIANTE NÃO É SUFICIENTE: A PREPARAÇÃO PARA A TOMADA DE DECISÃO

Os bombeiros florestais assumem frequentemente posições de liderança sem grandes avisos, em cenários que lhes são sempre novos. Os líderes militares, como é óbvio, são chamados a fazer o mesmo: oficiais recém-comissionados a liderarem soldados em combate, por exemplo, ou oficiais experientes a levarem as tropas para um campo de batalha desconhecido. Mas ao contrário dos diplomados da academia militar ou dos colégios de guerra, onde as decisões de liderança têm um papel central nos programas, os comandantes de operações recém-nomeados geralmente têm assumido o cargo com pouca ou nenhuma preparação formal em matéria de decisões de liderança. De facto, antes do incêndio de South Canyon, as agências federais responsáveis não ofereciam praticamente qualquer formação em matéria de tomada de decisões, quando existem vidas dependentes delas.[6]

1 | No calor do momento   (43)

Uma preparação deficiente implica, como seria de esperar, más escolhas. Considere um importante adversário das boas decisões: o excesso de confiança, um momento em que um decisor responsável acredita que o resultado de uma decisão é mais provável do que seria de prever pela situação real.

> Estudos na área dos negócios concluíram que a audácia em excesso prevalece quando os gestores enfrentam decisões em matéria de produtos e mercados com os quais estão menos familiarizados.

Num desses estudos, dois investigadores analisaram a confiança de gestores de produto de pequenas empresas de *software* e *hardware* informático quando introduziram produtos radicalmente novos no mercado. Quanto mais pioneiros eram os produtos — e, portanto, menos familiar era o mercado — mais provável era que os gestores de produto olhassem para as possibilidades de sucesso com demasiado optimismo.[7]

Os bombeiros, constantemente obrigados a tomar decisões rápidas em terrenos desconhecidos, enfrentam os mesmos desafios. Quanto menos tiverem sido preparados para um papel de responsabilidade na tomada de decisões, mais facilmente uma atitude natural de confiança se apodera deles. Sem um historial de experiência para os apoiar — experiência no combate a incêndios *e* em tomadas de decisão — os comandantes de operações agarram-se, por vezes, a uma estratégia de combate com falhas, com a certeza de que "conseguiremos que funcione". No rápido e inconstante mundo de um fogo em evolução, uma atitude confiante é tão essencial como potencialmente perigosa.

NO CALOR DO MOMENTO: *STRESS* INTENSO E TOMADAS DE DECISÃO

Os fogos florestais podem atingir os 1300 graus Celsius, avançar a uma velocidade de 40km/h — uma velocidade digna da medalha de ouro na prova dos cem metros nos Jogos Olímpicos — e passar por cima de nós sem aviso. Quando são mais perigosos, diz-se que tais fogos podem "explodir", um momento dramático de mudança quando adquirem um impulso maníaco próprio. Tal como as avalanches e os tornados, uma explosão é um dos espectáculos da natureza mais assustadores, uma razão pela qual existe sempre tensão numa zona de incêndio. Para os chefes de equipa e comandantes de operações, aqueles que têm responsabilidades

(44) É Hora de Decidir

pessoais pela vida de terceiros, a tensão resultante pode tornar-se crítica. Quanto maior for o *stress*, menor é a probabilidade das decisões serem eficientes, numa altura em que se tornam mais importantes.

Estudos confirmam que indivíduos sob pressão ou que executam múltiplas tarefas simultaneamente têm uma maior probabilidade de optarem por más decisões por vários motivos, nomeadamente uma relutância em procurar informação relevante. Os estudos também demonstram que os efeitos adversos da falta de preparação em termos de tomadas de decisão se tornam mais evidentes em condições mais adversas. Como conclusão, os dois inimigos das decisões eficientes — preparação insuficiente e *stress* elevado — são particularmente prejudiciais quando combinados.[8]

Ao estudar capitães e tenentes de bombeiros urbanos, Fred Fiedler descobriu que, enquanto os oficiais experientes melhoravam o seu desempenho sob o *stress* de um incêndio, os menos preparados iam na direcção contrária. O mesmo acontece com oficiais com responsabilidades nos conveses de voo dos porta-aviões. Segundo um estudo de Karl Weick e Karlene Roberts, os oficiais tinham mais probabilidades de cometer erros durante situações "stressantes" de aterragens quando a sua atenção colectiva e cautela mútua estavam insuficientemente desenvolvidas ou ficavam debilitadas pela precipitação dos acontecimentos. John Salka, um chefe de batalhão do Departamento de Bombeiros de Nova Iorque, falou com base nos seus 25 anos nas linhas da frente quando incitava os supervisores de incêndios a tomarem particular atenção à sua voz interior — se bem fundamentada — quando tomam decisões sob *stress*. Pois "para fazer a escolha certa quando a situação está ao rubro", escreve Salka, "a intuição é, na verdade, o subconsciente a tentar oferecer os benefícios da experiência de uma vida inteira."[9]

> Recorrendo a estudos extensivos sobre aqueles que enfrentam momentos de decisão difíceis, Gary Klein concluiu igualmente que a intuição — se bem refinada e informada pela experiência — melhora as tomadas de decisão, especialmente no calor do momento.

Repare bem nas expressões "bem refinada" e "informada". A experiência para tomar decisões ajuda a reunir uma "biblioteca" de referência mental que envia um alerta especial quando as condições não parecem boas. É o que invoca quando tudo muda à sua volta e não existe grande tempo para pensar por si próprio e naqueles que dependem de si. Infelizmente, no South Canyon a 6 de Julho de 1994, a capacidade de decisão bem refinada e informada era limitada.[10]

QUEM ESTÁ NO COMANDO?
AUTORIDADE AMBÍGUA E DECISÕES DE LIDERANÇA

O peso de tomar decisões que recai sobre chefes dos bombeiros torna-se ainda pior em resultado de três factores organizacionais que são especialmente predominantes no combate a fogos florestais. Primeiro, os chefes de equipa orientam uma força laboral que é, em grande parte, sazonal, uma vez que os incêndios são mais comuns nos meses secos de Verão. Segundo, é exigido que os chefes colaborem com outras agências sobre as quais não têm qualquer controlo. E um terceiro, à medida que as equipas de bombeiros se fundem em amálgamas temporárias nos grandes incêndios, os chefes de equipa e comandantes de operações vêem-se a trabalhar com, a reportar ou a dar instruções a outras equipas que nunca tinham encontrado ou que mal conhecem.

Todas as três fontes de autoridade ambígua trabalham para minar as tomadas de decisão eficientes. As equipas sazonais são, frequentemente, pouco desenvolvidas como equipas. Embora sejam forçadas a trabalhar em conjunto em organizações *ad hoc*, as diversas partes também trazem consigo agendas com interesses pessoais, e os chefes de equipa e comandantes de operações têm de coordenar uma grande quantidade de desconhecidos e de personalidades estranhas. (Pense num maestro de uma orquestra a subir ao palco pela primeira vez em frente a uma secção de metais de Cleveland, a uma secção de cordas de São Francisco, uma secção de sopro de Denver e uma secção de percussão de Seattle.) As débeis relações entre as diferentes partes também têm tendência para resultar tanto na acumulação como na partilha de informações. Os comandantes de operações são por vezes chamados para tomarem decisões fundamentais baseadas em menos informações do que as que estão disponível dentro das próprias equipas.

Some as partes — um fluxo reduzido de informação até ao líder no incêndio, um fraco compromisso do líder para exercer autoridade e reduzida obediência das equipas às instruções do líder — e tem os requisitos básicos para uma crise de decisão. Só é necessário um incêndio imprevisível para a desencadear.

O FOGO DE SOUTH CANYON

"Ok, todos para fora do desfiladeiro!", transmitiu por rádio Don Mackey aos seus bombeiros em perigo. Tinham estado durante horas a abrir um corredor na montanha Storm King para travar um incêndio florestal em expansão. Agora esse caminho tinha-se tornado na única hipótese de fuga para a equipa. Dezoito pessoas corriam para se salvar. Conseguiriam chegar a um local seguro?

(46) É Hora de Decidir

O Verão de 94 "assava" a região central do Colorado com um calor raramente visto nas montanhas. A seca tinha deixado a terra totalmente seca, deixando-a a suspirar por humidade e pronta para a combustão. Na manhã de 2 de Julho, a montanha Storm King começou a arder. A 4 de Julho, o fogo tinha alastrado talvez um hectare, um incêndio relativamente pequeno e lento, e os oficiais locais decidiram que podia esperar enquanto apagavam dezenas de incêndios mais graves.

Só na manhã do dia 5 de Julho é que os primeiros bombeiros se aventuraram para o travar. Menos de 36 horas depois, 14 estavam mortos. Membros de elite de uma casta de guerreiros itinerantes que lutam de capacetes e motosserras contra um dos inimigos mais antigos da humanidade, estes dez homens e quatro mulheres foram dominados por uma parede de fogo que se deslocava mais depressa do que eles conseguiam correr.

A crise na montanha Storm King não foi apenas um desastre natural; foi um fracasso de decisão, o resultado de um erro de cálculo. O bombeiro Don Mackey tomou muitas das grandes decisões — algumas boas, outras menos boas, pelo menos uma delas heróica — mas Mackey não agia sozinho. Era um produto, possivelmente uma vítima, de um sistema que não conseguira ensiná-lo a tomar boas decisões.

Durante anos, as agências responsáveis pelo combate a fogos florestais tinham-se concentrado no comportamento dos fogos em vez de no comportamento humano, semelhante a um negócio que se concentra na engenharia em vez de nos clientes. Mesmo quando anteriores tragédias em incêndios tinham sido causadas de erros humanos, as recomendações difundidas por elas eram geralmente técnicas. O resultado foi que Mackey e outros foram para a montanha com equipamento de ponta, mas com uma formação deficiente em matéria de fazer escolhas urgentes sob pressão intensa.

Tal como na maioria das catástrofes, não foi uma única decisão a responsável pelo desfecho no South Canyon; pelo contrário, foi o resultado de uma sucessão de pequenas decisões. Uma das tragédias do incêndio é que os erros poderiam ter sido evitados. Optimismo excessivo, suposições não testadas, avisos não levados em consideração, informações de inteligência insuficientes, fracasso em clarificar a autoridade: em Storm King, quase todos os grandes inimigos das tomadas de decisão acertadas estiveram presentes em abundância. O "colapso na tomada de decisões" foi "quase automático", confirmou mais tarde um investigador do U.S. Forest Service.[11]

Na NASA, foi preciso a explosão de um segundo vaivém para convencer a agência de que os seus problemas não eram apenas técnicos mas também organizacionais. E foi preciso os desastres da montanha Storm King e o incêndio do South Canyon para mudar a forma como os fogos florestais são combatidos. Hoje em dia, os bombeiros florestais passam por um treino intenso em matéria de como tomar decisões atempadas em condições complexas e "stressantes". Os recrutas seguem os passos de Don Mackey. Param no local onde ele deu as suas instruções finais. Correm montanha acima enquanto um cronómetro contabiliza o tempo. Imaginam como será uma parede de chamas que se desloca a 30km/h. E muitas vezes acabam, ofegantes, numa cruz de granito a marcar o local onde Mackey foi alcançado pelas chamas que não conseguiu deixar para trás.[12]

O caminho da decisão

Como professor numa escola de Ciências Empresariais, costumo conduzir a minha investigação para a liderança e para as tomadas de decisão em ambientes bastante formais: escritórios privados, *suites* executivas, até salas de reuniões de conselhos de administração. Mas não desta vez. Na companhia de 17 bombeiros florestais, subi as encostas da montanha Storm King de 2700m de altura, localizada a 65km a noroeste de Aspen, para tentar compreender o que tinha acontecido naqueles dias fatídicos em 1994 e para tentar retirar lições que podem ajudar a que se façam as escolhas certas, não importa o quanto as circunstâncias sejam extremas. O que se segue é uma reconstrução, extraída de entrevistas, investigação e relatórios dos acontecimentos que levaram a um dos piores dias na história do combate a fogos florestais.[13]

Quando os primeiros raios de sol começaram a aparecer no dia 5 de Julho, Butch Blanco, um bombeiro veterano do U.S. Bureau of Land Management, caminhou montanha acima a fim de avaliar a situação. Apenas alguns meses antes, Blanco tinha obtido os requisitos necessários para ser comandante de operações, o encarregado de um incêndio. Antigo bombeiro urbano, era conhecido por dar rédea solta às suas equipas quando se tratava de fazer o serviço.

Ele e a sua equipa de sete elementos começaram a escavar uma linha à volta do fogo que avançava lentamente. Usando enxadas, pás e serras, limparam a terra — um arrancava a vegetação, outro atirava-a para o lado. A ideia era criar uma linha de fogo — uma faixa estreita onde não houvesse nada para alimentar as chamas e que, assim, não conseguissem avançar. Mas este fogo era mais obstinado do que Blanco estava à espera e às 08h19 pediu ajuda pelo rádio.

Visto que o incêndio de Blanco não era uma prioridade — havia muitos incêndios maiores na região que atravessava uma seca — só às 17h20 é que finalmente chegou uma equipa de oito bombeiros pára-quedistas, alguns dos bombeiros florestais mais bem treinados do país, num pequeno avião. Entre eles estava Don Mackey. De 34 anos de idade e com dois filhos, Mackey já contava oito anos como bombeiro pára-quedista e tinha igualmente sido instrutor. Forte e bem constituído, com o aspecto de um homem da montanha, Mackey era visto como um bom pára-quedista. Sentada ao seu lado estava Sara Doehring, uma mulher de constituição delgada mas forte do norte do Estado de Nova Iorque que Mackey tinha ajudado a formar.

"Ele era calmo, afável, o tipo de pessoa com quem gostávamos de estar", disse ela acerca de Mackey. E como bombeiro, "era muito competente". Doehring recorda-se de pensar que as coisas "seriam difíceis naquela zona", mas foi tranquilizada pela atitude confiante do seu colega.

Às 17h45 os pára-quedistas saltaram do avião. Porque Mackey estava sentado no banco mais perto da porta, saltou e aterrou primeiro. Isso tornava-o, de acordo com um protocolo que interpretava a liderança no sentido mais literal, o "pára-quedista no comando". Ele coordenaria a aterragem e prepararia a equipa para combater o incêndio. O fogo em si era ainda da responsabilidade de Blanco enquanto comandante de operações, mas as linhas de autoridade em breve começariam a ficar "turvas".

De um chefe para vários

Mal equipados para uma noite na montanha e prejudicados pelo funcionamento defeituoso das motosserras, Blanco e a sua equipa desceram para a cidade de Glenwood Springs para passar a noite, pouco antes de Mackey e os seus colegas pára-quedistas chegarem. Algumas horas depois, as chamas tinham ultrapassado a linha de fogo que a equipa de Blanco tinha cortado, crescendo de 12 para 20 hectares. Com esta mudança, Don Mackey entrou em acção contra o fogo.

"Todos pensámos que íamos escavar uma linha à volta do fogo até à meia-noite" para o conter, recordou Doehring. Mas continuou a avançar e Mackey apercebeu-se de que precisava de mais bombeiros. Na ausência de Blanco, tomou a iniciativa pedindo por rádio, às 23h30, mais duas equipas de bombeiros (decisão 1 na cronologia apresentada mais à frente).

O frio no cume da montanha apenas permitia um descanso intermitente. Acordado às duas da manhã, Mackey estava preocupado com o facto de no incêndio se registarem temperaturas particularmente elevadas para aquela hora da noite. Ao amanhecer do dia 6 de Julho, tomou de novo a iniciativa, pedindo vigilância aérea (decisão 2), uma aeronave de asa fixa que funcionaria como um "olho no céu" a tempo inteiro. Os oficiais informaram Mackey que não havia nenhuma disponível; em vez disso, conseguiu os serviços de um helicóptero ligeiro que teria de trabalhar a dobrar transportando material além de monitorizar o incêndio.

Se Mackey teria tido mais sorte se a sua autoridade tivesse sido mais clara ou se conhecesse melhor a quem fez o pedido é impossível de saber, mas o facto de lhe ter sido negado o seu "olho no céu" a tempo inteiro iria deixá-lo parcialmente cego numa altura em que o incêndio ameaçava transformar-se em algo muito maior.

Cedo pela manhã do dia 6 de Julho, Butch Blanco voltou ao cume da montanha com uma equipa de 11 bombeiros. Na sua ausência, Mackey tinha dado os passos certos: tinha seguido o fogo de modo vigilante,

---

ANATOMIA DE UMA TRAGÉDIA

Começou como um incêndio de rotina; havia dezenas de incêndios mais sérios no Colorado no Verão de 94 devastado pela seca. Mas o de Storm King acabou por ser o mais mortífero. O bombeiro pára-quedista Don Mackey tomou nove decisões-chave nesse dia terrível.

Decisão 1 – Às 23h30 do dia 5 de Julho, com a intensificação do incêndio, Don Mackey envia por rádio um pedido de mais duas equipas de bombeiros.

2 – Pelo amanhecer do dia 6 de Julho, Mackey pede uma vigilância aérea contínua do incêndio. O pedido é negado.

3 – Às 9h30 Mackey e Butch Blanco, chefe de outra equipa, fazem o reconhecimento num helicóptero destacado para o incêndio.

4 – Mackey propõe cortar uma linha de fogo por baixo das chamas no flanco esquerdo do cume — uma estratégia arriscada com a qual Blanco concorda.

5 – Mackey questiona-se sobre quem está no comando, mas não clarifica a situação. Um possível resultado: não é ordenada qualquer vigilância.

6 – Uma previsão meteorológica local prevê ventos fortes mas nenhuma chuva; Mackey não recebe nem pede a previsão.

7 – Mackey ordena que Sarah Doehring vá para o cimo do cume principal. Graças a esta ordem, ela sobrevive.

8 – Pressentindo uma explosão iminente, Mackey conduz oito bombeiros para Lunchspot Ridge. Todos sobrevivem.

Cronologia de decisões no incêndio de South Canyon.

(50) É Hora de Decidir

posto em segurança mais elementos da equipa e pedido meios de inteligência aérea. Agora ele e Blanco acotovelavam-se. Decidindo que precisavam de mais informações antes de optarem por uma estratégia, entraram a bordo do helicóptero às 9h30, de modo a terem uma visão melhor do incêndio (decisão 3). O que viram foi preocupante. As chamas tinham avançado para 50 hectares e estavam a descer pelo flanco oeste do cume. Mackey então propôs um plano arrojado (decisão 4). Queria cortar uma linha de fogo muito perto das chamas — embora por baixo delas, já que o fogo consegue escalar uma encosta mais depressa do que uma pessoa — no flanco oeste do cume. Antes de virar para a esquerda e de se estender horizontalmente através da encosta, a linha cortaria abruptamente montanha abaixo nos primeiros 90 metros: uma inclinação de 55 por cento igual a uma queda de 30cm de elevação por cada 60cm para a frente.

Blanco concordou com a estratégia e Mackey preparou-se para a acção. Em retrospectiva, este foi um momento crucial no qual duas coisas importantes aconteceram. Primeiro, Blanco cedeu efectivamente — embora não oficialmente —alguma da sua autoridade de comandante de operações a Mackey, que agora se tornara no homem da frente em relação a como lidar com a linha de fogo descendente. E, em segundo lugar, ambos os homens se empenharam numa estratégia em desacordo com várias regras estabelecidas.

"A construção de uma linha de fogo descendente é perigosa em terrenos inclinados, com combustíveis que ardem rapidamente ou com condições atmosféricas em rápida mudança", avisa o manual de bombeiros florestais. As três condições predominavam no desfiladeiro. O manual também avisava contra depender de um caminho de fuga ascendente e íngreme, mas o plano de Mackey criava precisamente isso. Contudo, visto que as equipas estavam já no cume e não podiam ser rapidamente mobilizadas para baixo, cortar uma linha de fogo descendente parecia uma solução pragmática.

No entanto, alguns elementos da equipa de Mackey consideravam-na uma escolha perigosa. "Tem a certeza de que quer fazer isso?", perguntou um deles via rádio. "Descer por esse lado?" Mackey reafirmou a decisão, apenas para ser desafiado outra vez: "Existem alguns lugares seguros lá?" Mackey respondeu: "Não parece muito mau." De novo, os seus bombeiros pára-quedistas hesitaram. "Vamos esperar que venha aqui explicar-nos algumas coisas", disse um deles.

Frente a frente com a sua equipa, Mackey reparou que a vegetação era escassa para o fundo da montanha. De qualquer modo, afirmou ele, as chamas voltariam para o cimo da montanha — acima da linha de fogo sugerida — na improvável situação de ficarem fora de controlo. "Deixem-me ter uma equipa grande e conseguimos fazer isto. Vai funcionar", disse ele. A confiança de Mackey pôs a equipa em acção. Às 11h30, munidos de serras, machados e pás, começaram a cortar e a alisar uma nova linha de fogo.

Tal como investigadores encontraram noutras circunstâncias, assim aconteceu em South Canyon.

> Na ausência de um decisor experiente, uma atitude confiante tinha vencido.

Don Mackey funcionava na prática como o comandante de operações — algo que nunca tinha feito antes. Embora tivesse anos de experiência no combate a incêndios em cidades, Butch Blanco também era um novato no comando de incêndios florestais. Nenhum deles trouxe o tipo de experiência que transmite uma ideia de como o pior pode acontecer se as condições forem as erradas. Os procedimentos de actuação normais têm o objectivo de proteger contra tais decisões baseadas na intuição, mas não havia um veterano no comando para insistir em tais precauções.

Confundir as linhas de autoridade

Uma hora mais tarde, mais oito bombeiros pára-quedistas saltaram para o cume. Mais de duas dúzias de bombeiros estavam agora mobilizados na montanha: os 11 de Blanco, os oito de Mackey e os oito recém-chegados. A combinação ocasional das equipas de diversos locais e várias agências agravou-se ainda mais às 13 horas quando uma equipa de 20 peritos* de Prineville, Oregon, supervisionados por Tom Shepard, começaram a chegar ao cume da montanha por helicóptero. Tal como os bombeiros pára-quedistas, os peritos estão entre os bombeiros florestais mais bem treinados e mais admirados na área.

Estavam agora na montanha com uma missão três chefes de equipa com bombeiros de cinco Estados:

---

* **N. T.** No original, *hotshots.*

(52) É Hora de Decidir

Tipo de equipa	Bombeiros pára-quedistas	Bombeiros locais	Peritos
Chefe de equipa	Don Mackey	Butch Blanco	Tom Shepard
Agência Federal	U.S. Forest Service	U.S. Forest Service e Bureau of Land Management	U.S. Forest Service
Elementos e localização	16 de Idaho, Montana e Washington	11 do Colorado	20 de Oregon

Inevitavelmente, a questão de quem estava exactamente no comando tornou-se mais difícil de perceber com cada nova adição. Mackey supervisionava agora 24 pessoas, incluindo peritos, sobre quem não tinha qualquer autoridade, formal ou de qualquer outro tipo. Isso significava que o incêndio era dele? Às 14 horas colocou a questão ao colega pára-quedista Kevin Erickson: o comandante de operações era Butch Blanco ou o próprio Mackey? "Não sei", respondeu Erickson. "Nem eu", disse Mackey. Mas não fez nada para clarificar a situação (decisão 5).

A ambiguidade prolongada também pode explicar por que razão Don Mackey ignorou procedimentos básicos do combate a incêndios florestais que exigem uma vigilância a fim de garantir que não existem chamas a arder abaixo de uma linha de fogo. Espera-se que os comandantes de operações estejam ao corrente de todo o ambiente à medida que evolui. Uma aceitação inequívoca dessa responsabilidade teria ditado uma tarefa de vigilância ao fogo, o contacto via rádio com todas as partes e uma inspecção pessoal da situação. "Olhe para cima, para baixo e à sua volta", ordena o manual de incêndios. Muito possivelmente porque ainda estaria confuso acerca de quem estava no comando, Mackey não o fez e o resultado foi desastroso. Escondido por detrás de uma clivagem vertical conhecida como Lunchspot Ridge, o fogo já tinha lavrado abaixo do nível da linha de fogo. Se tivesse havido uma vigilância bem montada — ou o avião de vigilância que Mackey nunca teve — os rádios teriam crepitado com tantos avisos.

Bombeiros cortam uma linha de fogo na Montanha Storm King, 6 de Julho de 2005.

Ver a floresta e as árvores

Porque Blanco se concentrou em controlar o incêndio no cume e Mackey em acabar a linha de fogo mais abaixo, nenhum tinha uma visão global da situação em desenvolvimento. Assim, nenhum deles pressentiu que o desfiladeiro poderia estar à beira de uma explosão, esse fenómeno assustador quando um incêndio explode repentinamente através do campo. Nem Mackey, Blanco ou as suas equipas sabiam que a natureza estava a criar o catalisador para uma catástrofe.

O meteorologista local previu que uma frente fria avançaria por volta das 15 horas, gerando muito vento mas nenhuma chuva. Estas eram, é claro, informações cruciais nestas circunstâncias, mas não chegaram à linha da frente. Confusões burocráticas tinham retido o alerta e, sem luzes de aviso a piscarem ou treino prévio para o alertar para a sua necessidade, Mackey nunca pediu uma previsão meteorológica (decisão 6). Ambas as falhas — não clarificar as suas responsabilidades de líder e não pedir actualizações meteorológicas — estavam estreitamente relacionadas. Se

(54) É Hora de Decidir

Mackey tivesse a certeza de que estava no comando, poderia ter-se sentido obrigado a procurar informações e então saberia proteger aqueles na linha de fogo das correntes previstas.

Às 15h30, as perigosas condições começavam a ser palpáveis, com ou sem previsão. Apercebendo-se da intensificação do vento, Mackey ordenou que Sarah Doehring patrulhasse a linha de fogo do flanco oeste à procura de resíduos em chamas e focos de incêndio. Também se sentou com ela para comerem qualquer coisa. Embora aparentemente relaxado, ele parecia ter muito em que pensar, recorda Doehring. "O que devo fazer se o vento surgir?", perguntou ela. "Desce", ordenou Mackey. Contudo, quando se levantaram e Doehring recomeçou a sua patrulha em direcção ao extremo da linha de fogo, Mackey mudou de ideias e ordenou-lhe que voltasse para o cume (decisão 7). Tensa em relação ao agravamento das condições, Doehring ficou aliviada por voltar para trás — um acto que lhe salvou a vida. A maioria dos outros bombeiros na linha de fogo ficou a trabalhar entre 440 e 570 metros abaixo do cume.

"Vão para cima!"

Às 16 horas, o fumo rodopiava, as chamas agitavam-se e havia rajadas de vento — todos os sinais clássicos de uma explosão. Uma análise de 1998 do U.S. Forest Service dizia: "O fogo começou a lavrar através da cobertura de combustível vivo como uma frente de chamas contínua." A frente surgiu tanto de baixo como do extremo da linha de fogo. De imediato, Mackey parou de combater o fogo e correu para se salvar. Compreendendo a gravidade da situação, disse a oito bombeiros que estavam perto dele para correrem directamente para Lunchspot Ridge para uma área onde sabia que havia vegetação rasteira suficiente para servir de área segura. "Vão para cima!", gritou ele. "Existe uma área já ardida mais acima" (decisão 8). E, de facto, eles encontrariam "uma área já ardida" e sobreviveriam ao embrulharem-se dentro dos seus abrigos portáteis contra o fogo.

Mackey não seguiu os oito bombeiros para o cume. Em vez disso, avisou pelo rádio: "Ok, todos para fora do desfiladeiro!" Depois correu para trás ao longo da linha de fogo, incitando os restantes bombeiros a fugirem (decisão 9). Para Mackey, foi a escolha final e mais difícil para o decisor. Numa altura em que o seu sentido de autopreservação deve ter gritado "Corre!" — quando ainda tinha hipótese de salvar a sua própria vida — em vez disso ele voltou para ajudar aqueles ainda em perigo.

1 | No calor do momento (55)

A decisão final de Donald Mackey.

Com o encorajamento de Mackey, seis bombeiros chegaram ao cume apenas restando-lhes alguns segundos. Um deles era Brad Haugh. "O incêndio explodiu por detrás de um pequeno cume por baixo de onde eu estava", contou Haugh ao escritor Sebastian Junger para o seu livro *Fire*. "As pessoas gritavam pelo rádio: 'Corram! Corram! Corram!' Eu estava a cerca de 45 metros do topo da montanha e as chamas chegaram lá em dez ou 12 segundos. Cheguei ao topo e atirei-me ao chão e rebolei para o outro lado e, quando me voltei para trás, só se via uma incrível parede de chamas."[14]

Mackey e os outros não vinham muito atrás, mas a inclinação da colina significava que eles não andavam suficientemente depressa — apenas 30 a 90 centímetros por segundo. O fogo, no entanto, avançava quase três metros por segundo. Às 16h16 apanhou-os. Uma parede de chamas ondulante de 90 metros alcançou nove homens dos peritos de

Oregon e três pára-quedistas, incluindo Mackey. Estavam a menos de 90 metros de um local seguro.

Demorou mais cinco dias até que o incêndio fosse controlado. O número de mortos chegou aos 14 — duas pessoas morreram noutro local da montanha — tornando-o num dos incêndios florestais mais mortíferos na história dos EUA.

Decisores e "indecisores"

Embora não fosse o único líder na montanha, as decisões de Don Mackey tiveram um impacto decisivo na experiência dos bombeiros durante o incêndio de South Canyon. Sem dúvida, a agência governamental que o enviou para a Storm King Mountain não lhe deu os recursos suficientes. Os meios chegaram tarde ou eram inadequados para o combate ao incêndio. As agências federais falharam ao não nomearem inequivocamente um comandante de operações. Um aviso meteorológico nunca chegou à linha da frente, onde os riscos pessoais eram mais elevados. Nem Mackey tinha formação suficiente na essência da liderança de ocorrências. Butch Blanco e Tom Shepard adicionaram as suas decisões importantes à matriz, assim como os oficiais fora do terreno. No entanto, as nove decisões de Mackey tornaram-se cruciais no terreno. O seu impacto é resumido de seguida:

Nove decisões de Don Mackey durante o incêndio de South Canyon a 5 e 6 de Julho de 1994

Decisão de Donald Mackey	Hora	Fonte de tomada de decisão ineficiente	Avaliação	Resultado
1 Pediu duas equipas extra para o dia seguinte	5 Julho, 23h30		Avaliação eficaz e decisão imediata	Conseguiu o pessoal extra pedido
2 Pediu uma vigilância aérea contínua por uma aeronave de asa fixa	6 Julho, 05h30	Autoridade ambígua	Decisão certa mas prejudicada pela má coordenação entre agências	Impediu a avaliação do rápido avanço descendente do fogo
3 Realizou a própria vigilância aérea	09h30		Adquiriu boa visão geral do incêndio	Melhores informações de inteligência sobre o desenvolvimento do incêndio

Decisão de Donald Mackey	Hora	Fonte de tomada de decisão ineficiente	Avaliação	Resultado
4 Começou a construir a linha de fogo descendente no flanco oeste sem vigilância	Proposta: 10h00; Iniciada: 11h30	Preparação deficiente e autoridade ambígua	Agressiva e insegura	Colocou os bombeiros em perigo
5 Não clarificou quem estava no comando da ocorrência	14h00	Preparação deficiente, *stress* intenso e autoridade ambígua	Deixou a autoridade continuar a ser ambígua quando deveria ser inequívoca	Ausência de uma total percepção da situação e uma falta de clareza entre os seguidores em relação a quem estava no comando
6 Não assegurou uma actualização meteorológica	14h30	Preparação deficiente, *stress* intenso e autoridade ambígua	Deixou Mackey sem conhecimento do agravamento das condições	Os bombeiros continuaram os trabalhos na linha de fogo, apesar da chegada iminente de uma frente fria com ventos fortes
7 Enviou Sarah Doehring para o cume	15h30		Uma resposta subconsciente a uma situação cada vez mais alarmante	Salvou a vida de Doehring
8 Enviou oito bombeiros pára-quedistas para Lunchspot Ridge para local seguro	16h00		Instrução lúcida durante momentos cada vez mais "stressantes"	Os oito pára-quedistas sobreviveram
9 Evacuou o flanco oeste da linha de fogo	16h06		Colocou a segurança da equipa à frente da sua segurança pessoal	Ajudou a salvar seis bombeiros, mas tarde de mais para outros onze e para ele próprio

O que funcionou e o que não funcionou

Falta-nos a elegância controlada de uma experiência de laboratório ou o valor estatístico de uma amostra, mas recorrendo aos registos detalhados de relatos na primeira pessoa e subsequentes análises, cinco das nove decisões de Mackey mostraram ser eficientes enquanto as outras quatro não tanto, sendo nalguns casos muito pouco eficientes. Aquelas que aumentaram a probabilidade de Mackey e a sua equipa controlarem rapidamente e com segurança o incêndio de South Canyon foram:

Decisão 1, às 23h30 do dia 5 de Julho, para pedir duas equipas extra de elite, que asseguraram os bombeiros necessários ao combate de um fogo em rápida expansão

Decisão 3, às 09h30 do dia 6 de Julho, de realizar uma vigilância aérea, que melhorou significativamente as informações de Mackey em relação ao ambiente

Decisão 7, às 15h30, de enviar Sarah Doehring para o cume, uma decisão que lhe salvou a vida

Decisão 8, às 16h00, de enviar oito pára-quedistas para Lunchspot Ridge, transferindo-os com sucesso para uma área segura

Decisão 9, às 16h16 de evacuar a linha de fogo do flanco oeste, ajudando assim a transferir seis bombeiros em direcção a outra área segura e colocando a sobrevivência da equipa à frente da sua segurança pessoal

Contra as cinco decisões acertadas de Mackey estavam quatro que diminuíram a probabilidade de ele e a sua equipa pararem o fogo e de saírem de lá com vida. Em cada caso, a ineficiência da escolha pode ser explicada, pelo menos em parte, por um ou mais dos três factores identificados no início, que enfraquecem potencialmente as tomadas de decisão eficazes: falta de preparação, *stress* intenso e autoridade ambígua.

Decisão 2, às 17h30 do dia 6 de Julho, pedindo uma vigilância aérea contínua. A intenção por detrás desta decisão era legítima: Mackey procurava um "olho no céu" para ter dados em tempo real de áreas do incêndio que não conseguia ver directamente. O facto de não ter conseguido obter este recurso pode ter parecido pouco importante na altura visto que, muitas vezes, tais pedidos são recusados aos bombeiros devido a prioridades concorrentes, preocupações de segurança ou limitações de recursos. Mas ao não ter alcançado os seus objectivos nem ter insistido com os seus superiores na necessidade de ter a melhor vigilância aérea, Mackey limitou as informações e conhecimentos disponíveis acerca do incêndio. Com toda a certeza, contribuiu para a rejeição e para a aparente reserva de Mackey em relação a explorar mais o assunto o facto de que ele não ser o comandante de operações formal. Com uma autoridade mais delineada, Mackey poderia ter garantido a vigilância que procurava, em vez de ficar sem qualquer visão geral do incêndio, numa altura em que este estava a crescer perigosamente.

Decisão 4, tomada às 10h00 e implementada às 11h30, de construir a linha de fogo descendente do flanco oeste. Não podemos ter a certeza de que um supervisor com mais formação teria tomado uma decisão mais segura com o *stress* do momento, mas um decisor mais bem preparado poderia ter sido menos audacioso em transgredir procedimentos normais de actuação e seria mais provável que tomasse medidas extra para se defender contra os perigos da inclinação da montanha. Um líder com mais experiência e formação também poderia não estar tão à vontade para basear esta estratégia importante num meio essencial ainda não assegurado: a "grande equipa" que Mackey exigia para a sua linha "funcionar", mas que nunca se materializou. Finalmente, um líder com uma autoridade inequívoca para tomar decisões poderia ter tido mais sucesso a mobilizar a grande equipa que era necessária.

Decisão 5, às 14h00, de não clarificar quem estava no comando da ocorrência. A ambiguidade da autoridade resultante da existência de diversas unidades na montanha, o *stress* do combate e a simples fadiga foram factores influentes. Mas também o foi a preparação deficiente: com mais experiência e formação vem uma maior valorização da exigência de uma clareza inequívoca em relação a quem tem a derradeira responsabilidade na linha da frente.

Decisão 6, às 14h30, de não confirmar a previsão meteorológica. De novo, a incerteza de se Mackey era o comandante de operações foi um factor provável, especialmente em conjunto com a sua preparação insuficiente e outras preocupações. O fogo estava a tornar-se mais ameaçador, Mackey tinha mais bombeiros sob a sua alçada com a chegada dos peritos e, sem a intuição que provém da experiência de liderança, o perigo de uma previsão meteorológica não recebida não estava necessariamente no topo das suas preocupações. No entanto, ao não agir — também ao decidir, na falta de outra opção, agir sem dados em relação às condições meteorológicas — Mackey deixou o flanco oeste da sua linha de fogo dolorosamente vulnerável à explosão que se seguiu.

DESENVOLVER A TOMADA DE DECISÕES

Alguns dos bombeiros florestais de elite estavam na montanha Storm King a 6 de Julho de 1994. As equipas de peritos e de pára-quedistas estão entre as mais bem preparadas do vasto corpo de bombeiros florestais dos EUA. No entanto, 14 deles perderam a vida no que a maioria dos observadores qualificados concluíram ter sido uma calamidade evitável. Se até aqueles mais exímios tecnicamente no controlo de incêndios foram apanhados por uma explosão, a falta de competências formais no combate a incêndios não pode ser a causa dominante. A calamidade resultou, em grande medida, de uma competência subdesenvolvida para tomar decisões rápidas sob condições exigentes.

> Muito simplesmente, pessoas competentes foram deixadas por sua própria conta, com o objectivo de atingirem momentos de decisão abaixo dos níveis necessários.

Donald Mackey saltou de pára-quedas para a zona de incêndio como elemento de uma equipa, tornou-se no pára-quedista no comando no terreno e, em breve, assumiria o comando virtual de um incêndio que envolvia várias equipas. As suas responsabilidades em termos de tomadas de decisão agravaram-se de um dia para o outro e ele, de bom grado, mostrou estar à altura dos acontecimentos. As organizações dependem, frequentemente, de pessoas como Mackey para fazerem o serviço. Mas se o serviço é para ser bem feito e as equipas para serem protegidas o melhor possível dos múltiplos perigos do trabalho, então a formação na, e o desenvolvimento da, essência da tomada de decisões urgentes é uma prioridade. Compreender tudo acerca do comportamento dos fogos mas pouco sobre o comportamento humano é ter apenas metade do equipamento de decisão que é exigido a um comandante de operações; todavia, antes de 1994, foi precisamente isso que as práticas de formação governamentais produziram.

Foi preciso a tragédia de South Canyon para expor essa falha mas, felizmente, os futuros decisores em incêndios deverão estar significa-

1 | No calor do momento (61)

tivamente mais bem preparados para os seus próprios momentos de crise do que estavam Don Mackey e Butch Blanco. Em 2001, o National Wildfire Coordinating Group, um consórcio de agências federais e governamentais de combate a fogos florestais, criou o Wildland Fire Leadership Development Program explicitamente para aumentar as competências em matéria de tomada de decisões, para que os bombeiros responsáveis pudessem "tomar decisões acertadas e atempadas".

Se as "avaliações rápidas forem esclarecidas e controladas", concluiu Malcolm Gladwell em *Blink**, "podem ser tão boas como as decisões tomadas cuidadosa e deliberadamente". O desafio agora é esclarecer e controlar essas avaliações. Após o incêndio de South Canyon, as agências de combate a incêndios dos EUA têm vindo a trabalhar para alcançar exactamente isso.[15]

Aprender a decidir

Uma década após o incêndio de South Canyon, foi criado um conjunto de cursos para possibilitar uma formação aprofundada em matéria de tomada de decisões sob tensão em ambientes complexos, desconhecidos e em rápida mudança. Os cursos são estruturados de acordo com um dos princípios essenciais que agora orientam todo o desenvolvimento da liderança em fogos florestais: tomar decisões acertadas e atempadas.[16]

Um curso de primeiro nível para todos os bombeiros, "Factores Humanos na Linha de Fogo", focaliza-se na percepção situacional e na tomada de decisões, com ênfase na garantia de que o *stress* pessoal e as atitudes privadas não debilitam a lucidez. Num exercício, são dadas informações aos participantes sobre tendências de temperaturas, humidade e nuvens num determinado local à medida que uma frente fria se aproxima; depois é-lhes pedido que façam uma previsão da direcção em que os ventos irão mudar e que encosta será mais perigosa. As consequências para a mobilização e reorganização das equipas de bombeiros são óbvias.

Um curso de segundo nível intitulado "De Seguidor a Líder" destaca competências como as tomadas de decisão éticas. Os participantes dedicam-se um dia no terreno a tomar decisões em pequenas equipas. "Liderança na Linha de Fogo", o programa de nível três, foi concebido para os responsáveis por uma equipa de bombeiros e dá relevo à comunicação de objectivos e à gestão do *stress*. Aqui os participantes estudam modelos de tomadas de decisão, participam em simulações de decisões tácticas adaptadas da Marinha dos EUA e dominam análises pós-acção de decisões-chave.

O curso do nível seguinte é "Liderança em Ocorrências", para "líderes de líderes" — aqueles que funcionariam como comandantes de operações para

---

* **N. T.** Obra publicada em Portugal pela editora Dom Quixote em 2006.

várias equipas de bombeiros durante um combate prolongado. Desta vez, o curso concentra-se em identificar como a autoridade ambígua consegue debilitar as decisões eficazes, como os erros de decisão podem ser detectados cedo e como o ritmo de decisão pode ser mantido. Os participantes participam em actividades de *role playing* e simulações por computador de combate a incêndios. Este é o curso de formação que Don Mackey devia ter tido mas não teve, pela simples razão de que não existia na altura.

Um curso fundamental para "líderes de organizações" — aqueles que gerem equipas de gestão de ocorrências que supervisionam dezenas de unidades num grande incêndio — concentra-se na integração da informação a partir de numerosas fontes, de modo a tomar decisões inteligentes e atempadas, e na comunicação de objectivos estratégicos para o terreno de um modo que permita aos líderes na linha da frente tomarem as decisões apropriadas. Se Don Mackey tivesse tido formação apropriada antes de ser enviado para a Storm King Mountain e, então, tivesse controlado o incêndio com rapidez e segurança, este curso qualificá-lo-ia para uma promoção.[17]

Comum a todos estes cursos é a ênfase dada ao desenvolvimento das competências certas nas tomadas de decisão para segurança, rapidez e controlo numa zona de incêndio. Adquirir e analisar a informação certa, distribuir pessoas e meios pelas tarefas essenciais, implementar de modo oportuno e concentrar-se nos objectivos da operação independentemente de preocupações pessoais são factores centrais no programa. O programa do curso também enfatiza a aprendizagem de como lidar com a autoridade ambígua e com o *stress* pessoal. Embora essas fontes de tomada de decisão ineficiente nunca possam ser totalmente eliminadas, a iniciativa federal tem o propósito de reduzir a terceira causa de decisões ineficientes: preparação insuficiente para tomar decisões de liderança, especialmente quando a autoridade é incerta e o *stress* é intenso.

Praticamente todos os elementos principais destes novos programas apontam para os desafios de decisão que os bombeiros enfrentaram na Storm King Mountain. Bem formados, os comandantes de operações devem agora estar mais bem preparados para chegarem à hora de decidir certa numa zona de incêndio — boas notícias para os homens e mulheres que voluntariamente confiam as suas vidas à preparação daqueles que os orientam no combate ao fogo.

Do saber ao fazer

De modo a reforçar as lições da sala de aula, o Wildland Fire Leadership Development Program também criou um conjunto de experiências de aprendizagem fora da sala de aula que recorrem ao conceito de *staff ride* no campo de batalha. Há muito usado pelas forças armadas para ensinar estratégia militar, *staff rides* reconstroem decisões-chave no terreno em locais como Gettysburg e a Normandia.[18]

No programa de liderança em incêndios, as *staff rides* oferecem um estudo interactivo das estratégias usadas pelos comandantes de operações durante várias dezenas de incêndios. Enquanto percorrem o terreno, os participantes avaliam que decisões teriam tomado caso tivessem estado no lugar do comandante de operações.[19]

Sem surpresas, a área de incêndio de South Canyon é uma das visitadas com maior frequência. Grupos numerosos têm percorrido a linha de fogo do flanco oeste na Storm King Mountain a fim de analisar as decisões de liderança de Don Mackey e outros. Uma equipa de peritos dos bombeiros de Redding, Califórnia, até reorientou todo o seu programa de formação em torno da tomada de decisões de liderança, usando uma caminhada prolongada pela zona de incêndio como auge do programa de seis semanas. Um participante referiu que "sem dúvida, foi (...) a experiência de formação e aprendizagem mais útil da minha carreira de bombeiro". Outro afirmou: "Permitiu-me identificar as cadeias de erros e, com sorte, deu-me a força para quebrá-las antes que algo semelhante aconteça outra vez." E, para um terceiro, "foi uma das experiências mais emocionantes e educativas da minha carreira de bombeiro".

Participei em *staff rides* neste e em muitos outros locais de decisão, com toda a gente, desde oficiais militares com experiência em batalhas até gestores a meio da carreira, nunca sem ficar intensamente emocionado pela experiência. Compromissos pessoais deste tipo podem destacar-se no meio do nevoeiro da abstracção e ligar a teoria à prática de uma forma mais intensa do que praticamente qualquer outro acontecimento de aprendizagem.

As salas de aula são um excelente veículo para adquirir teoria em matéria de decisões; locais tangíveis são os veículos indeléveis para não esquecer como a aplicar.[20]

Corrida para o topo

Quando a caminhada pela montanha chegou ao fim, um grupo de bombeiros de Redding parou perto do extremo da linha de fogo onde Don Mackey gritara, "Ok, todos para fora do desfiladeiro!" Os organizadores pediram então aos bombeiros que corressem contra o relógio de Mackey para chegarem a um local seguro. Muitos correram junto à linha de fogo que Mackey tinha construído e usado, enquanto outros se lançaram directamente para o topo; mas, qualquer que tenha sido o caminho, a maioria não conseguiu atingir o cume dentro dos escassos minutos que restavam a grande parte da equipa de Mackey. À medida que "corria pela linha de fogo do flanco oeste," um deles disse que "consegui imaginar o fogo, o fumo e o calor mais abaixo, e até tive alguns pensamentos caóticos enquanto duvidava da minha decisão de ir pela saída do flanco oeste."[21]

Outro perito de Redding afirmou que, à medida que se aproximava da área onde morreram algumas das vítimas do incêndio, a apenas algumas dezenas de metros do cume, ficou paralisado de emoção. "Um par de esquis formavam um X sobre uma cruz que assinalava o local onde um dos bombeiros morreu", relembrou ele. "Fiquei paralisado e aturdido de imediato", compreendendo que se "tivesse estado na montanha em 1994, também teria morrido". Todos os peritos dos bombeiros, disse ele, deviam "subir a montanha para ver e sentir as ligações emocionais".

> Na linguagem clínica do investigador Max Bazerman, um "acontecimento que evoca emoções e é claro, facilmente imaginado e específico", será retido com maior facilidade na memória do que acontecimentos insípidos e sem emoção e, portanto, inspirarão mais facilmente as nossas futuras decisões.[22]

Independentemente das palavras que se usam para dizê-lo, são grandes as probabilidades de alguém que tenha passado pelo Wildland Fire Leadership Development Program estar muito mais bem preparado para lidar com duas das três causas de raiz das decisões ineficientes que atormentaram os líderes na Storm Mountain em Julho de 1994: preparação inadequada para a tomada de decisões e *stress* elevado. Separadamente, o serviço de bombeiros atacou a terceira causa de raiz — autoridade ambígua — ao dar ênfase e ao incutir melhor os princípios da responsabilidade inequívoca numa linha de fogo.

Hoje em dia, no rescaldo do incêndio de South Canyon e, em grande parte, devido ao que lá aconteceu, as regras são diferentes. O primeiro pára-quedista a chegar ao solo já não fica automaticamente no comando, tal como o lançamento de um produto não é atribuído ao primeiro executivo júnior que entrar na sala. Agora, a autoridade é atribuída à pessoa mais experiente. Os bombeiros são igualmente treinados para decidir contra correr riscos excessivos, uma precaução aparentemente básica que se perdeu, demasiadas vezes, no *etos* confiante de homens e mulheres habituados a arriscar as suas vidas sem uma formação adequada em matéria de liderança em ocorrências.

As decisões dos bombeiros tomadas na Storm King Mountain relembram-nos que a audácia pessoal é essencial para tomar muitas decisões. Apenas com uma autoridade ambígua e pouca formação, Don Mackey assumiu o comando e tomou decisões rápidas nos seus momentos finais que salvaram vidas, enquanto sacrificou a sua. A sua extraordinária coragem ajudou 15 bombeiros a escapar e agora ensina uma nova geração de líderes de bombeiros a tomar as decisões certas quando existem vidas que dependem delas.

O MODELO DE DECISÃO PARA DECISÕES URGENTES

A propósito disto, vimos como uma série de decisões isoladas, algumas boas e outras não tanto, podem ter em conjunto um efeito profundo, até mesmo trágico. Para evitar consequências adversas no futuro, numa zona de incêndio, de escritórios ou escolar, é útil recorrer aos princípios e ferramentas de decisão dos acontecimentos em Storm King, de modo a servirem de modelo inicial para chegar às decisões correctas, qualquer que seja o local.

Como foi sugerido anteriormente, estou convencido que a construção de modelos será suficiente para fechar o *gap* "saber-fazer" e para transformar ideias em acção, a teoria da decisão em tomadas de decisão. O processo é semelhante ao modo como Tom Boatner retirou sugestões para o seu modelo de decisão do bombeiro que observou no Alasca. Com o incêndio do Colorado fresco na memória, este é um bom momento para retirar lições dessa experiência, de modo a criar o seu próprio guia para tomar decisões urgentes. É certamente o que teríamos feito na sala de aula para os alunos de MBA ou como parte do programa para gestores a meio da carreira que procuram melhorar as suas tomadas de decisão.

Estou igualmente convencido de que os princípios e as ferramentas serão dominados com maior eficácia e estarão mais facilmente acessíveis numa situação de crise individual se forem primeiro explorados pelo leitor. Os meus próprios princípios e ferramentas retirados da caminhada pela área do incêndio de South Canyon estão listados a seguir, mas recomendo que crie os seus antes de examinar o meu modelo. Ao juntar o que criou ao que eu retirei, e ao continuar a fazê-lo nos capítulos seguintes, construirá um conjunto bem elaborado de princípios de decisão, com as ferramentas a condizer. Entretanto, é boa ideia começar a testar o modelo no seu local de trabalho e na sua comunidade durante os próximos dias.

Princípio	Ferramenta	Exemplo
1. Preparar-se para decisões sob *stress*.	**a.** Adquirir e assimilar experiência de decisão. **b.** Obter formação formal.	**a.** Mackey trouxe experiência à sua missão, mas não a tinha analisado. **b.** Não tinha disponível qualquer programa de formação em matéria de tomadas de decisão.
2. Desenvolver consciência situacional.	**a.** Examinar o ambiente. **b.** Destacar outros para ajudarem.	**a.** Mackey sobrevoou o incêndio. **b.** Mackey não ordenou qualquer vigilância.
3. Dar ênfase à responsabilidade.	**a.** Clarificar a autoridade com terceiros. **b.** Identificar implicações da responsabilidade.	**a.** A autoridade de Mackey era ambígua e assim ficou. **b.** Mackey não recebeu uma previsão meteorológica
4. Estabelecer prioridades claras.	Rever prioridades antes de decisões urgentes.	Mackey enviou 15 bombeiros para local seguro momentos antes da explosão.
5. Respeitar princípios operacionais.	Rever procedimentos operacionais.	Mackey construiu uma linha de fogo descendente, apesar de os manuais de incêndios avisarem contra tal procedimento.
6. Rever princípios operacionais.	Mudar as regras que debilitam as tomadas de decisão.	Os EUA já não determinam que o primeiro pára-quedista a chegar ao solo assuma o comando.
7. Tomar decisões oportunas.	Seguir os desenvolvimentos e agir rapidamente quando o tempo o exigir.	Compreendendo que o tempo era escasso, Mackey enviou Doehring e outros oito para lugar seguro.
8. Ultrapassar o interesse pessoal.	Reafirmar que a responsabilidade em relação a terceiros suplanta os interesses pessoais.	Mackey sacrificou a sua vida para apressar outros a saírem da linha de fogo.

(2)
Entrar no jogo das decisões

Neste capítulo irá aprender:

- quais são os cinco princípios da tomada de decisão
- uma sugestão de modelo de decisão

(68) É Hora de Decidir

Lançar ou adiar? Despedir ou recrutar? Aceitar uma promoção ou deixar passar? Um conselheiro matrimonial ou um advogado de divórcios? E que tal cirurgia ou o que os médicos chamam de espera vigilante? Existem decisões de todas as formas e feitios, com todo o tipo de consequências. Algumas decisões são rápidas, a diferença entre uma elegância social e uma gafe. Outras são assustadoras, mantendo-nos inquietos e acordados durante horas. No seu pior, podem tornar-se no que F. Scott. Fitzgerald descreveu em *The Crack-Up* como a "verdadeira noite negra da alma" quando "são sempre três da manhã, dia após dia."[1]

No trabalho, em casa, na comunidade, tomamos decisões a toda a hora, uma "onda" constante delas. Ou não conseguimos fazê-lo, adiamo-las para amanhã, deixamos as coisas correr, abandonamos o jogo. Algumas decisões são tão triviais como escolher trigo integral ou centeio, enquanto outras são tão importantes como permanecer em silêncio ou revelar a verdade quando se testemunha uma situação de prevaricação empresarial.

> O exercício de fazer escolhas difíceis pode ser uma das experiências mais universais.

Num inquérito nacional realizado em 2000, quatro em cada cinco inquiridos afirmou que a tomada de decisões era muito importante no seu actual ou mais recente emprego. Além disso, a capacidade de fazer escolhas — a vontade de entrar no jogo das decisões e de jogar bem — é possivelmente um dos grandes discriminadores e indicadores do derradeiro sucesso ou insucesso. "Gestores de todos os níveis", avisou Jack Welch, antigo CEO da General Electric, têm de estar prontos para tomar "decisões difíceis". Aqueles que o conseguem fazer, progridem; os que não conseguem, flutuam ou afundam-se.[2]

GUSTAVUS QUÊ?

Todos conhecemos os poucos afortunados para quem as decisões parecem fáceis. Deslizam escolha após escolha, sem serem confundidos por ninguém, satisfeitos com tudo, nunca fazendo grande esforço. Ernest Hemingway chamou-lhe graciosidade sob pressão. Também conhecemos o oposto, os que estão sempre equivocados e que não se conseguem decidir, os contempladores que examinam uma escolha de todos os ângulos, os que paralisam e simplesmente ficam bloqueados nos momentos importantes.[3]

Mais de 135 anos após a sua morte, Robert E. Lee tem cerca de 50 escolas públicas pelo país com o seu nome. Gustavus Woodson Smith não tem nenhuma; de facto, o seu nome é praticamente desconhecido fora de um pequeno círculo de entusiastas e historiadores da Guerra Civil norte-americana. Todavia, a 31 de Maio de 1862, com o Exército da União sob comando de George McClellan às portas de Richmond e a ameaçar acabar rapidamente com a nova Confederação, foi a Smith, e não a Lee, que Jefferson Davis, Presidente da Confederação, recorreu.

General da Confederação Gustavus W. Smith.

Davis ficou tão alarmado com a força inimiga de 125 mil homens que avançava em direcção à sua capital, que cavalgou até às linhas da frente nesse dia para consultar Joseph E. Johnston, o general responsável pela defesa de Richmond. Davis tinha praticamente alcançado o seu general quando estilhaços e uma bala atiraram Johnston do seu cavalo e o retiraram de acção. Face a este acontecimento, Davis concedeu uma promoção de campo de batalha ao subordinado em graduação de Johnston, Gustavus W. Smith de 40 anos, e passou para ele a defesa de Richmond e, por conseguinte, o destino da Confederação.[4]

Ninguém duvidava da linhagem de Smith. Nascido no Kentucky e educado na Academia Militar em West Point, formou-se em oitavo lugar na turma de 1842, um grupo que incluía futuras grandes individualidades da Guerra Civil, como Abner Doubleday e James Longstreet. Nem ninguém duvidava da bravura pessoal e perspicácia militar de Smith. Tal como Jefferson Davis, tinha combatido com distinção na guerra entre o México e os Estados Unidos em 1846-47 e fez parte, por pouco tempo, do corpo docente de West Point antes de se envolver na política da cidade de Nova Iorque. Tinha um estilo tempestuoso, que parecia sugerir que este era um general não facilmente intimidado. No entanto, quando Davis o chamou ao poder, Smith esquivou-se da missão.

Numa reunião com Davis e o seu ajudante militar, Robert E. Lee, às 20h30 do dia 31 de Maio, Smith parecia confuso. Quando Davis insistiu com ele sobre os seus planos para a defesa de Richmond, o comandante recém-nomeado do Exército da Virgínia do Norte respondeu perguntando ao seu Presidente o que *ele* sabia acerca da batalha naquele dia. Smith confessou que "não conseguia decidir" sem mais informação "o que seria melhor fazer". No dia seguinte, depois de o seu exército ter alcançado pouco no campo de batalha, Smith ficou doente e pareceu estar à beira de um esgotamento. Nenhuma questão acerca de "coragem pessoal podia ser levantada por alguém que o tivesse visto em combate", observou um historiador, mas "foi a responsabilidade que lhe destruiu os nervos". Às 14h00 do dia 1 de Junho de 1862, Jefferson Davis exonerou Smith do comando e atribuiu a missão a Lee.[5]

DECIDOFOBIA

Tendo-lhe sido atribuída uma missão grandiosa num momento crítico na maior crise da experiência norte-americana, Gustavus Smith foi comandante do Exército da Virgínia do Norte durante menos de 24 horas. Robert. E. Lee, pelo contrário, faria McClellan voltar para trás das portas de Richmond e, posteriormente, lideraria brilhantemente o maior exército do Sul nas épicas batalhas em Antietam, Chancellorsville e Fredericksburg, até atingir o seu momento de decisão errado em Gettysburg. Para Lee, as grandes decisões eram tomadas rapidamente, mas para Smith não. Quando tem de enfrentar decisões importantes, a maioria preferiria ser mais como Lee do que como Smith, mas a realidade para muitos pode ser precisamente o contrário.

Muitos têm uma aversão tão grande a tomar decisões, especialmente quando afectam muitos outros, que os psicólogos clínicos até encontraram um nome para isso — aliás dois nomes para dois distúrbios relacionados: decidofobia e o seu primo hipengiofobia, um medo anormal e persistente de responsabilidade. Excepto o mais natural dos decisores, a maioria já esteve perto desses distúrbios numa determinada situação. Quase todos tiveram aquele sentimento de apreensão quando finalmente se chega a uma decisão particularmente complicada após dias ou meses de andar à volta da questão.

Para a maioria, a actividade natural de tomar decisões não é nada natural. Mas nem falar árabe, desenhar estruturas de aviões ou tocar tuba o são. São todas competências aprendidas, dominadas através de observação e de prática, e aperfeiçoadas pela experiência. O mesmo acontece com a tomada de decisões.

MIL URGÊNCIAS

Até os decisores mais experientes afirmam que nunca é fácil. O CEO da Unisys Corporation, James Unruh, discursava para um dos meus grupos de *executive* MBA na Wharton School quando um estudante o questionou acerca da experiência de chegar pela manhã ao escritório principal de uma grande empresa que enfrenta desafios épicos. A Unisys na altura — meados dos anos 90 — empregava 40 mil pessoas, tendo reduzido de 80 mil apenas alguns anos antes. Os primeiros minutos do seu dia de trabalho na sede da empresa eram encantadores, disse Unruh. O segurança e a assistente cumprimentavam-no cordialmente e nada tinha ainda determinado o seu dia, excepto uma chávena de café e o jornal diário. Mas a partir desse momento, a experiência do CEO piorava constantemente.

Todas as decisões mais simples na empresa já tinham sido tomadas pelos seus subordinados; apenas as questões espinhosas e dolorosas tinham sido deixadas para ele decidir. Os elementos seniores da equipa de Unruh em breve andariam a vaguear pelo seu escritório, deixando na sua secretária decisões delicadas, umas atrás das outras, que tinham sido incapazes de resolver. As decisões fáceis nunca chegavam lá a cima.[6]

Obtive uma amostra semelhante da vida no outro lado da secretária de um executivo quando visitei Rick Rieder no seu escritório na Lehman Brothers, quando fazia investigação para este livro. Responsável pelas transacções de rendimentos fixos, Rieder começava o seu dia com um pequeno-almoço relaxante no refeitório para executivos da Lehman, na nova e resplandecente sede de Nova Iorque na Seventh Avenue, perto de Times Square. Elegante, moderno e esplendidamente mobilado, o edifício tinha sido comprado à Morgan Stanley pouco depois do 11 de Setembro, quando a Morgan Stanley decidiu dispersar a sua força laboral e vender o novo edifício construído à medida.

A decoração do refeitório e o serviço de pequeno-almoço eram requintados, a conversa descontraída. Rieder desceu de elevador até ao andar do seu escritório, a manhã desceu com ele. O escritório confortável e de paredes de vidro de Rieder tem vista para a sala de transacções, onde 125 *traders* de obrigações já estavam agarrados aos ecrãs dos computadores onde piscavam cotações de compra e venda, enquanto os *traders* aceitavam pedidos de clientes de todas as partes do mundo. Parecia ser um dia produtivo e lucrativo, mas depois Rieder recebeu uma chamada de um dos seus gestores seniores, pensando ser a habitual actualização acerca de um desenvolvimento misterioso no mercado obrigacionista. Não era o caso. O gestor anunciou que ia

(72) É Hora de Decidir

demitir-se nessa manhã e à tarde ia trabalhar para uma empresa rival no outro lado da cidade. Para Rieder, era uma grande perda, embora uma que ainda pudesse ser reversível se ele e a Lehman agissem depressa e de modo assertivo. Com o seu momento de decisão claro e os riscos definidos, Rieder começou o dia de trabalho a telefonar a outros executivos no banco, à procura de ajuda para convencer um valioso activo humano a não se demitir.[7]

Todd Thomson, o antigo CFO da Citigroup e agora CEO da sua divisão de Global Wealth Management, afirma que o seu dia de trabalho começa, quase invariavelmente, com um grande número de decisões difíceis. "Quando chego ao escritório de manhã, tenho mil urgências", foi a forma como ele o caracterizou. O general Peter Pace, agora Chefe do Estado-Maior das Forças Armadas, disse o mesmo da sua chegada ao Pentágono no seu cargo anterior de subchefe. À sua espera na secretária todos os dias estavam dezenas de relatórios nocturnos sobre casos de potencial terrorismo. A missão de Pace: decidir diariamente que avisos mereciam ou não a sua atenção.[8]

James Unruh, Rick Rieder, Todd Thomson e Peter Pace conhecem todos o sofrimento de tomar decisões. Sabem o que é começar todos os dias e enfrentar uma multiplicidade de crises, a maioria com repercussões e implicações que vão muito para além do escritório. Os quatro sabem que, no jogo das decisões, tem de se jogar para ganhar e, ao contrário de Gustavus Smith, eles prosperam com o desafio em vez de paralisarem quando o enfrentam. Dependemos de pessoas assim para produzir as nossas tecnologias, aumentar os nossos *portfolios* e defender a nossa segurança. Os seus momentos de decisão também são, de uma forma muito verdadeira, os nossos momentos de decisão. Felizmente, apesar das urgências e das pressões que enfrentam pessoalmente todos os dias, decidiram ficar na confusão.

ENTRAR NO DERRADEIRO JOGO

Os seres humanos são programados química e biologicamente para sobreviver a condições por vezes espantosas. Face a um frio extremo, o corpo começa a cortar a circulação nas extremidades, depois nos órgãos menos importantes, até que, finalmente, o que resta é a circulação sanguínea entre o coração e o cérebro. Podemos chamar a isto uma vontade involuntária de viver. Porém, as respostas aprendidas podem ser igualmente essenciais para a sobrevivência.

2 | Entrar no jogo das decisões (73)

Formação, criatividade e lucidez — todos nos ajudam a suportar as adversidades extremas do frio árctico, do calor do deserto e do ar rarefeito. No seu estudo sobre como o ser humano sobrevive em ambientes tão inóspitos como a Amazónia, o mar alto e o espaço, o médico Kenneth Kamler descobriu ao aprender com a experiência que "o ser humano demonstra uma enorme adaptabilidade" aos extremos. Através de uma mistura de criatividade e vontade, os aventureiros mergulharam a 160 metros de profundidade no mar e subiram até 8.850 metros acima do nível do mar.[9]

Nem mesmo a melhor preparação é sempre suficiente. No dia 12 de Outubro de 2002, a mergulhadora Audrey Mestre desceu até aos 170 metros de profundidade na costa da República Dominicana, retendo a respiração durante 1 minuto e 42 segundos enquanto ultrapassava o anterior recorde de profundidade em dez metros. Todavia, à medida que Mestre começou a subida através de um cabo direccional, uma bolsa de ar que deveria empurrá-la rapidamente para a superfície não insuflou. Ela permaneceu extraordinariamente paciente durante o que deve ter sido uma luta excruciante de sete minutos para alcançar a superfície. No final, porém, os 8 minutos e 38 segundos de Mestre debaixo de água superaram simplesmente os limites do que o seu corpo poderia suportar, talvez do que qualquer humano poderia aguentar.[10]

Uma enorme determinação, porém, pode fazer a diferença, mesmo quando já se é dado como morto. A oito mil metros acima do nível do mar, perto do cume quase sem oxigénio do Monte Evereste, Beck Weathers enfrentou a sua própria versão a grande altitude das condições que no final ditaram a morte de Audrey Mestre. Encurralado numa tempestade rigorosa com um factor de arrefecimento de quase 37 graus negativos e sem um abrigo nem oxigénio, Weathers entrou em coma e foi deixado para trás por outros alpinistas, incluindo um médico que julgava impossível que recuperasse. Porém, horas depois de ter sido abandonado, Weathers recuperou consciência e, apesar das extremidades do corpo congeladas e da grave hipotermia, desceu a montanha. "A sobrevivência de Beck", concluiu Kenneth Kamler, o primeiro médico a cuidar dele nas altas encostas do Evereste, "transcende as leis da Medicina".[11]

Para Beck Weathers, as origens do milagre eram claras: foi reanimado por uma vontade impressionante de viver, de resistir. Tal como Mestre, não havia situações confusas nas quais pudesse esbarrar. O seu momento de decisão era unidimensional, a sua decisão resumia-se a uma simples escolha: levantar-se ou morrer. Ele decidiu levantar-se e sobreviveu.

AGIR OU MORRER

Roberto Canessa merece um lugar especial nos anais das tomadas de decisão de sobrevivência, já que as suas decisões o salvaram, assim como a 14 companheiros seus. Além disso, ao tomar as suas decisões, Canessa demonstrou repetidamente uma determinação inflexível em entrar no jogo para que ele e os seus companheiros saíssem dali com vida.

Canessa era um estudante de Medicina de 19 anos de idade de Montevideu, Uruguai, quando embarcou num voo de Mendoza, Argentina, a 13 de Outubro de 1972, com a sua equipa de râguebi e adeptos. O grupo tinha como destino três dias de desporto e festa em Santiago, no Chile, mas quando o piloto se desorientou e se desviou do percurso estabelecido sobre os Andes cobertos de nuvens, o Fairchild F-227 embateu num penhasco. Canessa e 28 passageiros dos 45 a bordo sobreviveram milagrosamente à queda quando a fuselagem deslizou até parar num campo coberto de neve. Muitos dos sobreviventes tinham ferimentos graves e ninguém estava preparado para o frio extremo, mas, nas horas que se seguiram, todos anteciparam, por momentos, o resgate. Mas nunca chegou. Aviões e helicópteros percorreram a área durante dez dias mas não avistaram nem a fuselagem nem os sobreviventes.[12]

Canessa e os outros sobreviventes construíram um abrigo improvisado para os proteger das temperaturas extremas e encolheram-se junto uns aos outros para se aquecerem. Para arranjarem água, escorreram a neve derretida pelo sol para uma garrafa. Os que não estavam feridos recuperaram alguns chocolates e garrafas de vinho dos destroços do avião, mas os poucos alimentos que tinham depressa se esgotaram. Confinados a um campo coberto de neve e isolado a 3.500 metros de altitude nos Andes, estavam sem qualquer fonte de alimentos e, passada uma semana, muitos dos 27 restantes sobreviventes aproximavam-se da inanição. No décimo dia, quando as buscas aéreas estavam a ser canceladas, Roberto Canessa chegou ao seu primeiro momento de decisão.

Tendo conhecimento de como os seus corpos estavam a perder energia e a chegar a um ponto sem retorno, Canessa concluiu que o único modo de sobrevivência era comer aqueles que já tinham morrido. Como estudante de Medicina, debateu o caso o mais possível do ponto de vista médico, insistindo que aquilo que eles ficavam tão horrorizados em considerar como fonte de alimento era simplesmente proteínas e sem proteínas morreriam em breve. "Cada vez que se mexem", disse ele, "gastam uma parte do vosso corpo. Em breve estaremos todos tão fracos que nem sequer teremos forças para cortar a carne que está ali diante dos nossos olhos".[13]

2 | Entrar no jogo das decisões (75)

Canessa argumentou igualmente do modo mais pessoal que conseguiu, afirmando que tinham de viver para contar ao mundo a sua sobrevivência épica contra todas as expectativas. A única forma de o fazerem era comendo os seus companheiros falecidos.

"É carne", insistiu ele. "Não é mais do que isso. As almas abandonaram os seus corpos e estão no Céu com Deus. Tudo o que resta aqui são carcaças, que não são mais seres humanos do que a carne morta do gado que comemos em casa."[14]

A 22 de Outubro, Canessa fez os primeiros cortes na carne com um pedaço de vidro partido e comeu o que tinha cortado. Devagar, hesitantemente, e com grande sofrimento, cada um dos seus colegas fez o mesmo. O canibalismo deles permitiu-lhes inverter o seu caminho de outro modo terminal em direcção à inanição. Ao decidir e depois ao persuadir outros a fazerem o mesmo, Canessa prolongou a vida de todos, mas ainda não estavam mais perto da civilização. Nem estavam fora de perigo imediato.

Jogo final

Na noite do dia 29 de Outubro, 16 dias depois do desastre aéreo e uma semana depois de os sobreviventes terem experimentado carne humana, uma avalanche entrou pela fuselagem, engolindo muitos dos ocupantes, incluindo Canessa. O estudante de Medicina estava quase a sufocar quando um dos seus companheiros não soterrados pela neve o desenterrou; mas outros sete, incluindo aquele que estava sentado ao lado de Canessa quando a avalanche os atingiu, não conseguiram ser salvos.

No início de Dezembro, após quase dois meses de provação, o grupo tinha sido reduzido de um grupo inicial de 45 a 16 sobreviventes muito debilitados. Uma edição de notícias a 28 de Novembro ouvida num transístor que alguém do grupo tinha consigo prometia que as buscas aéreas iriam recomeçar em breve, mas Canessa sabia que as hipóteses de encontrarem o grupo eram remotas — afinal, o piloto tinha-se desviado do percurso de voo estabelecido. Eles podiam estar em qualquer lugar.

Por um lado, não havia nada a fazer senão esperar. O grupo tinha comida, apesar de ser de origem aterradora. Talvez as buscas aéreas tenham êxito, pensaram alguns. Um dos sobreviventes continuou a afirmar que os helicópteros conseguiam ver uma bola de golfe a 1.500 metros de altura. Além disso, a alternativa — caminhar pelo terreno da montanha extremamente acidentado — parecia impossível especialmente dado o seu estado debilitado. No entanto, Roberto Canessa conseguiu perceber que eles estavam a jogar um jogo final. Localizar os sobreviventes a partir dos voos aéreos era semelhante a localizar uma agulha num palheiro enorme.

A sua fonte especial de proteínas acabaria por se esgotar. Mesmo com a comida que ainda tinham, estava a chegar o dia em que ficariam demasiado fracos para tentarem salvar-se.

Para Canessa, um segundo momento de decisão ainda mais crítico tinha chegado. Começou a pressionar o grupo a montar o seu próprio resgate ao organizar uma pequena equipa para sair dos Andes. "Os helicópteros iriam resgatar-nos", afirmou Canessa, mas primeiro "temos de lhes dizer onde estamos". Apesar das dificuldades e dos perigos que certamente encontrariam pelo caminho, decidiu igualmente que ele teria de ser um dos que se aventurariam à procura de ajuda. Canessa concluiu que se encontrava entre os que estavam em melhores condições e com menos ferimentos entre os sobreviventes, alguns dos quais estavam ainda debilitados com membros partidos. "Percebi que as minhas pernas pertenciam ao grupo", relembrou. "Tinha de pôr de parte as vantagens pessoais em nome das vantagens para o grupo."

Dois outros sobreviventes voluntariaram-se para se juntarem a Canessa na expedição, mas não aquele que, juntamente com Canessa, tinha defendido de forma incansável a estratégia. "Ele foi sempre um grande visionário," recordou Canessa, "mas não continuou." Canessa partilhava a visão mas não as reservas. Ele tinha fechado o *gap* "saber-fazer" e chegado à sua hora de decidir para sair dali.

"Apenas pode olhar em frente"

Para derrotar a sua inércia ao enfrentar a intimidante caminhada que se avizinhava, Canessa começou a dizer a si próprio que a caminhada apenas exigia que desse cem mil passos. Se começasse por dar apenas alguns passos e depois mais outros, mais tarde conseguiria dar todos os passos. Para além disso, ele simplesmente ouviu o que a sua voz interior lhe dizia. "Alguns têm uma boa percepção de quando chega a hora de partir", recordou anos mais tarde. Para Canessa tinha chegado a hora.

Treze ficaram para trás quando Roberto Canessa e dois companheiros começaram a subida a 12 de Dezembro por um terreno montanhoso extremamente traiçoeiro. Caminharam em direcção a oeste, teorizando que estariam mais perto das planícies chilenas do que das Pampas argentinas. Um expedicionário, Antonio Vizintin, voltou para trás após dois dias para que os outros dois — Canessa e Nando Parrado — tivessem alimentos extra para o que então parecia ser uma subida muito mais longa do que o esperado. Os dois caminhantes restantes perceberam que tinham chegado a um momento de arriscar tudo: se voltassem para trás ou se fossem engolidos por um abismo pelo caminho, seria improvável que o

2 | Entrar no jogo das decisões (77)

grupo sobrevivesse. Se chegassem à civilização, todos iriam celebrar a época natalícia com a família em Montevideu.

Foi uma viagem angustiante desde o início. Resistiram a noites verdadeiramente frias, transpuseram um cume de 4.115 metros e desceram aos tombos pelas encostas geladas abaixo. Mas Canessa nunca duvidou da sua decisão de partir. "Existem momentos na vida em que tomamos uma decisão e não devemos olhar para trás", pensou à medida que avançavam em direcção às planícies chilenas. "Apenas podemos olhar em frente."

No sexto dia da viagem, Canessa e Parrado caminharam em cima de um solo com flores e relva pela primeira vez em mais de dois meses e, pela primeira vez em todo aquele tormento, Canessa teve a certeza de que iriam vencer. Dois dias mais tarde, a 20 de Dezembro, cruzaram-se com vários cavaleiros chilenos que tinham cavalgado até ao vale, mas o tormento ainda não tinha chegado ao fim. Um rio furioso separava os dois grupos, demasiado poderoso para o atravessarem e demasiado barulhento para gritarem e serem ouvidos. Os uruguaios gritaram por ajuda, mas receberam um "amanhã" que mal ouviram. No dia seguinte, um dos chilenos regressou e atirou para o outro lado uma pedra com um papel atado, perguntando-lhes o que queriam. Parrado devolveu a pedra com uma explicação escrita: "Venho de um avião que caiu nas montanhas. Sou uruguaio. Temos vindo a caminhar há dez dias. Tenho um companheiro ferido no vale. Estão 14 pessoas feridas no avião. Temos de sair daqui depressa e não sabemos como. Não temos comida. Estamos fracos." O bilhete acabava: "Quando vai voltar para nos ajudar? Por favor, nós nem conseguimos andar. Onde estamos?"

Nesse dia, um dos chilenos transmitiu a mensagem acerca dos sobreviventes ao mundo exterior e, a 22 de Dezembro, helicópteros retiraram os outros da montanha. Ao tomar a decisão de sair dos Andes e ao impor a sua vontade ao grupo, Roberto Canessa tinha dado a todos uma hipótese de viver.

Dias de decisão de Roberto Canessa nos Andes, 1972

Data	Decisão
13 de Outubro	Avião despenha-se nos Andes com Roberto Canessa e mais 44 pessoas a bordo.
22 de Outubro	Momento de decisão um: Canessa convence os restantes sobreviventes a começar a comer os que tinham morrido.
23 de Outubro	Sobreviventes descobrem que as operações de busca e resgate foram suspensas.
29 de Outubro	Vinte sete ainda estão vivos, mas uma gigantesca avalanche de neve enterra a fuselagem e mata oito.
12 de Dezembro	Momento de decisão dois: Canessa convence o grupo que tem de tentar salvar-se e ele e outros dois decidem escalar os Andes até ao Chile.
18 de Dezembro	Canessa e o companheiro Nando Parrado chegam a um vale sem neve.
20 de Dezembro	Canessa e Parrado vêem três chilenos do outro lado de um rio.
21 de Dezembro	Canessa e Parrado informam um chileno do seu tormento e este contacta as autoridades.
22 de Dezembro	Helicópteros resgatam 14 sobreviventes na fuselagem.

PRINCÍPIOS DE DECISÃO DOS ANDES

Roberto Canessa orientou-se por cinco princípios de decisão durante o seu tormento nos Andes — princípios que continuaram a inspirar as suas tomadas de decisão mais de três décadas depois.

1. *Manter-se concentrado*. Nos dias imediatamente a seguir à sua quase morte quando a avalanche destruiu a fuselagem, Canessa afirma que ficava apavorado com cada som que sugeria a repetição do acidente. Mas à medida que o tempo passava, disciplinou-se para suprimir as suas ansiedades antes que enfraquecessem a sua determinação e capacidade de tomar decisões lúcidas.

"Se tiver de morrer, quero lá saber!", afirmou. "Mas isso não significa que não esteja a lutar pela minha vida. Nem pensar nisso! Estou a fazer o meu melhor." O discurso de coragem poderá ter sido em parte inventado, mas serviu o objectivo de concentrar a sua atenção apenas nas missões que aí vinham, não nas tragédias do passado. A experiência da avalanche teve o efeito de reafirmar a sua determinação de permanecer em jogo. "Se estiveres com medo", avisou-se a si próprio, "não darás tudo o que tens" e ele acreditava que uma descida até ao Chile exigiria tudo o que lhe restava.

2. *Colocar a fasquia alta.* Canessa diz que decidiu cedo que tomaria decisões em nome de outros de formas que lhe permitissem ter orgulho das suas acções e não ficar desiludido com o seu próprio comportamento. Ao decidir tornar-se expedicionário, reconheceu que era um dos sobreviventes em melhor condição física e concluiu que não conseguiria viver consigo próprio se não se voluntariasse para a escalada até ao Chile.

O critério para essa conclusão veio, é claro, da cultura e sociedade da qual fazia parte, e a personificação voluntária dos seus princípios morais ofereceu a base implícita para chegar a decisões das quais poderia estar orgulhoso. "Quanto mais miserável era a miséria humana", relembrou Canessa acerca da sua resposta à situação em agravamento, "mais as pessoas se preocupavam em ajudar os outros."

3. *Voltar ao fundamental.* "Queria fazer o que estava certo" ao iniciar a escalada em direcção ao Chile, afirma agora Canessa, apesar de "todas as probabilidades estarem contra nós". Para decidir o que era certo, recorreu ao que ele chamava de "verdades fundamentais", conceitos aparentemente irrefutáveis que ajudaram a acalmar-se. Um deles, de facto, serviu de mantra quando partiu para o Chile: "Para oeste existe vida e, onde existe vida, existe esperança."

4. *Nada de indecisões.* Canessa decidiu que não haveria de ter indecisões nem ficaria obcecado com as decisões que já tinha tomado e com os caminhos não percorridos. Fazer o contrário seria baralhar uma concentração lúcida nas decisões que estavam para vir. "Quando tomamos uma decisão arriscada como a de nos tornarmos expedicionários", explicou, "temos de fazê-la sem estar a olhar para trás o tempo todo." De outro modo, "perderemos o poder e a confiança no que estamos a fazer".

5. *Permanecer frio e calculista para maximizar as hipóteses de êxito*. Uma vez tomada a decisão de tentar a expedição até ao Chile, Canessa conta que estava desejoso de partir; mas, devido à insistência de um dos sobreviventes, Arturo Nogueira, Canessa primeiro passou horas a estudar, em grande detalhe, os mapas que tinham sido resgatados do avião. (Nogueira, que tinha as pernas partidas e que sofria mais com as temperaturas extremas, acabaria por morrer devido aos ferimentos e a uma pneumonia não muito antes de os helicópteros de resgate chegarem ao campo coberto de neve.) Antes do voo sobre os Andes, tinha igualmente lido um livro que recomendava não tomar decisões depois das 19 horas, visto que o cansaço do dia pode resultar em raciocínios ineficientes. Quer o princípio tivesse validade naquelas circunstâncias ou não, Canessa insistiu em segui-lo.

Ao reflectir sobre a experiência nos Andes 33 anos mais tarde, Canessa referiu que já não pensava naquele tormento todos os dias. Já tinha posto tudo para trás das costas, tinha completado o curso de Medicina e tinha-se tornado num dos principais cardiologistas pediátricos de Montevideu.

Porém, disse, a sua experiência tinha-lhe fornecido um princípio orientador para toda a vida: "Temos de ser persistentes, temos de estar preparados para as coisas imprevisíveis que podem acontecer e não podemos fazer mais do que o nosso melhor."

DA RESERVA À RESPONSABILIDADE

Devido aos riscos serem tão elevados, as causas das tomadas de decisão ineficientes têm sido estudadas em profundidade por economistas. De facto, um dos pioneiros na área, Daniel Kahneman, recebeu o prémio Nobel da Economia em 2002 pelo seu trabalho. Os psicólogos behavioristas e investigadores associados têm seguido os seus passos, mas não de muito longe. Edward Russo e Paul Schoemaker, por exemplo, identificaram dez perigosos erros crassos que normalmente são cometidos, tais como precipitar-se numa decisão demasiado depressa, ter excesso

2 | Entrar no jogo das decisões (81)

de confiança no seu próprio julgamento e não aprender com os erros do passado. Não estamos programados para evitar tais defeitos, avisam Russo e Schoemaker, apesar do insucesso poder causar o caos. Pior ainda, os erros crassos podem ganhar força em si próprios. Ao temermos a ineficácia e até o caos, temos tendência para não arriscar tanto quando o resultado da decisão afecta outros, especialmente quando podemos ser informados dos nossos erros por eles.[15]

A boa notícia, segundo outro investigador, Max Bazerman, é que "todos temos uma grande margem para melhorarmos os nossos julgamentos" e aprender conscientemente a tomar melhores decisões é um caminho comprovado para o fazer. A decidofilia — um prazer por tomadas de decisão — pode ser rara na natureza, mas pode ser dominada, e nesse caso, torna-se um alicerce para a aceitação de maior responsabilidade para a nossa própria vida e para a vida de terceiros.[16]

Quando Reuven Dar, Dan Ariely e Hanan Frenk estudaram 40 soldados que foram feridos durante o serviço militar, descobriram que os feridos com maior gravidade — ossos esmagados, membros amputados e queimaduras graves — tinham desenvolvido uma tolerância significativamente maior à dor do que aqueles que tinham sofrido uma variedade de pequenos ferimentos, desde roturas de ligamentos a mãos partidas. Os três investigadores mediram a dor pelo tempo que os veteranos esperaram até retirarem o dedo da água quente. Os que tinham sofrido ferimentos ligeiros retiraram o dedo, em média, após 27 segundos, enquanto os soldados com ferimentos graves esperaram 58 segundos. O mesmo acontece com as tomadas de decisão: a aceitação progressiva de uma maior responsabilidade de decisão tem tendência para aumentar a nossa tolerância a um sofrimento maior que advém de cada nova experiência. As decisões em si não se tornam necessariamente mais fáceis, mas quanto mais decisões tomamos, menos ansiedade e falta de sono provocam.[17]

Uma vez superadas as barreiras iniciais, as tomadas de decisão podem até tornar-se desejáveis. Mark Lester, que se tornou director clínico hospitalar em 2004 após anos nas salas de operações, observou que, ao colocar a sua carreira em risco ao assumir as responsabilidades por outros médicos enquanto administrador sénior, os seus momentos de decisão tornaram-se mais tangíveis e cativantes. Esta é uma razão pela qual os médicos geralmente preferem seguir a sua própria orientação do que um protocolo formal no diagnóstico dos doentes, apesar de os estudos mostrarem que tais protocolos geralmente oferecem uma orientação mais correcta. Tal como um médico afirmou, "é muito mais gratificante chegarmos a uma decisão por nós próprios".[18]

PEQUENOS PASSOS TORNAM MAIS FÁCEIS DECISÕES DIFÍCEIS

Roberto Canessa preparou-se para chegar ao Chile — o desafio mais intimidante da sua vida — ao dizer a si próprio que isso apenas exigiria dar cem mil passos. Se desse alguns agora, seguidos por outro pequeno conjunto e ainda mais outro, com o tempo chegaria ao total necessário. Os números eram apenas teóricos, mas ao repartir o que parecia impossível em segmentos alcançáveis, ele desencadeou o seu momento de decisão e, em dez dias, chegou onde poucos pensariam que tivesse hipóteses de chegar.

Este truque de dividir um grande feito em vários pequenos passos surge sob várias formas. Royal Robbins, um dos principais escaladores norte-americanos e agora industrial do vestuário, tinha ficado desencorajado em 1968 durante a sua tentativa de escalada a solo de um dos rochedos mais famosos do Parque Nacional de Yosemite, o Muir Wall de El Capitain. Após sete dias, Robbins tinha chegado à conclusão que tinha energia e força de vontade insuficientes para continuar a subida difícil e técnica de mais 300 metros até ao topo da rocha de granito de 900 metros.

Robbins estava prestes a descer em rapel quando se convenceu de que devia subir pelo menos alguns metros antes de começar a descer. "Porque não sobes o próximo metro e meio?", convenceu-se silenciosamente. "Consegues descer com a mesma facilidade mais um metro e meio acima de onde estás e atingirás um ponto mais alto e um pouco mais de respeito." Subiu esse metro e meio, e o metro e meio seguinte, e depois mais metro e meio. Após dois dias a subir metro e meio de cada vez, conseguia finalmente ver o topo e essa tangibilidade foi suficiente para se assumir como a força motriz da sua escalada. Mas chegar lá exigiu centenas de passos de metro e meio, cada um sendo um objectivo aproximado do objectivo maior.

"Como é possível escalar uma montanha quando não se consegue ver o cume?", interrogou-se. "Estabelecendo metas que se conseguem ver e atingir." São os pequenos "passos até ao sonho". Sem eles, ele não teria conseguido realizar o que se tornou num dos momentos mais celebrados da história da escalada em Yosemite.[19]

SUPERAR O INSUPERÁVEL

Outra variação do modo de entrar no jogo através de objectivos aproximados é demonstrada por Dean Karnazes, um dos corredores mais radicais da sua era. Karnazes compete regularmente em provas de 160

2 | Entrar no jogo das decisões (83)

quilómetros e uma vez concluiu uma maratona até ao Pólo Sul. Um dos maiores desafios que estabeleceu para si foi uma corrida de 320 quilómetros chamada "The Relay". A prova é destinada a equipas de 12 corredores que se revezam completando 36 segmentos de 8,9 quilómetros cada, mas Karnazes decidiu correr toda a prova sozinho. Encorajado pelos outros participantes como a "Equipa Dean" de um corredor, começou a corrida às 17 horas numa sexta-feira na ponta Norte de Napa Valley, na Califórnia, e correu durante a noite, todo o dia de sábado e parte de domingo a caminho da linha de chegada em Santa Cruz.

Às três da manhã de domingo, no entanto, Karnazes tinha perdido a vontade de continuar. Sentou-se curvado num passeio ao quilómetro 250 em Silicon Valley, depois de quase ter sido atingido por um veículo. Quando se convenceu de que tinha de recomeçar a correr apesar da exaustão extrema, os seus músculos não respondiam. Pensou que teria de chamar o 112 e decidiu que queria estar de pé quando a polícia chegasse. "Se apenas conseguisse levantar-me." Conseguiu e depois convenceu-se a chegar ao pé de um reflector com cerca de seis metros que se encontrava mais à frente e, a seguir, de um arbusto 15 metros mais adiante. Com a energia restaurada, Karnazes cruzou a linha de chegada domingo à tarde, 46 horas e 17 minutos depois de ter partido na sexta-feira. O conceito de correr um percurso de 320 quilómetros faria praticamente toda a gente parar, mas a ideia de correr centenas de pequenos acréscimos de alguns metros deu-lhe força no final.[20]

Ainda outro exemplo diferente do mesmo truque conduziu Johannah Christensen durante a tarefa árdua de um ano inteiro que era montar um programa para o Fórum Económico Mundial em Davos, Suíça, o evento anual que, desde 1970, tem juntado muitas das principais altas individualidades empresariais e políticas do mundo durante cinco dias de discussão e debate sobre as questões mais importantes de economia, política e tecnologia. Como *program manager*, Christensen tinha a responsabilidade de ajudar a organizar um alinhamento de oradores, painéis e *workshops* sobre tópicos que iam desde o comércio mundial à proliferação nuclear, desde a microfinança até à governação das sociedades empresariais, desde a fé religiosa até ao terrorismo mundial.

A reunião de 2005 foi característica do desafio. A agenda incluía 217 sessões e eventos separados para um público de cerca de três mil participantes, muitos executivos de topo das principais empresas do mundo ou altos representantes dos governos dos maiores países. Presente estava o fundador da Microsoft, Bill Gates, a CEO da Hewlett-Packard, Carly Fiorina, e o CEO da Citigroup, Charles Prince; o Primeiro-Ministro britânico, Tony Blair, o antigo Presidente dos EUA, Bill Clinton e o Presidente

(84) É Hora de Decidir

ucraniano Viktor Yushchenko; e os actores Richard Gere, Angelina Jolie e Sharon Stone. A juntar ao trabalho árduo de Johannah Christensen estavam manipulações intensas entre muitos dos mais poderosos para conseguirem um papel proeminente de orador nas melhores horas durante o evento de cinco dias. O Fórum atribuiu, por exemplo, ao Presidente francês Jacques Chirac e ao Chanceler alemão Gerhard Schröder horários de discurso a solo numa das tardes mais importantes.

O planeamento para a reunião anual inicia-se um ano antes. Esquematizado em gráficos e tabelas no escritório de Christensen na sede do Fórum Económico Mundial em Genebra, o evento ao início parece simplesmente "insuperável," disse ela. Mas a sua táctica para passar do objectivo à realidade é dividir de novo a enorme escala da tarefa em centenas de passos pequenos e definíveis e relembrar-se constantemente, a partir de experiências do passado, que os participantes "aparecerão todos, irão divertir-se bastante e ir-se embora". Ao proceder em pequenos acréscimos sem perder o grande objectivo de vista, Christensen ajudou-se a si própria a permanecer no jogo. Cerca de três mil das personalidades chegaram a Davos em Janeiro e deparam-se com um programa bem coordenado de sessões e oradores. A tarefa "insuperável" de coordenar um ponto de encontro monstruoso para o que os britânicos chamam de "os grandes e os bons" foi um sucesso.[21]

FICAR FORA DO JOGO

Embora tenha de jogar para ganhar, nem todos os jogos valem a pena ser jogados. Pode ainda não estar preparado para aceitar um cargo com responsabilidade de decisão. O cargo pode trazer restrições insustentáveis. O baralho pode estar viciado para prejudicar as tomadas de decisão responsáveis.

Examinar cuidadosamente os candidatos internos para altos cargos numa empresa é, ou deve ser, uma função básica dos recursos humanos. Numa grande empresa de serviços financeiros, por exemplo, o CEO nomeou uma executiva sénior dos recursos humanos cuja tarefa era avaliar a prontidão de cada um dos melhores 300 gestores da empresa para uma promoção. Na função de *headhunter** interna, ela trabalhou para assegurar que os candidatos alternavam em funções com responsabilidades cada vez maiores, mas ela também tentou ter

---

* **N. T.** Caçador de talentos - Alguém cuja actividade consiste em procurar, seleccionar e propor executivos de topo para as empresas.

2 | Entrar no jogo das decisões (85)

a certeza de que não eram nomeados para cargos que ainda eram de mais para eles. Os executivos deviam ser capazes de alongar — isto é, de entrar num jogo maior — mas não alongar demasiado e o princípio básico dos gestores de RH era que o alongamento devia ser de cerca de 30 por cento. Isso não tinha uma ligação verdadeira com os atributos mensuráveis, mas servia de chamada de atenção útil para a necessidade de alongar, mas não de mais.[22]

As empresas de selecção de executivos procuram fazer o mesmo com os candidatos externos, avaliando o cargo e depois o candidato para se certificarem de que este último está à altura do primeiro. As empresas querem alguém que consiga cumprir as funções e os candidatos querem saber que estão à altura do cargo que lhes está a ser oferecido. Mas os candidatos também devem querer saber se esse mesmo cargo não tem alguns "espinhos" escondidos.

Diligência devida

Richard Thoman, CFO da IBM, não conseguiu descobrir esses "espinhos" quando aceitou a oferta da Xerox Corporation para se tornar o seu *president* e COO* em Junho de 1997. Tal como Gustavus Smith, a linhagem de Thoman era impecável. Ele tinha sido executivo de topo na IBM abaixo de Louis Gerstner, o talentoso *outsider* que tinha sido recrutado para efectuar um *turnaround* na Big Blue. Agora a Xerox precisava do seu próprio *turnaround*. Recrutado pela empresa de selecção de executivos Ramsey Beirne Associates, Thoman parecia ser precisamente o que era necessário. Antes da Big Blue, ele tinha ocupado cargos seniores na American Express e na RJR Nabisco, e na IBM tinha liderado a bem sucedida reestruturação da divisão de computadores pessoais. "Andávamos à procura de um agente da mudança", afirmou o CEO Paul Allaire, "e ele parecia ser a escolha certa". Wall Street concordou. As acções da Xerox subiram dois dólares quando a nomeação de Thoman foi anunciada. Thoman também concordou. Ele disse a um repórter que se via como um "líder, alguém que consegue avaliar uma situação e agir rapidamente". Estava pronto para assumir o comando e tomar as decisões difíceis que o escritório principal exige.

Mas o que Thoman não tinha avaliado antes de aceitar o cargo foi a cultura resistente da Xerox e a presença contínua de Allaire. Quando Thoman desafiou a crença da empresa de que tinha atingido os padrões de fabrico de nível internacional, a administração recuou. Quando ele pediu

---

* **N. T.** *Chief Operating Officer* - Responsável pelas áreas operacionais, nomeadamente produção e engenharia.

(86) É Hora de Decidir

reduções imediatas na lista de colaboradores, a administração estudou o caso durante seis meses. Quando propôs reorganizar a força de vendas, a oposição encolerizou-se. No entanto, a Xerox elevou Thoman a CEO em Abril de 1998, como planeado. "Recordarei sempre esse dia como um momento auge", relembrou ele, "um sentimento de enquadramento."

Para arranjar espaço para Thoman, Paul Allaire abandonou o escritório principal, mas permaneceu como *chairman* e convidou dois executivos da Xerox que tinham sido preteridos em favor de Thoman — William Buehler e o CFO Barry Romeril — para fazerem parte do conselho de administração como *vice chairmen*. Allaire também pediu para estar presente nas reuniões da administração com Thoman, garantido que permaneceria silencioso. No entanto, como recorda um executivo, "a linha de olhares à volta da mesa concentrava-se em Paul, mesmo apesar de ser Rick quem estava a falar". Quando Thoman pensou destituir os dois executivos que tinham perdido a luta da sucessão para ele, hesitou por causa dos seus lugares na administração e da amizade antiga com Allaire. A sua liberdade de acção no *turnaround* depressa se estava a tornar algo mais parecido com as algemas do *statu quo*.

Em meados de 1999, a Xerox anunciou uma descida de 11 por cento nos rendimentos quando se esperava uma subida. Wall Street reagiu com violência à surpresa, retirando um quarto do valor de mercado da empresa num único dia. Depressa, os dois *vice chairmen* que se reportavam como executivos a Thoman se queixaram dele directamente ao *chairman* Allaire. A 10 de Maio de 2000, Allaire chamou Thoman ao seu escritório para o informar de que a administração tinha decidido demiti-lo no dia seguinte. Allaire explicou mais tarde: "O problema de Rick era não se relacionar muito bem com as pessoas, de modo a conseguir ter uma boa noção do que se estava a passar na organização e do que era ou não possível."

Para Thoman, o despedimento foi o fim abrupto e humilhante do que tinha sido até àquele momento uma carreira brilhante. Aparentemente, a administração tinha-lhe dado um mandato para optimizar e transformar uma empresa lendária que tinha ficado presa ao passado, assim como o mentor de Thoman, Gerstner, tinha recebido um mandato para efectuar um *turnaround* numa IBM conservadora. Mas Gerstner gozou da liberdade de acção negada ao seu protegido. Rodeado de executivos que tinham construído o mundo que ele se preparou para demolir, Thoman primeiro sentiu-se frustrado, depois pressionado. Teria sido melhor para ele se nunca se tivesse sentado à mesa. Melhor teria sido também se tivesse visto as regras escondidas do jogo antes de levantar as cartas.[23]

QUANDO TUDO O RESTO FALHA

Em séculos passados, os governantes que se aproximavam de uma hora de decidir recorriam, frequentemente, a profetas e oráculos. A questão seria colocada e depois uma galinha ou cabra seria sacrificada e as entranhas usadas para adivinhação. Para aqueles ainda em vias de decidir se hão-de entrar ou ficar de fora do jogo, existe um equivalente moderno útil: sinais proféticos. Os presságios não têm qualquer valor profético mas, no momento de agir, ajudam a trazer à luz preferências de decisão subjacentes.

Quando o Presidente Bill Clinton nomeou Mickey Kantor para o cargo de secretário do departamento de comércio dos EUA em 1993, Kantor pediu à advogada de Washington, Charlene Barshefsky para ser sua adjunta. Barshefsky sabia que o cargo lhe daria a oportunidade de moldar a política de comércio dos EUA numa altura de rápida globalização nos investimentos e no comércio, especialmente com a China desejosa de fazer parte da Organização Mundial do Comércio. Mas ela já era sócia de uma proeminente firma de advogados, partilhando a presidência da divisão internacional, e ganhava várias vezes mais do que iria receber no governo. Com o marido, que também trabalhava, estava a criar duas filhas pequenas, de quatro e nove anos. Será que fazer parte do governo de Clinton seria a decisão certa para a sua família ou um erro terrível? Barshefsky ficou "paralisada", disse ela, e os dias passavam sem qualquer resolução, enquanto Mickey Kantor a pressionava cada vez mais para ela se decidir.

Semana e meia após ter sido convidada, Barshefsky concluiu que tinha de decidir, apesar de ainda estar totalmente indecisa. No caminho para o trabalho na baixa de Washington com o marido, ela anunciou que teria de dizer sim ou não nesse mesmo dia. Desejou ver alguma espécie de sinal, disse ela. Alguns minutos mais tarde, quando outro carro ultrapassou o dela, reparou que a matrícula dizia GO4IT*. Foi o presságio que ela precisava. "Vou dizer que sim!", disse ao marido. Pouco depois de chegar ao escritório, telefonou a Kantor para aceitar um emprego que a colocaria na linha da frente nas negociações da entrada da China na OMC e na transformação das relações distantes dos EUA com a nação mais populosa do mundo.[24]

Na Primavera de 2000, Rick Pitino foi apanhado pelo mesmo momento de indecisão quando estava sentado no alpendre de uma casa alugada em Louisville, Kentucky. Pitino treinava na altura os Boston Celtics da

---

* **N. T.** Expressão em inglês de encorajamento e incentivo que significa "força/avança!"

(88) É Hora de Decidir

Associação Nacional de Basquetebol Profissional (NBA) após uma notável carreira como treinador de basquetebol universitário que incluiu levar duas equipas — Kentucky e Providence — à *Final Four* do torneio anual da National Collegiate Athletic Association*. O *derby* de Kentucky tinha trazido Pitino a Louisville, mas ele tinha uma segunda razão para estar na cidade: uma oferta atractiva para deixar a NBA e tornar-se treinador dos Cardinals da Universidade de Louisville.

Pitino estava sentado no alpendre a discutir a proposta com o seu amigo Ralph Willard, o treinador da Universidade de Holly Cross. Willard disse que ia ser difícil voltar ao basquetebol universitário. Pitino tinha feito tudo o que era possível fazer a esse nível. Além do mais, haveria alguns sentimentos rancorosos na Universidade de Kentucky se o ex-treinador assinasse pelos arqui-rivais estaduais. Nesse mesmo momento, recordou Pitino, um cardeal** vermelho poisou na mesa entre eles, quase como se fosse uma profecia. Em Janeiro de 2001, Pitino demitiu-se dos Celtics e, três meses mais tarde, tornou-se treinador dos Cardinals. Quando estamos presos num momento de decisão, ajuda prestar atenção aos pequenos sinais que nos podem ajudar a revelar o que estamos a pensar bem lá no fundo.[25]

O MODELO DE DECISÃO PARA ENTRAR NO JOGO DAS DECISÕES

Mais uma vez, incentivo-o a retirar as principais lições das experiências que acabámos de testemunhar. Não se esqueça, igualmente, que os princípios e ferramentas resultantes são mais facilmente recordados e invocados na hora de decidir se permanecerem incorporados nessas experiências. Quando tiver pela frente uma decisão dolorosa, lembre-se de Roberto Canessa quando decidiu partir dos Andes em direcção à civilização; quando tiver pela frente uma decisão acerca de uma promoção, lembre-se das experiências de Gustavus Smith e Richard Thoman quando alcançaram o topo; quando estiver perante uma tarefa aparentemente irrealizável, lembre-se de Dean Karnazes, Johannah Christensen e Royal Robbins quando dividiram a grande tarefa em centenas de decisões mais pequenas.

---

* **N. T.** Campeonato de basquetebol universitário.

** **N. T.** No original, *cardinal*.

2 | Entrar no jogo das decisões (89)

Princípio	Ferramenta	Exemplo
1. Suprimir os seus medos naturais de tomar decisões difíceis.	Concentre-se nos objectivos finais para os quais as decisões são os passos intermédios.	Embora quase enterrado vivo numa avalanche, Roberto Canessa recusou-se a deixar que o medo de uma repetição ditasse as suas acções.
2. De modo a atingir fins intimidantes, concentre-se nas verdades básicas.	Use conceitos simples para manter o objectivo final bem claro.	Canessa disse constantemente a si próprio "para oeste existe vida e, onde existe vida, existe esperança."
3. Olhar para o futuro em vez de repensar o passado.	Direccione o pensamento e a visão para o que está para vir.	Uma vez na escalada até ao Chile, Canessa nunca questionou se aquele era o caminho certo.
4. Combinar uma avaliação imparcial com um empenho veemente.	Aceite um objectivo, mas analise cuidadosamente os meios para o alcançar.	Canessa estudou os mapas diligentemente após comprometer-se a realizar uma escalada em direcção ao Chile.
5. Enfrentar as difíceis decisões do jogo.	Reconheça que a ansiedade da decisão e até as surpresas são inerentes ao facto de ter responsabilidades.	Rick Rieder reagiu à perda de um activo humano valioso preparando-se para reconquistá-lo, não cedendo à raiva ou ao desespero.
6. Preparar-se para entrar num jogo maior.	Empenhe-se agora de modo progressivo em decisões, de modo a antecipar uma maior responsabilidade no futuro.	Apesar de uma excelente linhagem, Gustavus Smith mostrou não estar preparado para a sua promoção no campo de batalha a comandante do exército.

Princípio	Ferramenta	Exemplo
7. Dividir decisões difíceis em passos mais pequenos.	Estabeleça objectivos aproximados e metas tangíveis que resultam em objectivos maiores.	Royal Robbins, Dean Karnazes e Johannah Christensen concentraram-se nas dezenas de pequenos passos que tinham pela frente.
8. Afastar-se de jogos onde as decisões são erradamente restringidas.	Aja com diligência devida para detectar limitações escondidas no poder de decidir.	Richard Thoman não avaliou as restrições de ter o antigo CEO no conselho de administração e os seus protegidos nas fileiras.
9. Confiar na sua intuição se estiver bem fundamentada.	Procure um presságio que traga à superfície a sua intuição.	Charlene Barshefsky usou a matrícula de um carro que a ultrapassou para desencadear uma decisão de aceitar um cargo exigente.

(3)
Usar a rede

Neste capítulo irá aprender:

- como usar a sua rede de contactos para o ajudar a decidir

(92) É Hora de Decidir

Paul D. Grangaard começou a sua carreira com uma licenciatura em Economia na Universidade de Stanford e com um MBA em Finanças e Negócios Internacionais na Universidade de Chicago. Após um período de formação na sede de Chicago e depois na filial de Frankfurt, na Alemanha, do First National Bank of Chicago — que mais tarde se fundiria na JPMorgan Chase — Grangaard entrou para a Piper Jaffray em 1986. Uma empresa média de serviços financeiros, a Piper Jaffray oferecia serviços de investimento tanto a investidores particulares como institucionais, incluindo corretagem, *investment banking* e gestão de activos.

Em 1995, com a relativamente tenra idade de 37 anos, Grangaard foi promovido para gerir a divisão bancária de *investment banking* da Piper Jaffray. Nos cinco anos seguintes ele desenvolveu o *franchise*, abrindo sedes em Menlo Park, São Francisco, Chicago, Nova Iorque e Londres, e septuplicou as receitas. A estrela de *investment banking* de Grangaard brilhava intensamente, mas ele pensava, cada vez mais, em deixar tudo para trás em troca de algo bastante diferente dentro da empresa.

A divisão de corretagem a retalho da Piper Jaffray estava a enfraquecer e, embora Grangaard não tivesse experiência em corretagem, achava que podia perceber o que estava a afligir as operações da Piper Jaffray. Em 2001 sentou-se em casa durante o fim-de-semana de três dias no feriado do dia de Martin Luther King Jr. e elaborou um memorando de sete páginas, diagnosticando os problemas com o objectivo de os resolver. Levou as suas ideias ao chefe de pessoal do CEO na empresa. Pouco depois, o CEO ficou tão intrigado com o diagnóstico e com a paixão de Grangaard pelo cargo que o convidou a assumir o comando das operações de corretagem a retalho. Denominada Private Client Services, geria mais de 800 consultores financeiros e cem escritórios de retalhistas em 18 Estados norte-americanos, aconselhando clientes abastados como haveriam de investir fundos e preparar-se para a aposentação.

Grangaard sabia que o cargo era um desafio para ele, mas também tinha algumas verdades fundamentais a partir das quais trabalhar. Uma era a sua filosofia pessoal de que os gestores, principalmente ele, devem assumir a responsabilidade, mostrar-se à altura do desafio seguinte e depois, parafraseando um dos lemas de Jim Collins em *De Bom a Excelente*, colocar as pessoas certas na equipa e as erradas fora. O CEO estava a orientar toda a empresa para aceitar os conceitos de Jim Collins e Grangaard tinha um chefe disposto a discutir com ele as questões e a encorajar a mudança, um elemento fundamental na tentativa de alcançar o momento de decisão certo.[1]

Quando Grangaard deu o salto em Outubro de 2001, sabia que tinha à sua frente uma importante e difícil ascensão, enquanto *outsider* naquele ramo da empresa, a fim de estabelecer o nível de credibilidade necessário para orientar os corretores durante as mudanças significativas. Portanto, estava totalmente determinado a colocar as pessoas certas à sua volta como uma equipa de liderança. Mesmo assim, implementar a mudança provou ser o desafio mais difícil da sua carreira.[2]

MAIOR RESPONSABILIDADE, MAIOR REDE

Paul Grangaard certamente não está sozinho. Durante as entrevistas para este livro, pedia frequentemente aos entrevistados que indicassem a sua decisão mais difícil e, na maioria dos casos, a resposta era decidir aceitar um novo emprego com responsabilidades acrescidas. Um maior estatuto traz mais prestígio, sem dúvida, mas também traz mais exigências, mais *stress* e mais riscos. As recompensas financeiras são maiores nos grupos mais competitivos, como deveriam ser, mas o impacto em terceiros também o é. Escolher ir atrás da grande oportunidade de sucesso altera mais do que o cargo e o escritório; pode influenciar muitas vidas. A melhor maneira de acertar em tais decisões consequentes é não dar o salto sozinho.

Mark V. Hurd, outra estrela empresarial em ascensão, deu um salto ainda maior. Hurd tinha entrado para a NCR em 1980 e progrediu depressa nas fileiras de vendas e *marketing*. Um executivo que o conhecia bem naqueles tempos recorda que Hurd não era particularmente forte a falar em público, mas foi levado a "tomar decisões difíceis que outros não tomariam". Isso foi suficiente para impulsionar Hurd até ao topo da empresa em 2003. No início de 2005, com 48 anos de idade, presidia uma empresa cotada em bolsa com seis mil milhões de dólares em vendas anuais e 24.500 colaboradores. Para a maioria, poderia ter sido um feito suficiente para uma vida inteira, mas o mundo de Mark Hurd estava prestes a tornar-se muito maior.

A Hewlett-Packard tinha acabado de demitir a sua famosa CEO, Carly Fiorina. Agora, a presidente do conselho de administração, Patricia Dunn, telefonou a Hurd para lhe perguntar se ele assumiria o comando da empresa que estava em dificuldades. A 29 de Março de 2005, Hurd chegou à sede da empresa em Palo Alto, na Califórnia. Três dias mais tarde, assumiu oficialmente o leme de um dos maiores *franchises* de tecnologia dos EUA.

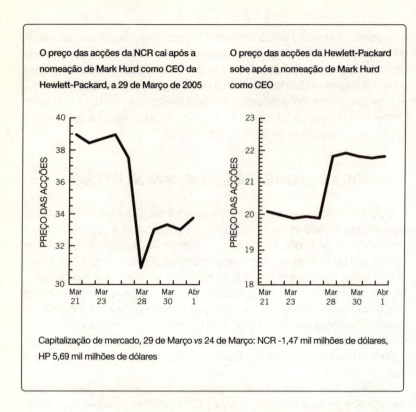

Capitalização de mercado, 29 de Março *vs* 24 de Março: NCR -1,47 mil milhões de dólares, HP 5,69 mil milhões de dólares

Os superiores de Hurd — os accionistas — fizeram grandes apostas em como a sua decisão valeria milhões para a Hewlett-Packard. No dia em que foi anunciado como novo CEO, o valor de mercado da NCR caiu mais de mil milhões de dólares comparado com o valor de dois dias antes, enquanto o valor da HP disparou mais de cinco mil milhões de dólares.

O padrão não é invulgar. Apenas dois meses após a nomeação de Hurd, outro ícone empresarial em dificuldades, a Boeing, forçou a saída do seu CEO por lapsos éticos e recrutou o CEO da 3M, James McNerney Jr. Passadas algumas horas, os investidores tinham cortado três mil milhões de dólares do valor da 3M e acrescentado três mil milhões de dólares à Boeing. Não é igualmente invulgar os investidores retirarem algum do seu entusiasmo inicial nos dias seguintes, como aconteceu tanto com a HP como com a Boeing. Mas os investidores profissionais e analistas financeiros que accionam este género de rotações de acções apostam, na realidade, vários milhares de milhões de dólares nas competências em matéria de tomada de decisões dos novos executivos. E demonstrar cedo que a aposta foi bem feita pode ser essencial. "Ser um CEO é como ser um produto", comentou Hurd acerca do seu salto para a HP. "Se sairmos sem êxito, é difícil recuperar."

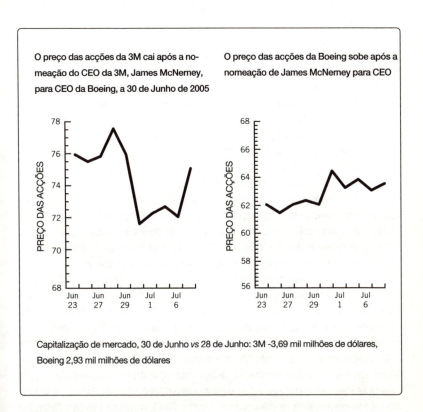

O preço das acções da 3M cai após a nomeação do CEO da 3M, James McNerney, para CEO da Boeing, a 30 de Junho de 2005

O preço das acções da Boeing sobe após a nomeação de James McNerney para CEO

Capitalização de mercado, 30 de Junho vs 28 de Junho: 3M -3,69 mil milhões de dólares, Boeing 2,93 mil milhões de dólares

ADQUIRIR UMA REDE

Para se certificar que saía com êxito, Hurd procurou conselhos nas trincheiras da Hewlett-Packard. "Pessoalmente, gosto de compreender como a empresa funciona", explicou, e depois recolheu informações e orientação dos gestores da linha da frente, executivos experientes e clientes importantes. Hurd transformou a sua caixa de correio electrónico numa caixa de sugestões e depressa a encontrou cheia com mais de 300 ideias por dia. Perguntou aos colaboradores como a empresa devia estar em 2008 e o que fariam eles no seu lugar. Um gestor insistiu, em resposta,

(96) É Hora de Decidir

que Hurd devia recombinar o negócio dos computadores pessoais e das impressoras. Outro disse para se livrar da montanha de papelada que estava entre ele e as chamadas de clientes.

Embora Hurd se tivesse mostrado disposto a saltar para um jogo muito maior, a sua jogada não foi fácil. "Foi a decisão mais difícil da minha vida", revelou mais tarde, uma expressão comum aos executivos de topo que entrevistei. As decisões de Hurd na HP seriam muito mais consequentes do que na NCR. A HP tinha seis vezes mais colaboradores do que a NCR e as receitas eram 13 vezes maiores. Numa das suas primeiras grandes medidas, apenas quatro meses após se ter mudado para a HP, Hurd propôs despedir 14.500 colaboradores, o equivalente a mais de metade da força laboral da NCR.[3]

Rick Thoman tinha dado um salto semelhante — de um cargo sénior na IBM para o cargo mais importante da Xerox — sem avaliar completamente o terreno para o qual ia saltar e sem estabelecer uma rede de conselheiros de confiança dentro da Xerox assim que chegou. Em vez de um reinado triunfante, Thoman esteve sob fogo constante vindo de baixo até ao seu abrupto e humilhante afastamento do topo. Mark Hurd fez as coisas de modo diferente. Desde bastante cedo na Hewlett-Packard que tomou grandes decisões que mudaram a empresa e consultou aqueles em quem podia confiar antes de agir, ouviu antes de disparar.

Tal como Paul Grangaard, Hurd também se certificou de que colocou as pessoas erradas fora da equipa e as certas dentro dela. E, ao contrário de Rick Thoman, que nunca conseguiu escapar da enorme sombra de Paul Allaire na Xerox ou criar a sua própria sombra mais abaixo, Hurd rapidamente estabeleceu a sua própria rede no topo. Tudo isso, aliás, é consistente com vários estudos que indicam que a qualidade da equipa de topo de uma empresa é um melhor indicador do seu destino do que a capacidade de qualquer executivo por si só. Os analistas financeiros dizem o mesmo quando insistem em se reunir não apenas com o CEO, mas com toda a fileira de topo, antes de decidir se recomendam ou desprezam as acções.[4]

Desenvolver e gerir a sua rede — tanto os lados internos como externos — pode ser vital para as difíceis e decisivas futuras decisões.

CONSULTAR O CÍRCULO INTERNO

No centro de uma rede eficiente de tomada de decisões encontra-se um pequeno grupo de conselheiros de confiança. No seu estudo de empresas de *hardware* e *software* informático em Silicon Valley, Kathleen Eisenhardt concluiu que um dos factores-chave distintivos entre

3 | Usar a rede (97)

empresas que agiam com rapidez e as que se arrastavam era o facto de os seus gestores procurarem ou não a opinião de conselheiros experientes e imparciais antes de chegarem a uma decisão. Os conselheiros, geralmente dentro da empresa e não consultores externos, serviam de críticos, consultores e reforçadores de confiança. Os melhores sabiam muito acerca da empresa mas não queriam o emprego do chefe e, portanto, estavam dispostos e prontos a dar uma orientação diversa e não egoísta. Ao consultarem tais conselheiros, sugere o estudo, os gestores de empresas ficavam mais à vontade para tomarem decisões importantes, muitas vezes em metade do tempo.[5]

O valor de tais conselhos esteve em evidência no fabricante de equipamento de Internet, Cisco Systems, quando se estava na onda da tecnologia no final da década de 1990 e início de 2000. Tal como outras empresas de alta tecnologia, a Cisco levou um duro golpe quando a bolha da Internet rebentou em 2000 mas, durante dez anos, começando em 1995, a Cisco cresceu de quatro mil colaboradores e de receitas de dois mil milhões de dólares para 34 mil colaboradores e receitas de 24 mil milhões de dólares.

Grande parte do crescimento da Cisco deu-se com a aquisição de empresas que tinham desenvolvido novas tecnologias. Em 2000, por exemplo, a Cisco gastou 355 milhões de dólares para agarrar a Growth Networks, uma *start-up* de 1998 que tinha criado um novo tipo de silicone que ajudaria a Cisco a construir *switches* e *routers* extremamente rápidos. Porque a Cisco era um último passo procurado por muitos empreendedores de Silicon Valley, essas ofertas de *buyout** chegavam às dúzias à secretária de John Chambers, que tinha gerido as operações de *marketing*, fabrico e investigação da empresa antes de assumir o comando como CEO em 1995. Mas, apesar de Chambers ter escolhido poucas — em média apenas uma em cada dez durante a primeira década do seu mandato como CEO —, a sua taxa de acertos era extraordinariamente alta.[6]

Como conseguiu ele, perguntei, fazer escolhas consistentemente acertadas em matéria de aquisições e fazê-lo no curto espaço de tempo exigido? A primeira pessoa para quem ele apontou foi John P. Morgridge, que tinha sido CEO da Cisco desde 1988 (quando a empresa tinha apenas 34 colaboradores e registava apenas cinco milhões de dólares) até 1995, quando se tornou *charmain* não executivo e cedeu o escritório principal a Chambers. A segunda pessoa foi Larry Carter, o seu CFO, que por acaso estava a seu lado na altura.[7]

---

* **N. T.** Aquisição integral.

(98) É Hora de Decidir

Ambos, disse Chambers, apresentaram avaliações rápidas e imparciais das aquisições propostas. Não precisavam de um *briefing* acerca dos interesses da empresa e deram-lhe conselhos sinceros sobre se uma aquisição proposta era do interesse da Cisco. O que ele não teve de acrescentar foi que nenhum deles queria o seu cargo: Morgridge já o tinha ocupado e Carter tinha chegado a uma idade — seis anos mais velho do que Chambers — que o impediria.

CONSULTAR UM ORÁCULO

Um conselheiro informado existe sob várias formas: colega de trabalho, cara-metade, amigo da universidade, membro do conselho de administração. Desde muito cedo na sua vida, o Dalai Lama expandiu ainda mais as fronteiras.

A história da vida do Dalai Lama é bem conhecida. Nascido numa aldeia no Nordeste do Tibete em 1935 e identificado por monges budistas aos dois anos de idade como a reincarnação do décimo terceiro Dalai Lama, tornou-se no novo Buda da Compaixão antes de conseguir soletrar ou até de compreender a honra. O Dalai Lama era apenas um adolescente quando o Exército de Libertação Popular da China invadiu o Tibete em 1950, provocando uma crise política que levou à sua repentina elevação a chefe de Estado de um vasto território com seis milhões de habitantes.

Durante a década seguinte, o jovem Dalai Lama esforçou-se por proteger a autonomia do Tibete da crescente intrusão da China. Viajou para Pequim aos 19 anos à procura de uma solução vinda da liderança chinesa. Dois anos mais tarde, em Março de 1957, voltava de uma reunião com o primeiro-ministro indiano quando viu bandeiras vermelhas proclamando a República Popular da China a ondularem ao lado das tradicionais bandeiras de oração do seu próprio povo. Ainda mais premonitório, um general do Exército de Libertação Popular tinha vindo encontrar-se com ele na fronteira tibetana.

"Embora ele fosse um homem bom e sincero", recordou o Dalai Lama, "não consegui deixar de pensar nele em função do uniforme militar que vestia, em vez de pensar em termos de 'libertação.'"[8]

Mais dois anos de tensão política e de repressão militar levaram a uma revolta aberta no início de 1959. Oito divisões chinesas com 150 mil soldados bem armados tinham chegado antes para controlar grupos errantes de insurgentes das montanhas; agora também voltavam a sua atenção para as novas revoltas urbanas.

No meio destes importantes desenvolvimentos, o general graduado chinês no Tibete, Tan Kuan-sen, insistiu que o Dalai Lama assistisse, a 10 de Março, a uma actuação de um grupo de dança visitante no quartel-general militar chinês e que viesse sem os seus soldados ou guarda-costas armados. Para evitar a afronta, o Dalai Lama concordou em assistir mas, à medida que a notícia da sua visita iminente se espalhava, milhares de pessoas encheram as ruas, incitados a agir pelos rumores de que o seu líder espiritual e político podia estar em perigo. No dia seguinte, com mulheres em protesto a encherem as ruas da capital, Lhasa, o comando chinês lançou um ultimato para que todos os protestantes dispersassem. Os oficiais tibetanos responderam que não reconheceriam mais a autoridade chinesa se as tropas do general Tan se preparassem para esmagar os protestos.

O Dalai Lama e a sua mãe, pouco depois de iniciarem o seu exílio na Índia.

"Vá! Vá! Esta noite!"

"O que devia fazer?", questionou o Dalai Lama. Na realidade, a sua tradição possuía um truque especial para o descobrir. À procura de conselhos nas suas relações diplomáticas mais delicadas, o Dalai Lama recorria frequentemente a um membro respeitado da sua rede, o oráculo do Estado. Perguntou ao oráculo se devia permanecer em Lhasa ou fugir em direcção à Índia. Este aconselhou-o a ficar e a continuar a dialogar com o General Tan. Três dias mais tarde, porém, o Dalai Lama soube que o general chinês estava a começar os preparativos para um ataque aos manifestantes nas ruas de Lhasa. O Dalai Lama temeu milhares de mortes mas, mais uma vez, disse: "Estava confuso sobre o que fazer a seguir." A 17 de Março, procurou mais uma vez os conselhos do oráculo. Desta vez ouviu uma resposta alarmante: "Vá! Vá! Esta noite!"

O Dalai Lama adiou a partida por uma noite, mas na tarde seguinte releu uma passagem dos sutras de Buda que enfatizava a necessidade de "confiança e coragem" e, disfarçado, com uma espingarda pendurada ao ombro, o líder espiritual e chefe de Estado de 23 anos de idade saiu silenciosamente por uma porta lateral. Após uma fuga difícil e por momentos assustadora, o Dalai Lama cruzou a fronteira com a Índia a 31 de Março. Mais de 80 mil tibetanos segui-lo-iam no exílio.

Estabelecendo residência em Dharamsala, uma cidade montanhosa no sopé dos Himalaias no Norte da Índia, o Dalai Lama tem presidido desde então a um governo tibetano no exílio e tem servido de líder inspirador não apenas aos tibetanos budistas, mas também a pessoas de várias fés em todo o mundo. O seu livro *A Arte da Felicidade* vendeu mais de um milhão de cópias desde a sua publicação em 1998. Tendo abandonado a sua primeira vocação, o Dalai Lama optou por seguir uma ainda maior. A sua decisão de fugir do Tibete tinha sido um momento trágico e ele tinha chegado a esse momento de decisão através do diálogo com um dos membros de maior confiança no seu círculo interno. Podem extrair-se conselhos fundamentados de muitos pontos da rede.[9]

CONSULTAR O CÍRCULO EXTERNO

Um círculo interno de confiança é uma fonte incalculável de conselhos sobre como tomar uma decisão. Afinal, quem nos conhece melhor do que aqueles estão ao nosso lado? Contudo, vários estudos e a experiência dizem-nos igualmente que os melhores conselhos nem sempre vêm daqueles que estão mais próximos de nós. Os amigos íntimos apoiam-nos e aconselham-nos, mas podem pensar demasiado como nós e trazem pouca sabedoria de pontos distantes.

O investigador Mark Granovetter reparou que, na procura de novos empregos, os engenheiros desenvolvem, frequentemente, melhores informações através de conhecidos do que de amigos. Porque os primeiros estão socialmente mais afastados daquele que está à procura de emprego, têm outros contactos e, assim, descobrem mais oportunidades. Na expressão de Granovetter, aqueles que estão ansiosos por arranjar trabalho noutro lado encontraram uma força notável nos seus "laços fracos" e recebem mais daqueles que conheciam menos bem.[10]

O mesmo se aplica às tomadas de decisão. Com menos investido no resultado, os nossos laços fracos podem ser mais cépticos em relação a uma linha de acção proposta ou podem ter informações únicas que influenciam a decisão. O seu estatuto de *outsiders* pode ajudá-lo a ver razões para preocupação que o círculo interno não consegue ver. Quanto mais alargada e mais diversificada for a rede externa, melhores são as hipóteses de *todos* os riscos serem tidos em consideração na decisão antes que seja tarde de mais.

3 | Usar a rede (101)

Irving Janis defendeu o argumento tão bem em 1972 que não só o seu artigo se tornou um clássico menor do reportório das escolas de Ciências Empresariais, como o seu título — "Pensamento de Grupo"* — também entrou na nossa linguagem quotidiana. Na sua avaliação do fracasso das agências de espionagem dos EUA em identificarem correctamente se o Iraque tinha ou não armas de destruição maciça, por exemplo, o Senate Intelligence Committee norte-americano atribuiu o problema parcialmente à tendência do pensamento de grupo que levou os "analistas, investigadores e gestores deste organismo a interpretar provas ambíguas como conclusivamente indicativas de um programa de armas de destruição maciça, assim como a ignorar ou minimizar as provas de que o Iraque não tinha programas activos e em desenvolvimento de armas de destruição maciça". Tão forte era esta suposição da existência de armas do fim do mundo, disseram os investigadores do Senado, que um grande número de métodos habituais para "desafiar suposições e o pensamento de grupo não foram utilizados".[11]

O pensamento de grupo, defendeu Janis, tem origem nas "normas de grupo que reforçam o moral à custa do pensamento crítico". Por outras palavras, quando o círculo interno se sente compelido a concordar de modo a dar-se bem, as suas capacidades de análise são deixadas para segundo plano. Isso, defendeu Janis, explica muitas decisões nacionais ineficientes, desde o apoio de John F. Kennedy a uma invasão de Cuba pela Baía dos Porcos até à decisão de Lyndon Johnson de expandir a acção militar no Vietname. Uma correcção simples mas crucial, defendeu ele, seria trazer *outsiders* para dentro do círculo interno.[12]

Laços fracos, resultados fortes

Estudos académicos confirmam a importância de ampliar a rede muito para além do conselheiro pessoal ou conselheiro espiritual de cada um. Numa pesquisa, os investigadores Mark S. Mizruchi e Linda Brewster Stearns estudaram como os gestores num grande banco comercial fechavam negócios com os seus clientes empresariais. Porque a conclusão desses negócios está sujeita a uma incerteza considerável, os investigadores puseram a hipótese de a força da relação de um banqueiro com os seus colegas poder afectar a probabilidade de fazer um negócio com sucesso. Tinham razão, mas não exactamente da forma que esperavam.

Ao trabalharem com cerca de 1.400 clientes de empresas multinacionais, os banqueiros ofereciam quatro produtos principais: empréstimos comerciais, como linhas de crédito e *project finance*, serviços comerciais

---

* **N. T.** No original, *Groupthink*.

(102) É Hora de Decidir

incluindo derivados e câmbios, serviços de mercado de capitais e serviços transaccionais, como a gestão de tesouraria. Os banqueiros resistiram a uma forte concorrência de outros bancos nas quatro áreas e também enfrentaram uma barreira interna: a autorização final para qualquer negócio tinha de vir de, pelo menos, três executivos bancários, incluindo um director de crédito sénior. O banco tinha imposto este processo de aprovação para garantir que os negócios respeitavam os seus critérios de taxas de rentabilidade aceitáveis e níveis de risco.

Os investigadores avaliaram o factor da incerteza num determinado negócio ao pedirem ao banqueiro responsável para avaliar o risco para o capital do banco e ao perguntarem se ele confiava no executivo principal do cliente por detrás do negócio. Quando a incerteza num negócio era grande — elevado risco e pouca confiança — os investigadores esperavam que os banqueiros tivessem mais probabilidades de pedir conselhos aos colegas com quem já tivessem estabelecido uma forte relação de trabalho. Encontraram o que tinham previsto: quanto maior a incerteza nos 137 negócios estudados, maior era a confiança do banqueiro nos colegas de confiança.

Mas Mizruchi e Stearns descobriram então um resultado irónico: quanto maior era a confiança de um banqueiro num círculo familiar de colegas dentro do banco, maior era a probabilidade de esses contactos se conhecerem uns aos outros e, assim, menor era a probabilidade de o banqueiro receber opiniões e *feedback* variados sobre um negócio e de obter a sua aprovação. Na análise final, confiar nos laços fortes sem recorrer igualmente aos fracos mostrou ser uma fonte de fraqueza, não de força.[13]

Nada disto tem como objectivo minimizar a importância de informações variadas de colegas de confiança nas tomadas de decisão. O nosso círculo interno funciona, de certo modo, como a nossa memória colectiva e como um grupo de críticos privado. Mas demasiado próximo pode ser demasiado limitativo. Os decisores recorrem, sabiamente, não só ao seu círculo interno mas também a variados colegas no seu círculo externo — os "laços fracos" de Granovetter — para conseguirem uma visão o mais alargada possível antes de chegarem a uma decisão certa e vinculativa.

DELEGAR E RETER DECISÕES

Não só é provável que o círculo externo possua informações importantes, como também pode estar mais bem equipado para tomar decisões na linha da frente do que a figura central. Os elementos do círculo externo estão frequentemente mais próximos da acção e podem mais facilmente compreender o contexto verdadeiro de uma decisão. A delegação das tomadas de decisão para eles faz sentido — desde que aqueles na linha da frente tenham sido bem formados sobre a forma de tomar decisões acertadas em consonância com os objectivos da empresa.

A Marinha dos EUA é uma praticante experiente da arte de delegar tomadas de decisão. Os comandantes definem a missão mas, pelas necessidades do campo de batalha, as equipas de fuzileiros tomam a maioria das decisões no terreno durante ataques específicos e rápidos. Tal como o general da Marinha Peter Pace diz, os comandantes deviam dizer aos seus subordinados: "Ouçam, se não estiverem a morrer ou a arder, não me chamem." Os oficiais que não cedem ou que não conseguem ceder os seus poderes descobrem que os seus círculos internos são menos capazes de cumprir missões e, consequentemente, as suas próprias carreiras são muitas vezes encurtadas.[14]

Zhang Ruimin tem usado o mesmo padrão de delegação de decisões para transformar o gigante chinês de electrodomésticos Haier num jogador global, mas esta prática surgiu lentamente à medida que o terreno foi alargando sob os pés de Zhang.

"Há 20 anos atrás quando a Haier começou", recordou ele, "era uma pequena fábrica à beira da falência, com apenas 600 colaboradores. Nessa altura, a prioridade principal para os líderes era tomar decisões difíceis e rápidas e pedir aos subordinados para as executar com precisão. O nosso estilo de gestão tinha de ser de cima para baixo. Trabalhávamos como pequenos marechais e generais e pedíamos aos colaboradores que cumprissem as nossas instruções", disse ele. "Precisávamos de nos responsabilizar por todas as nossas decisões e exigíamos que os nossos colaboradores as executassem rapidamente".[15]

Duas décadas mais tarde, com 15 mil produtos fabricados e 50 mil colaboradores espalhados por 160 países, Zhang descentralizou, inevitavelmente, a estrutura. Decidiu deixar os subordinados fazerem as suas próprias escolhas — embora sempre dentro de um regime disciplinado e exigente que impôs. "Hoje em dia é impossível confiar numa só pessoa ou numa única equipa de gestão para tomar decisões que respondem aos desafios do mercado global", explicou.

Mini mini-empresas

Para que a tomada de decisão descesse um nível, Zhang nivelou a organização e criou mini mini-empresas — MME* — dentro da empresa maior, para tomarem as suas próprias decisões. "Estas MME podem responder mais rapidamente às necessidades dos seus respectivos mercados e ganhar mais clientes através de inovações independentes", explicou-me.

---

* **N. T.** No original, MMC – *Mini-Mini Corporations*.

(104) É Hora de Decidir

Zhang deu instruções ao gestor das suas operações norte-americanas, por exemplo, para concorrer de igual para igual com os gigantes de electrodomésticos General Electric e Whirlpool. De modo a fazê-lo, disse ele, o gestor teria de conquistar os consumidores norte-americanos fazendo as suas escolhas locais de *marketing*. O gestor norte-americano e a sua equipa têm de "tomar eles próprios todas as decisões detalhadas", explicou Zhang. "Não queremos que os nossos gestores estejam sempre a fazer-nos perguntas sobre como e se devem fazer alguma coisa. Queremos que eles encontrem soluções que podem aumentar a nossa competitividade nesse mercado. Por outras palavras, nós estabelecemos um objectivo, mas eles têm de decidir — no contexto deles — como alcançá-lo e através de que abordagem inovadora."

Hoje em dia, a Haier é o maior produtor de electrodomésticos da China, incluindo microondas, televisões e até garrafeiras e máquinas de cerveja. Milhares de estudantes universitários norte-americanos refrigeram os *snacks* nos seus quartos de dormitório com frigoríficos portáteis da Haier. Grande parte desse crescimento pode ser atribuído à delegação das tomadas de decisão de Zhang, mas não todo. Com tanta ansiedade que tem tido em pôr o poder nas mãos dos gestores da linha da frente da Haier, Zhang reteve para ele as grandes decisões, tais como a sua tentativa em 2005 de adquirir o terceiro maior fabricante de electrodomésticos dos EUA, a Maytag. Construir e gerir uma rede não é abdicar da responsabilidade de tomar decisões. É reunir informações de vários ângulos e depois atribuir a decisão a quem está em melhores condições de chegar à decisão acertada.

Dar a todos o direito de opinião

Delegar e reter decisões podem parecer opostos extremos, mas não devem ser vistos como alternativas ou que se excluem mutuamente. Muitas vezes, é uma questão de fazer as duas coisas ao mesmo tempo, tomar uma decisão mas não sem antes consultar os mais afectados por ela. Pense na alpinista Arlene Blum, que organizou a Expedição Feminina aos Himalaias em 1978 com o objectivo de escalar um dos cumes mais altos e perigosos do mundo, o Annapurna. O seu cume fura o céu a 8.090 metros de altitude. Para alcançá-lo, a expedição teria de desviar-se das mortíferas avalanches que regularmente ocorrem nas suas encostas íngremes. Para preparar as alpinistas de nível internacional que tinha recrutado para a expedição, Blum chamou um psicólogo consultor, que perguntou ao grupo quais as qualidades que queriam ver na líder. "Alguém que é forte e decidido, que

3 | Usar a rede (105)

toma decisões firmes e que as mantém", propôs uma das alpinistas. Porém, outra retorquiu: "Mas todas queremos fazer parte do processo de tomada de decisão."

Em suma, esperava-se que Arlene Blum tomasse as decisões, mas também que consultasse as outras sugestões. As suas dinâmicas alpinistas estavam, compreensivelmente, à procura das duas coisas; mas como as conciliar, como devolver e reter as tomadas de decisão? "Não podia deixar de pensar o que significava ser a líder forte de 12 mulheres pragmáticas, que queriam todas contribuir para cada decisão", recordou Blum. "Estava um pouco confusa sobre como conseguiria cumprir este desafio." Consciente da necessidade de uma orientação clara entre os muitos perigos que encontrariam nos Himalaias, ela decidiu ser um "modelo de determinação".[16]

Desde o início, Arlene Blum sabia que a sua decisão mais difícil seria escolher entre as oito alpinistas as duas que chegariam ao cume. A lógica era clara: uma expedição de duas mulheres exigiria seis montanhistas para fornecerem a base de apoio vital. Se tentasse enviar todas até ao topo, provavelmente ninguém teria êxito. Intelectualmente, as alpinistas veteranas compreendiam o princípio. Emocionalmente, porém, todas queriam uma oportunidade de chegar ao topo. "Embora todas concordassem que se alguém chegasse ao topo seria uma vitória para todas nós", disse Blum, cada montanhista queria ser esse "alguém." No final, após uma longa reunião com cada elemento do grupo, Blum tomou a decisão que sabia que tinha de reservar para si e as duas que seleccionou alcançaram o cume — um momento de glória tanto para a sua expedição, como para o alpinismo feminino. O seu momento de decisão foi tão decisivo como consultivo.[17]

RECUPERAR DECISÕES

Por vezes uma decisão enviada para as linhas da frente pelas melhores razões tem de ser retirada. Os riscos podem ter sido mal calculados. Mais frequentemente, as circunstâncias mudaram. O que parecia ter consequências ligeiras pelos cálculos antigos pode já não parecer assim num mundo reconfigurado. Em vez de deixar a responsabilidade delegada entregue às fileiras, é altura de a recuperar.

Norman Pearlstine, chefe de redacção da Time Inc. desde 1994, enfrentou um destes momentos em 2005. O repórter da revista *Time* Matthew Cooper tinha escrito um artigo no qual uma fonte governamental não identificada indicava que Valerie Plame era agente da CIA. Quando Cooper

(106) É Hora de Decidir

se recusou a divulgar o seu informador durante uma investigação perante um júri sobre a fuga de informação, o procurador norte-americano Patrick J. Fitzgerald ameaçou-o com prisão e, com isso, o gabinete do conselho geral da Time começou a preparar-se para uma guerra pública. A repórter do *New York Times*, Judith Miller enfrentou o mesmo destino numa semelhante recusa de cooperação.

A Time Inc. é uma grande empresa por direito próprio, incluindo a sua proeminente revista e um conjunto de outras publicações, e uma parte da Time Warner, cujos investimentos se expandem para incluir a AOL, a HBO, realização de filmes e televisão por cabo. Como um jogador-chave numa mega-empresa, o primeiro instinto de Pearlstine foi deixar o processo funcionar como planeado. Ele poderia aconselhar, mas o conselho geral decidiria. No entanto, quanto mais pensava no caso, mais Pearlstine ficava convencido de que este era diferente. O seu mundo tinha mudado.

Pearlstine tinha subido a escada empresarial como editor, mas tinha formação de advogado e foi a isso que ele apelou naquela altura. Quando o juiz federal Thomas F. Hogan acusou tanto Cooper como a revista de desrespeito pelo tribunal por se recusarem a entregar ao júri as notas da entrevista de Cooper, Pearlstine começou a investigar casos anteriores de como os editores tinham respondido quando as sentenças dos tribunais eram contra eles.

Em parte, a questão era legal: Quais eram os estatutos aplicáveis? Tinham sido respeitados? Em parte era pessoal: Cooper, afinal, teria de suportar o fardo da posição da empresa. Mas, em parte, a questão também era empresarial. Pearlstine sentia que tinha de proteger a independência editorial da revista, mas as suas obrigações não eram apenas para com os editores e repórteres da *Time*; era também para com os accionistas da Time Warner. Afinal, deixar a decisão cair nos ombros de outros parecia errado. Os riscos eram demasiado elevados. Era altura de reverter a delegação e enfrentar a situação no seu próprio escritório.

"Como chefe de redacção sou totalmente responsável não só pela independência editorial desta divisão, mas também por decisões como estas", afirmou Pearlstine. Quando o Supremo Tribunal dos EUA se recusou, a 27 de Junho de 2005, a ouvir um recurso da decisão do juiz, Pearlstine decidiu que a sua revista e repórter teriam de cooperar com o tribunal. O próprio Cooper e muitos repórteres da *Time* criticaram Pearlstine por tornar muito mais difícil para eles protegerem e, assim, obterem informações de fontes anónimas, mas Pearlstine manteve-se firme. "Pensar que estamos acima da lei parece-me errado", explicou.[18]

3 | Usar a rede (107)

Por vezes as circunstâncias dos resultados financeiros não deixam grande escolha senão o decisor principal recuperar a autoridade. Veja a resposta de Richard Wagoner, CEO da General Motors, quando a sua maior operação, a unidade automóvel na América do Norte, perdeu 1,6 mil milhões de dólares nos primeiros três meses de 2005, mergulhando a empresa na maior perda trimestral desde um colapso em 1992 que custou o emprego ao CEO na altura, Robert Stemple. Com as agências de crédito a prepararem-se para reduzir a dívida da GM para um estatuto de quase lixo e com os investidores a colocarem o preço das acções no valor mais baixo dos últimos dez anos, Wagoner transferiu o *chairman* e *president* da unidade automóvel da América do Norte para outras funções e, a 4 de Abril, assumiu ele o comando da operação.

"Dados os desafios que enfrentamos nos EUA", explicou na altura, "faz sentido assumir o controlo das operações diárias da GM North America e encurtar as linhas de comunicação e de tomada de decisões." Wagoner já conhecia bem a empresa: tinha gerido a operação na América do Norte de 1994 a 1998, quando a devolveu à rentabilidade. Agora todas as decisões diárias da operação estariam directamente nas suas mãos, juntamente com as decisões da empresa em geral.[19]

Recuperar a autoridade delegada em matéria de tomadas de decisão pode ser extremamente difícil, quer esteja a lidar com um *president* de uma divisão, um comandante de campo ou um adolescente em casa. Poucos dos que aceitaram autoridade estão prontos para devolvê-la; mas quando os riscos ou as ameaças são elevados, recuperar a autoridade de decisão pode ser o principal momento de decisão.

LEVAR AS DECISÕES ATÉ AO TOPO

A rede inclui aqueles que estão acima, não apenas abaixo ou ao lado, mas resolver que decisões remeter para o topo da cadeia de comando pode ser particularmente delicado. Por muito que algumas decisões exijam uma análise do topo da hierarquia, ninguém quer parecer fraco ou indeciso em frente ao chefe ou ao conselho de administração. Ao remeter uma decisão para cima, corre o risco de deixar os seus superiores a pensar que não está pronto para exercer as responsabilidades do seu nível que lhe foram atribuídas, quanto mais do nível imediatamente acima.

Para suavizar o caminho até ao topo e para evitar que fique bloqueado com assuntos pouco determinantes, muitas empresas criaram um proto-

(108) É Hora de Decidir

colo de decisão para oferecer uma orientação formal, ao listar as decisões que os executivos devem apresentar perante o conselho de administração ou tomá-las sozinhos.

A HBOS, uma das maiores empresas de serviços financeiros da Grã-Bretanha, exige que as decisões finais sejam tomadas pelos seus administradores em matéria de salários de executivos de topo, transacções que excedam 50 milhões de libras e novas linhas de negócios que constituam mais de um por cento do rendimento bruto de uma divisão.[20]

Para além das directivas por escrito, os administradores e executivos em muitas empresas estabeleceram uma norma sobre o que deve ser enviado para o conselho de administração ou permanecer na gestão. A norma é uma ordem informal para que as questões materiais sejam resolvidas pela administração: questões com o potencial de gerar ganhos ou perdas substanciais para a empresa, questões que estejam fora das operações normais da empresa e questões com probabilidade de afectar a estratégia ou reputação da empresa.[21]

Apostar a empresa

Na Boeing, uma das milhares de decisões normais dos seus engenheiros seria a questão de incluir ou não "ventiladores", aqueles pequenos pulverizadores redondos por cima das cabeças que lançam ar fresco para o seu assento numa aeronave nova. A decisão parece ser "de caras". Quem quer *menos* ar num avião parado numa pista qualquer? Porém, ao projectar o novo 787, uma vez apelidado de Dreamliner, os engenheiros da Boeing começaram a debater seriamente se haveriam de incluir ou não os ventiladores. O objectivo dos engenheiros era fazer do 787 uma aeronave mais silenciosa, simples, com mais espaço e mais eficiente do que qualquer outra que a Boeing ou a arqui-inimiga Airbus alguma vez tinham produzido. Sem ventiladores, a rede de condutas seria mais simples e a reconfiguração dos assentos mais rápida. Esse era o lado positivo. O lado negativo seria se os clientes começassem a queixar-se que a cabine estava abafada ou que sentiam uma corrente de ar de um sistema de ar centralizado.

Antes de chegar a uma decisão final em relação ao ventilador, o arquitecto-chefe, Walter Gillette, remeteu a questão à sua própria rede. Pediu aos seus especialistas em dinâmica de fluidos para projectarem a corrente de ar dentro da fuselagem com e sem os ventiladores. Perguntou igualmente às companhias aéreas que esperava que um dia comprassem a aeronave se os ventiladores eram necessários ou não. Os ventiladores eram apenas uma de várias dezenas de escolhas que Gillette tinha de fazer, mas estimava-se que os custos de acertar em

3 | Usar a rede (109)

todas as decisões chegasse aos milhares de milhões de dólares, um processo dispendioso com uma sanção potencialmente gigante em caso de erro. Se as características de *design* provassem mais tarde ser pouco atractivas, o Dreamliner poderia tornar-se no primeiro fiasco de aeronaves comerciais da Boeing.

Com a sua devida diligência terminada, Gillette levou o projecto completo hierarquia acima até à equipa executiva da Boeing, primeiramente dirigida pelo CEO Philip M. Condit e depois pelo seu sucessor, o CEO Harry C. Stonecipher. Por muito que ambos quisessem parar a responsabilidade por ali, sabiam que, com milhares de milhões de dólares potencialmente em risco, também tinham de levar a decisão ao conselho de administração. A norma da empresa — e o senso comum — exigiam que os administradores tomassem decisões desse nível. Tal como o *chairman* não executivo recordou, foi uma decisão de "apostar a empresa".

No final, o conselho de administração da Boeing tomou três decisões estratégicas fundamentais em relação ao 787. A primeira foi aprovar um orçamento e um calendário para o desenvolvimento da aeronave. A seguir, os membros do conselho de administração autorizaram os gestores de vendas da empresa a discutir especificações, o custo e a data de entrega da aeronave com as companhias aéreas. Por fim, o conselho de administração deu sinal verde ao lançamento do programa de construção da aeronave.

A primeira decisão envolveu fazer uma aposta em relação ao futuro das viagens aéreas. A Airbus já tinha tentado a sorte com o A380 de dois pisos sob a premissa de que os sobrecarregados aeroportos de distribuição de tráfego* tornariam este "superjumbo" com 840 potenciais lugares mais apelativo, já que transportaria quase o dobro da carga com o mesmo número de portas, pilotos e descolagens. A Boeing, pelo contrário, começou a acreditar que o sistema de distribuição de tráfego estava a desmoronar-se. Os passageiros, segundo esta teoria, prefeririam muito mais serviços mais rápidos e directos entre dois pontos se pudessem ser praticáveis em distância e económicos no preço. O 787 prometeu um serviço de longo curso com um custo 20 por cento inferior, graças às suas novas tecnologias.

A segunda decisão exigia que o conselho de administração estivesse confiante de que a empresa podia construir o 787 com as especificações, custos e data de entrega prometidos. A aeronave seria construída com

---

* **N. T.** No original, *hub and spoke*. Aeroporto central para onde os passageiros podem viajar a partir de aeroportos mais pequenos, de modo a apanharem voos internacionais ou de longa distância.

uma maior percentagem de materiais compósitos mais leves e resistentes que a Boeing tinha lançado em programas de aviões comerciais mais antigos, tais como o 737 e o 777. Os compósitos permitiriam obter custos mais baixos e alguns confortos, desde janelas maiores a humidade mais elevada. Com as decisões um e dois tomadas, o conselho de administração tinha de aplicar os milhares de milhões de dólares necessários para produzir a aeronave muito antes de os seus clientes lhes darem milhares de milhões para o fazerem.

No final, após um amplo debate com executivos da empresa em várias reuniões do conselho de administração, os administradores votaram, por unanimidade, avançar nas três decisões. Não foi fácil chegar a qualquer das decisões e uma ou mais ainda podem vir a ser dispendiosas. Mas todas as decisões foram tomadas quando deviam. Quando se põe a empresa em risco, a aposta deve ser feita no topo da hierarquia e levá-la até ao topo era essencial.[22]

O MODELO DE DECISÃO PARA USAR A REDE

Até que ponto é que os círculos nas suas redes são fortes, tanto aqueles mais próximos como aqueles na periferia? Existe algum oráculo ou especialista com quem pode contar num momento de crise? Está pronto para abdicar de uma decisão, ou recuperá-la, ou levá-la até ao topo? Pense em Paul Grangaard, no Dalai Lama, em Arlene Blum e nos outros sobre quem acabou de ler; extraia as lições eternas das suas experiências ao imaginar que está no lugar deles, enfrentando os mesmos momentos de decisão; depois compare os seus próprios princípios e ferramentas com os que lhe apresento no modelo seguinte.

3 | Usar a rede (111)

Princípio	Ferramenta	Exemplo
1. Construir uma rede.	Recorra a terceiros e traga ainda mais pessoas de quem dependerá quando tomar decisões.	Ao darem o salto para um emprego novo de grande pressão, Paul Grangaard e Mark Hurd trabalharam para construir uma rede acima e abaixo deles antes de agirem.
2. Consultar o círculo interno.	Identificar vários *insiders* esclarecidos e imparciais para conselhos informais.	O CEO da Cisco, John Chambers, recorreu ao *chairman* não executivo, John Morgridge, e ao CFO Larry Carter.
3. Consultar um oráculo ou especialista.	Procure colegas sábios que sejam excepcionalmente perspicazes acerca do que o futuro reserva.	O Dalai Lama perguntou ao oráculo do Estado se era o momento certo para fugir do Tibete.
4. Consultar o círculo externo	Vá em busca de conselhos e orientação daqueles com quem tem apenas laços fracos.	Os banqueiros de investimento que alcançaram para além do seu círculo interno dentro da empresa tinham mais probabilidades de concluir um negócio.
5. Delegar e reter decisões.	Torne os seus objectivos claros, depois deixe quem está mais próximo da linha da frente decidir por si ou consigo.	O CEO da Haier, Zhang Ruimin, criou mini mini--empresas e investiu nelas autoridade de decisão.

(112) É Hora de Decidir

Princípio	Ferramenta	Exemplo
6. Recuperar decisões.	Reassuma o poder de decisão quando as consequências se tornarem mais críticas.	O CEO da Time, Norman Pearlstine, e o CEO da GM, Richard Wagoner, retomaram o controlo de uma estratégia legal e de uma operação quase perdida.
7. Levar as decisões até ao topo da hierarquia.	Quando o impacto é potencialmente grande, estenda a decisão a um nível superior.	Os executivos da Boeing levaram a decisão de projectar, vender e lançar o 787 até aos administradores.
8. Decidir que decisões tomar.	Preparar um protocolo de decisão que torne explícito que decisões mantém, delega e recupera ou leva até ao topo da hierarquia.	O banco britânico HBOS seguiu o seu protocolo escrito "Matérias Reservadas ao Conselho de Administração."

(4)
Prever o futuro

Neste capítulo irá aprender:
- a importância de prever desenvolvimentos futuros

(114) É Hora de Decidir

Estávamos no lado esquerdo de Pickett's Charge, o campo aberto onde a 3 de Julho de 1863 o General da Confederação George Pickett liderou 13 mil soldados — há quem diga 15 mil — num ataque a uma linha da União bem fortificada em Gettysburg na Pensilvânia. Os homens de Pickett esbarraram contra rebentamentos de canhão, rajadas de disparos de mosquetes e ainda baionetas fixas. Viria a ser um ataque desastroso, uma derrota impressionante para o exército do Norte da Virgínia de Robert E. Lee, um dos grandes pontos de viragem da Guerra Civil, norte-americana.

Tentámos todos visualizar os soldados de Pickett, ordenados em linhas disciplinadas que se estendiam por mais de um quilómetro ao longo de Seminary Ridge, os tambores a rufar, quando começaram a sua corajosa marcha. De seguida, virámos o nosso olhar em direcção a Cemetery Ridge, imaginando os defensores federais reunidos à espera e agachados por detrás de uma parede de pedra. E questionámo-nos como Robert E. Lee poderia ter decidido dar ordens à sua infantaria para atacar sem qualquer protecção contra o que certamente agora nos parecia ser — e para muitos na altura — uma linha de defesa quase intransponível.

Um grupo de 33 gestores a meio da carreira tinha vindo aqui para estudar as tomadas de decisão durante a Batalha de Gettysburg, de 1 a 3 de Julho de 1863. Connosco estavam gestores da Bristol-Myers Squibb, do Deutsche Bank, da NASA e de um conjunto diversificado de outras organizações. Alguns tinham vindo de locais tão distantes como a Austrália e a Índia. Poucos sabiam alguma coisa acerca da Guerra Civil norte-americana e nenhum tinha conhecimentos profundos dos acontecimentos em Gettysburg. Colectivamente, tínhamos pouco interesse em História em si, mas todos tínhamos um interesse profundo em saber como a História ali à nossa frente nos podia orientar quando fazemos a nossa própria História.

Apenas meses antes tinha estado naquele local com um grupo de estudantes de MBA. Acompanhando-nos nessa altura estava Grant Behrman, sócio-gerente da Behrman Capital, uma empresa de capital privado com sede em Nova Iorque e São Francisco. Ao ajudar os nossos alunos a ver as implicações das decisões no campo de batalha nas suas próprias escolhas futuras, Behrman observou que na sua profissão os erros tácticos podem frequentemente ser rectificados, mas os erros estratégicos geralmente não podem. Assim, disse ele, é especialmente importante tomar as grandes decisões acertadamente. Robert E. Lee podia compensar muitos dos pequenos erros de cálculo que vêm com qualquer grande combate, afirmou Behrman, mas a decisão de Lee de atacar o centro da linha da União ao terceiro dia de batalha provou ser irremediavelmente desastroso.

4 | Prever o futuro (115)

Enquanto contemplavam o terreno agora sagrado do campo de batalha, os nossos gestores a meio da carreira e estudantes de MBA eram relembrados da importância de prever o futuro, de pensar estrategicamente, de ter uma visão global antes de se chegar às grandes decisões.

Algumas instituições exigem, explicitamente, previdência. Sob os princípios operacionais da Marinha dos EUA, por exemplo, um oficial na ponte de um navio é obrigado a pensar antecipadamente e, desse modo, a antecipar as contingências mais improváveis. "O atributo mais importante na navegação", diz um manual naval, é "antecipação", uma competência que permite a um capitão "evitar surpresas", já que são "quase todas indesejáveis no mar". A Marinha, no entanto, é a excepção. A maioria de nós tem de adquirir esta importante competência por nós próprios.[1]

Prever o futuro nas tomadas de decisão implica a capacidade de antecipar os desenvolvimentos futuros, prever como os outros irão decidir e ter em consideração todas as forças e factores críticos que podem afectar os resultados. Exige transcender a perspectiva própria de cada um, assegurar que a decisão é determinada pela missão e pela situação do empreendimento e não por interesses pessoais ou parcialidades individuais. Prever o futuro envolve a combinação de intuição, análise e criatividade, de modo a chegar a uma avaliação vasta e integrada acerca de que rumo de decisão se deve seguir. É uma questão de pensar estrategicamente.[2]

Existem poucos locais melhores para identificar os componentes-chave de prever o futuro e pensar antecipadamente do que o campo de batalha de Gettysburg. Aqui, as decisões dos comandantes e as suas consequências não só estão bem definidas e são bastante tangíveis, como também estão revestidas de consequências históricas. Além disso, praticamente todas as decisões importantes foram objecto de um estudo exaustivo. Um livreiro *on-line* tem em catálogo mais de 1.500 títulos sobre Gettysburg, outro mais de três mil. É por isso um terreno excepcionalmente bem fundamentado para retirar lições acerca do valor de prever o futuro e das trágicas desvantagens de não conseguir fazê-lo.[3]

O ataque de Pickett foi — e ainda é — o momento mais espectacular da batalha de Gettysburg, ao mesmo tempo assombroso e assustador. Mas o ataque histórico e as suas perdas terríveis não foram o produto de uma única decisão. Cinco grandes decisões levaram os homens de George Pickett a esse campo aberto e empurraram-nos através dele, apesar de um fogo fulminante. A primeira foi tomada a 15 de Maio de 1863 no Departamento de Guerra da Confederação; a última foi tomada na noite de 2 de Julho no quartel-general de campanha de Robert E. Lee. Se tivesse tomado decisões diferentes em qualquer desses

(116) É Hora de Decidir

momentos críticos, o ataque provavelmente nunca teria sido lançado. Pelo contrário, as cinco decisões constituíram uma cadeia, um contingente após o outro, todos resultando colectivamente num ponto de viragem na Guerra Civil norte-americana.

Forças muito maiores do que qualquer comandante militar juntaram os dois exércitos em Gettysburg. Porém, foram as decisões isoladas de comandantes individuais no terreno e a sua capacidade de antecipar o futuro que determinaram como os exércitos se iriam dividir.[4]

MOMENTO DE DECISÃO 1:
LEVAR A GUERRA PARA NORTE

Embora os conflitos regionais da industrialização, escravatura e direitos dos Estados estivessem em ebulição há décadas, os primeiros tiros da Guerra Civil só foram disparados na Primavera de 1861. A Carolina do Sul tinha-se separado da União no anterior mês de Dezembro, mas as tropas federais permaneceram escondidas em Fort Sumter no porto de Charleston. As forças secessionistas comandadas pelo General P.G.T. Beauregard abriram fogo ao forte às 4h30 da manhã a 12 de Abril. E após 36 horas de bombardeamentos, os Estados Unidos entregaram o seu enclave. Ninguém de ambos os lados tinha sido morto ou ferido com gravidade, mas as armas tinham sido disparadas e a guerra estava aberta.

Seguiu-se uma rápida desmobilização militar de ambos os lados. Na véspera da separação da União, 16 mil soldados estavam em funções. Quatro anos mais tarde, as fileiras tinham aumentado cem vezes, com um milhão de ianques* de uniforme azul e 600 mil rebeldes de cinzento. O que muitos observadores esperavam que fosse um temporal de seis semanas após Fort Sumter transformou-se numa tempestade aparentemente sem fim. Quando tudo acabou, quatro anos mais tarde, mais de 620 mil tinham morrido em cerca de dez mil combates.

Durante a Primavera e o Verão de 1862, a União iniciou a sua Campanha Península sob a liderança de George B. McClellan para conquistar a capital da Confederação em Richmond e acabar com a secessão. Estando a dez quilómetros de Richmond, a ofensiva quase teve êxito, mas, a 1 de Junho, Robert E. Lee reuniu as forças de defesa e empurrou McClellan para fora da península. Nos meses que se seguiram, Lee liderou o seu Exército do Norte da Virgínia em quatro dos maiores combates

---

* **N. T.** Termo utilizado para designar os soldados pertencentes ao exército da União (Estados do Norte) na guerra civil norte-americana. No original, *Yankee*.

4 | Prever o futuro (117)

de toda a Guerra Civil. Depois de ter defendido Richmond com sucesso, derrotou posteriormente o exército da União em Agosto em Second Manassas, mobilizou o mesmo exército em Setembro em Antietam e venceu decisivamente em Dezembro em Fredericksburg e em Maio em Chancellorsville.

No entanto, a série de sucessos no Sul foram como vitórias de Pirro*, triunfos simbólicos, mas cada um com um preço mais elevado para o Sul do que para o Norte. A Confederação contava apenas com nove milhões de residentes — com mais de um terço ainda em regime de escravatura — enquanto a União contabilizava 22 milhões. Com a guerra a mudar de um concurso de controlo de territórios para um de destruir exércitos, o crescente número de mortos não favorecia o Sul. A Confederação não conseguia colocar em campo exércitos do tamanho dos da União e os substitutos eram ainda mais escassos. O vice-comandante de Lee, James Longstreet, tinha caracterizado o seu recorde de vitórias como um recorde de "vitórias inúteis" que "mais tarde acabarão por nos destruir". O próprio Lee tinha ficado desanimado após a sua vitória dramática e inesperada em Chancellorsville contra uma força da União duas vezes maior. O seu exército sofreu 13.500 baixas no triunfo, mais de um quinto das suas fileiras, comparado com apenas 13 por cento para o exército que ele tinha derrotado. "As nossas perdas foram elevadas", queixou-se.[5]

Pensamento estratégico

De modo a inverter a sorte em declínio da Confederação, Lee propôs, após a sua vitória em Chancellorsville em Maio de 1863, levar o seu exército para fora da Virgínia, em direcção à Pensilvânia. Seria a primeira vez que um exército do Sul invadia o verdadeiro Norte, não apenas um Estado fronteiriço como Maryland, onde a batalha de Antietam tinha sido travada no anterior mês de Setembro. Na Pensilvânia, defendia Lee, ele podia obter uma supremacia ofensiva e definir onde e como iria combater o inimigo. Derrotar um exército da União em solo do norte, como ele esperava fazer, iria despertar pressões políticas que poderiam forçar o Presidente Abraham Lincoln a fazer o que as derrotas militares até então não tinham conseguido: permitir que a Confederação perdurasse, permanecesse segura.

Isso, aliás, exigiria uma pressão enorme. Lincoln tinha afirmado repetidamente que não havia espaço para compromisso com os secessionistas, nada a negociar. Mas com as eleições nacionais a aproximarem-se

---

* **N. T.** Vitórias obtidas a um preço tão elevado que poderá trazer prejuízos irreparáveis.

(118) É Hora de Decidir

em 1864 e com os democratas na oposição a falarem acerca de uma plataforma presidencial e de um candidato empenhado em acabar depressa com a guerra, Lee previa que a derrota de um exército da União em solo caseiro certamente intensificaria a vaga de exigências de paz imediata. Ou Lincoln seria forçado a uma posição mais conciliatória antes das eleições, ou ele e os republicanos ficariam a olhar para o centro dos acontecimento do lado de fora após as eleições.

"Se tiver êxito", escreveu Lee, "no próximo Outono haverá uma grande mudança na opinião pública no Norte. Os republicanos ficarão destroçados e penso que os defensores da paz se tornarão tão fortes que a próxima administração entrará em funções com esse fundamento."[6]

Robert E. Lee estava a antecipar o futuro, pressentindo que as suas vitórias normais numa guerra acabariam por ditar a derrota da Confederação. "Devemos assumir a iniciativa", escreveu Lee ao Presidente da Confederação, Jefferson Davis, afirmando que o Sul devia tomar iniciativas drásticas se quisesse superar um declínio estratégico que tinha sido disfarçado pelas suas vitórias tácticas. Ele também estava a olhar ainda para mais longe no futuro, reconhecendo que os seus objectivos poderiam ser favorecidos não só pela luta armada, mas também por dinâmicas políticas.[7]

Lee transmitiu as suas ideias numa reunião com Davis e com o ministro da Guerra, James A. Seddon, em Richmond a 15 de Maio. Na perspectiva de Lee, a escolha era clara. O seu exército podia retroceder em defesa da capital da Confederação e aí "montar um cerco, que deve, por fim, acabar em rendição". Ou, disse ele, o exército podia "invadir a Pensilvânia" e desse modo agarrar a iniciativa estratégica. Davis e o seu conselho de guerra tinham chegado a uma hora de decidir, um desses momentos de decisão em que toda a gente reconhece a magnitude dos riscos, e decidiram adoptar o plano arrojado de Lee de levar o seu exército até ao coração da União. O ministro da Guerra declarou que a estratégia de ir para Norte era "indispensável para a nossa segurança e independência".[8]

A 17 de Maio, Lee começou a preparar as suas tropas para o ataque em direcção a Norte. Seis semanas mais tarde, a 30 de Junho de 1863, não muito longe da Pensilvânia, o seu exército deparou-se com a cavalaria ianque que tinham começado a andar à procura dele. Na manhã seguinte, as duas máquinas de guerra travaram um combate mortal perto da localidade de Gettysburg.

MOMENTO DE DECISÃO 2: SUBSTITUIR O COMANDANTE DA UNIÃO

Embora não tivesse a certeza do alvo preciso de Lee, Abraham Lincoln reconheceu a importância estratégica da incursão do Sul em direcção ao Norte e deu instruções ao General Joseph Hooker para colocar o seu Exército do Potomac em perseguição. A força de 95 mil soldados de Hooker ultrapassava substancialmente em número as 75 mil tropas de Lee, mas o próprio Hooker era cada vez mais um problema.[9]

A 13 de Maio, apenas dez dias depois da sua chocante derrota em Chancellorsville, Lincoln chamou Hooker a Washington para dizer que os seus próprios oficiais não tinham "total confiança" nele. A humilhante derrota era um factor óbvio, mas a provocar revolta estava o comportamento condenável de Hooker depois da batalha. Ele disse-se inocente enquanto atribuía publicamente a derrota ao seu comandante de cavalaria e a dois comandantes de unidade.[10]

Abraham Lincoln, Presidente da União

Sem dúvida, vários generais de Hooker tinham cometido erros em Chancellorsville que mereciam críticas, mas as acusações públicas do general no comando levaram quase todos os seus generais a unirem-se contra ele. Um dos seus subalternos graduados, George Meade, declarou que em Chancellorsville as "operações abalaram a confiança do exército no discernimento de Hooker, particularmente entre os oficiais superiores". Outro oficial escreveu que "ninguém cuja opinião tenha alguma importância hoje tem confiança no General Hooker".[11]

Joseph Hooker, General da União

Com as fileiras superiores do Exército do Potomac gravemente desmoralizadas, Lincoln estava preocupado com o facto de o seu maior exército estar mal preparado para a grandiosa missão de encontrar e destruir o exército de Lee que avançava em direcção ao Norte. Depois de se ter encontrado com Hooker a 25 de Maio, Lincoln logicamente chegou à decisão de que tinha chegado a altura de Hooker sair.

(120) É Hora de Decidir

Uma semana mais tarde, Lincoln abordou um dos comandantes de unidade mais respeitados de Hooker, John Reynolds. O General Reynolds estabeleceu como pré-condição para assumir o comando o fim da interferência da Administração nas decisões militares de combate, mas Lincoln não estava disposto a conceder tal independência. Outras auscultações informais anteriores com outros altos comandantes foram igualmente improdutivas, cada um recusando ser tido em consideração para o posto. Agora Reynolds fazia o mesmo. Face a subordinados que estavam em revolta aberta e não dispostos a assumir as responsabilidades, Lincoln decidiu continuar com Hooker, mas apenas por agora e apenas como o menor de vários males.

Agir de forma decidida

Quando Hooker comandou o seu exército pelo Noroeste de Maryland no final de Junho, o General Henry W. Halleck ordenou que defendesse o reduto militar em Harpers Ferry. Hooker considerava a guarnição inútil e, às 13 horas do dia 27 de Junho, telegrafou a Halleck para dizer que não podia cumprir a ordem e a pedir que fosse exonerado do seu cargo. Embora os dois grandes exércitos em campo estivessem claramente em rota de colisão, Lincoln aceitou a demissão à última hora e promoveu George Meade para o lugar de Hooker. A sua decisão não foi uma acção difícil na altura. Meade já tinha sido recomendado a Lincoln por outros comandantes de unidade, quatro dos quais tinham previamente afirmado que não aceitariam o comando. Nessa noite, o Departamento de Guerra emitiu a Ordem Geral N° 194, substituindo formalmente Hooker por Meade como Comandante-Geral do Exército do Potomac.[12]

Em retrospectiva, a decisão de Lincoln parece inevitável. Um confronto estava prestes a acontecer e o presidente tinha ficado sem opções. De facto, Meade parece ter sido o único a ficar surpreendido com a sua promoção.

Um mensageiro viajou durante a noite com a ordem para o quartel--general da unidade militar de Meade perto de Frederick, Maryland, tendo chegado às 3h00 do dia 28 de Junho. Meade revelou mais tarde que, quando viu o mensageiro aproximar-se, "pensei que fosse para me exonerar ou prender", e disse preventivamente ao mensageiro: "Estou de consciência limpa." Ao contrário dos outros comandantes de unidade que Lincoln tinha auscultado sem sucesso, Meade não teve outra escolha. Lincoln simplesmente ordenou que assumisse o comando imediatamente. Aliviado por não ter sido exonerado nem detido, Meade depressa aceitou totalmente a sua promoção para entrar num jogo bastante maior, um jogo cujo assalto mais histórico e mortífero estava a apenas três dias de distância.[13]

Abraham Lincoln sabia bem o que era agir de forma decidida quando os seus generais ficavam aquém das expectativas. Já tinha exonerado quatro comandantes do exército: Irvin McDowell após First Manassas, George McClellan após a Campanha Península, John Pope após Second Manassas, George McClellan de novo após Antietam quando hesitou em tirar partido dos seus adversários fragilizados e por fim Ambrose Burnside após Fredericksburg. Cada sucessor não tinha conseguido pensar estrategicamente na grande batalha e cada um foi afastado antes da oportunidade seguinte ter chegado. Agora Lincoln tinha voltado a agir, mas desta vez tinha encontrado finalmente o profissional certo. Meade tinha um estilo geralmente cauteloso, mas a antecipada colisão dos exércitos na Pensilvânia exigia previdência e determinação e ele adoptou prontamente um estilo estratégico e agressivo nos dias seguintes.

George Meade, General da União

MOMENTO DE DECISÃO 3: CONQUISTAR CEMETERY HILL E CULP'S HILL

Os dois exércitos avistaram-se pela primeira vez na tarde do dia 30 de Junho, vários quilómetros a oeste de Gettysburg, na altura uma vila de 2.400 habitantes, mas nenhum tiro foi disparado. Na manhã seguinte, unidades avançadas da infantaria da Confederação reaproximaram-se da vila. Nos seus arredores, a oeste, encontraram perto de três mil soldados da cavalaria da União a bloquear o caminho. Cada lado depressa se ordenou em linhas de combate e ambos os lados enviaram tropas que estavam a quilómetros de distância em direcção à batalha iminente.

Robert E. Lee não tinha intenção de combater em Gettysburg, mas agora tinha comprometido grande parte do seu exército no ataque ao inimigo que estava dentro e à volta da vila. Lee concentrou as suas forças no perímetro oeste e norte e, com o seu número superior de soldados a dar-lhe supremacia, os rebeldes empurraram os soldados ianques por dentro de Gettysburg até uma cumeada longa e curva do outro lado da vila, conhecida localmente como Cemetery Ridge. Um dos seus pontos mais altos, Cemetery Hill, elevava-se perto dos limites da vila, cerca de 25 metros acima do centro desta. Para leste, o cume subia até Culp's Hill, outros 30 metros, e para sul estendia--se em direcção a uma terceira colina chamada Little Round Top, que gozava igualmente de uma altura imponente acima da paisagem rural envolvente. No geral, o cume e as colinas tinham cerca de cinco quiló-metros de comprimento.

Visto que o cume e as colinas ofereciam um bom terreno defensivo para as 95 mil tropas de Meade, ambos os lados depressa reconhece-ram o seu valor estratégico. A convexidade do cume permitia uma co-municação rápida e um reposicionamento igualmente rápido das unida-des de defesa. Ambos os flancos — os pontos mais vulneráveis de uma linha defensiva — estariam ancorados em pontos altos. Para a União, o terreno oferecia uma defesa clássica se as tropas conseguissem entrin-cheirar-se antes de o avanço da Confederação chegar à cumeada e às suas colinas.

Os soldados da União em retirada recuaram até Cemetery Ridge e aí reorganizaram-se e começaram a montar uma linha defensiva para repelirem o avanço das tropas da Confederação. Estrategicamente era a medida correcta, mas a União ainda não tinha a força suficiente para se estender para Little Round Top ou Culp's Hill. Grande parte do exército de Meade ainda estava a deslocar-se em direcção a Gettys-burg a partir do sul. Até chegarem unidades adicionais, os recursos humanos simplesmente não eram suficientes para defender também essas colinas.

Lee percebeu que Cemetery Hill seria especialmente crucial. Se as forças do Norte a assegurassem primeiro, teriam garantido o seu flanco centro-direita. Se as forças do Sul as forçassem a sair, posicionar-se-iam para um ataque pelas colinas abaixo contra as forças da União distribuí-das ao longo de Cemetery Ridge.

4 | Prever o futuro (123)

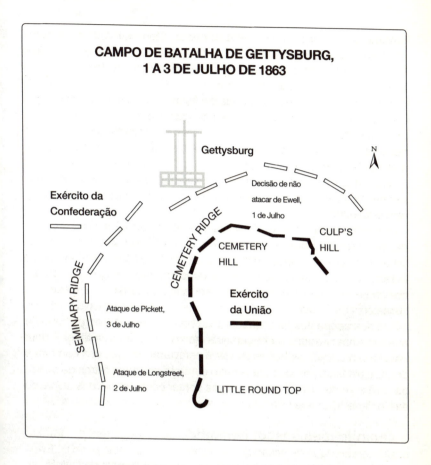

Discurso ambíguo

Perto das 17 horas do dia 1 de Julho, Lee enviou o seu ajudante pessoal, o Major Walter H. Taylor, entregar uma ordem ao comandante de Unidade mais próximo de Cemetery Hill, Richard Ewell. A ordem dava instruções a Ewell, com cerca de 20.500 tropas ao seu dispor, para "conquistar a colina ocupada pelo inimigo, se achar que é possível", mas a ordem também avisava Ewell "para evitar um combate geral até à chegada de outras divisões do exército".[14]

Richard Ewell tinha chegado ao comando há pouco tempo, tendo cumprido serviço sob as ordens de Thomas "Stonewall" Jackson. Na noite de 2 de Maio de 1863, Jackson tinha cavalgado longe de mais durante a batalha de Chancellorsville na tentativa de fazer o reconhecimento da posição do exército da União. Ao reentrar nas linhas da Confederação, foi

(124) É Hora de Decidir

baleado por um dos seus próprios soldados. Stonewall Jackson sobreviveu até 10 de Maio. No seu leito de morte, informou Lee que Ewell devia ser o seu substituto, um pedido que Lee honrou depois de reorganizar o seu exército de duas para três divisões.

Por maior que fosse a honra que Jackson conferiu a Ewell com tal pedido no seu leito de morte, Jackson tinha feito pouco durante a vida para preparar o seu subordinado hierárquico para o comando. Jackson tinha o hábito de não informar os seus comandantes, com medo de que quantos mais soubessem os seus planos, maior era a probabilidade de escaparem para o inimigo. Em combate, também concedia pouca liberdade de acção aos seus oficiais no terreno, preferindo dar-lhes instruções autoritárias e sem ambiguidade.

A orientação insuficiente de Jackson tinha deixado Ewell mal preparado para trabalhar com a frase ambígua de Lee "se achar que é possível". Uma equipa de reconhecimento enviada por Ewell tinha relatado que a vizinha Culp's Hill ainda não tinha sido ocupada pelo inimigo — um incentivo poderoso para avançar depressa em direcção a Culp's Hill ou mesmo Cemetery Hill. A equipa também relatou que a elevação de Culp's Hill permitiria aos ocupantes da Confederação bombardear as tropas da União que estavam reunidas a entrincheirar-se ao longo de Cemetery Ridge. Pelo lado negativo, as tropas de Ewell estavam exaustas dos combates do dia e estavam preocupadas com o controlo dos prisioneiros de guerra da União. Também não sabia se podia contar com o apoio das unidades da Confederação que estavam próximas.

Quantidades desconhecidas

Com a liberdade de acção que a ordem de Lee parecia permitir, Ewell escolheu interpretar a captura de Cemetery Hill e depois de Culp's Hill como impossível, uma decisão com consequências graves para a própria batalha e para o futuro da Confederação. À medida que "alguns dos segundos mais decisivos na História norte-americana passavam", nas palavras de um historiador, Ewell decidiu não atacar e as tropas ianques depressa avançaram para ambas as colinas em grande número, permitindo-lhes criar um perímetro defensivo no centro e no lado direito da linha da União, que não seria quebrado nem flanqueado durante os dois dias de batalha campal que se seguiram. O entrincheiramento durante a noite dos ianques em Cemetery Hill e a ocupação de Culp's Hill tornar-se-ia um factor importante na decisão de Lee um dia mais tarde de montar o ataque de Pickett no centro da linha da União.[15]

Lee sabia que Stonewall Jackson era agressivo e decidido. Se tivesse recebido a ordem de Lee para conquistar Cemetery Hill "se possível",

4 | Prever o futuro (125)

provavelmente Jackson teria achado possível. Mas Richard Ewell não era Stonewall Jackson; a sua formação e temperamento exigiam uma orientação mais autoritária. Ewell foi bastante criticado depois da guerra pela sua decisão de não conquistar Cemetery Hill e Culp's Hill. Ele próprio disse que "foi preciso uma dúzia de erros para perder em Gettysburg e eu cometi muitos deles". Porém, por detrás da decisão de Ewell estava a decisão de Lee de usar uma linguagem que podia ser mal interpretada por um subalterno ainda não habituado aos métodos mais discricionários de Lee.[16]

Teria Lee agido de outra forma se conhecesse melhor Ewell? Provavelmente, mas na realidade não teve quase oportunidade alguma de ficar familiarizado com o estilo de decisão de Ewell. Também Ewell poderia ter chegado a uma decisão diferente se estivesse mais bem preparado para estar no comando. Mas prever o futuro nas tomadas de decisão exige que se certifique de que aqueles à sua volta são capazes de tomar as medidas certas quando forem chamados a fazê-lo. O historial de Robert E. Lee de escolher e comandar os seus subordinados era forte, mas neste momento Lee falhou na pior altura para o seu exército e para a sua jovem nação.

MOMENTO DE DECISÃO 4:
DEFENDER LITTLE ROUND TOP

No final do dia 1 de Julho, o Exército do Potomac estava bem entrincheirado em Culp's Hill, Cemetery Hill e Cemetery Ridge. Antecipando a continuação dos ataques de Lee no dia seguinte, George Meade prolongou a sua linha defensiva para sul, ordenando ao comandante de unidade Daniel E. Sickles para avançar os seus dez mil soldados para Cemetery Ridge e depois para Little Round Top no extremo da linha. Do cimo imponente de Little Round Top, a unidade de Sickles constituiria uma âncora inexpugnável no lado esquerdo.

A previsão de Meade acerca das intenções de Lee provou-se acertada. Lee tinha decidido durante a noite fazer do ataque ao flanco esquerdo da União o ponto central da sua tentativa, a 2 de Julho, de romper e destruir o exército da União, precisamente a razão pela qual tinha entrado na Pensilvânia. Se as suas tropas conseguissem entrar pelo flanco esquerdo da União, poderiam danificar gravemente a indefesa retaguarda do exército de Meade. Pânico, colapso e derrota deveriam seguir-se. Em breve, Lincoln estaria pronto para negociar o fim da guerra e aceitar a existência da Confederação. Com tanto em risco, Lee enviou 20 mil soldados da infantaria para a missão, mais de um quarto das suas fileiras, e deu instruções ao seu comandante mais graduado, James Longstreet, para conduzir o ataque. Iniciado às 16 horas, seria um dos maiores combates de toda a Guerra Civil. Longstreet iria igualmente encontrar em Dan Sickles um aliado não intencional.

De todos os comandantes de unidade envolvidos em Gettysburg, Sickles era o único não profissional. Os outros tinham-se graduado na Academia Militar em West Point e em muitos casos estavam em funções há vários anos, enquanto Sickles era um político de carreira que tinha persuadido amigos em posições de poder em Washington para o nomearem como general. Agora, com tantas coisas em jogo, a falta de formação de Sickles impôs-se da pior maneira. Contrariamente às instruções de Meade, Sickles decidiu deslocar a sua unidade às 14 horas do dia 2 de Julho mesmo para a frente de Cemetery Ridge e Little Round Top. Ele formou uma linha de defesa triangular de 800 metros a 1.200 metros para a frente em direcção à localização da Confederação em Seminary Ridge. A área relativamente plana entre Cemetery e Seminary Ridge ofereciam uma protecção natural escassa, com resultados previsíveis quando Longstreet iniciou o seu ataque. As forças da Confederação destruíram de imediato a fraca posição de Sickles e o objectivo de Lee de derrotar o exército ianque na tarde de 2 de Julho parecia que poderia realizar-se.

O único obstáculo que restava no seu caminho era Little Round Top, o ponto mais alto e a âncora esquerda da linha da União, mas o anterior avanço de Sickles da posição que lhe tinha sido atribuída tinha deixado esse promontório praticamente desprovido de defensores. Tal como Cemetery Hill e Culp's Hill, Little Round Top oferecia um panorama geral da zona rural circundante. Se as forças de Lee conseguissem conquistar a colina e empurrar os canhões para lá, os defensores da União nas zonas mais baixas ficariam completamente expostos. A infantaria da Confederação poderia então flanquear a linha e invadir uma retaguarda desprotegida.

Agir por necessidade, não por ordem

Pouco tempo antes de a unidade avançada de Longstreet chegar ao sopé de Little Round Top, um general da União, o Governador K. Warren, tinha subido a colina para dar uma vista de olhos. Alarmado por descobrir ninguém lá para evitar a sua queda iminente, o general avisou o comandante de unidade mais próximo, que por sua vez enviou um mensageiro para ordenar a um comandante de divisão que enviasse rapidamente as suas tropas para a colina. No meio do caos envolvente, o mensageiro não conseguiu encontrar o comandante de divisão, mas encontrou por acaso Strong Vincent, um oficial subalterno responsável por uma brigada de 1.500 soldados da infantaria.

Advogado de profissão, Vincent pressentiu que o mensageiro transportava instruções determinantes e ordenou-lhe que revelasse os conteúdos. Avisado deste modo da situação, Vincent decidiu enviar depressa a sua brigada para Little Round Top. Não tinha ordens para o fazer e a sua acção era uma violação do protocolo militar que poderia tê-lo exposto a repercussões pessoais. Mas, para Vincent, a necessidade era óbvia e o tempo que restava para agir era escasso. Apenas com minutos disponíveis, posicionou as suas tropas ao longo do cume da colina e, embora estivessem em menor número, eles e outra brigada que chegou mais tarde conseguiram assegurar o controlo da colina contra o ataque assertivo de Longstreet. O dia acabou com a União ainda em posse segura da colina — e a Confederação não estava mais bem posicionada do que quando o dia começou.

O fracasso de Lee em quebrar a defesa de Vincent em Little Round Top foi um factor determinante na sua decisão, mais tarde nesse, dia de lançar o ataque de Pickett na tarde seguinte. Se as duas colinas-âncora não puderam ser conquistadas, pensou Lee, o ponto mais fraco da linha do inimigo deve ser o centro.

A decisão de Strong Vincent a 2 de Julho de levar a sua brigada para Little Round Top foi determinante para a defesa do flanco esquerdo da União. Embora tenha agido sem autorização formal, Vincent tomou a sua decisão de acordo com a estratégia e situação da União naquele dia. Compreendendo como Little Round Top era importante para a defesa de todo o exército, fez a sua própria avaliação ao levar rapidamente a sua brigada para onde estava localizada a falha. Ao fazê-lo, salvou o dia e talvez muito mais.

Dan Sickles também fez a sua avaliação ao deslocar a sua unidade para um local não autorizado mas, ao contrário de Vincent, as acções de Sickles foram inconsistentes com as condições do dia e com objectivos maiores. De facto, a escolha acertada de Vincent mostrou ser crucial ao compensar as acções imperfeitas de Sickles, relembrando-nos que prever o futuro exige uma avaliação perfeita da estratégia e situação do momento, se as decisões tiverem de ser tomadas em nome da missão.

MOMENTO DE DECISÃO 5:
PLANO DE ATAQUE

O primeiro dia da batalha de Gettysburg, quarta-feira 1 de Julho, tinha sido uma vitória táctica para o exército de Lee, quando obrigaram os homens de Meade a recuarem pela vila. O segundo dia foi um empate táctico, um impasse, com os soldados de Lee incapazes de ultrapassar o

(128) É Hora de Decidir

flanco esquerdo da União. Na noite de quinta-feira, 2 de Julho, Meade e Lee enfrentaram talvez a maior decisão das suas carreiras militares: atacar ou não o exército contrário, esperar por um ataque do inimigo ou bater em retirada do campo de batalha para combater noutro dia.

Reflicta agora um momento e ponha-se no lugar de ambos os homens. Pense no que aprendeu até agora sobre a batalha e nas questões mais abrangentes — políticas e militares — que a rodeiam. Pense igualmente nos capítulos anteriores a este e nos modelos de decisão que deles foram extraídos. Depois tome as suas próprias decisões acerca do que fazer a seguir. Tem à sua responsabilidade as esperanças das duas nações. Três de Julho de 1863 seria um dia que ficaria na História. Ao preparar-se para ele, ao formular os seus planos para o combate do dia seguinte e ao chegar a esse momento de decisão crítico, qual seria a abordagem mais eficiente para cada comandante? E qual seria a abordagem ineficiente e talvez a menos eficiente? Parta daí para o plano em si. Segundo o que aprendeu, qual seria a melhor abordagem para cada lado?

Recolher sabedoria

Na noite de 2 de Julho, George Meade convocou um conselho de guerra com os seus nove generais de topo para se reunirem numa pequena casa não muito longe do centro da linha defensiva da União. Aí, sem apresentar a sua opinião de qual decisão seria a melhor, pediu ao seu adjunto para colocar três questões ao seu círculo interno:

1. Nas circunstância existentes, será aconselhável este exército permanecer na sua actual posição ou retirar-se para outra mais perto da sua base de abastecimento?

2. Caso se decida permanecer na posição actual, o exército deve atacar ou esperar pelo ataque do inimigo?

3. Se decidirmos esperar pelo ataque, quanto tempo esperaremos?[17]

O General Meade pediu ao oficial menos sénior para responder primeiro, depois os outros, subindo na hierarquia. O primeiro general respondeu à primeira pergunta com um "não retirar" e os outros apoiaram a sua escolha. Na segunda questão, os nove votaram de novo em uníssono — contra o ataque. Na terceira questão, as opiniões variaram entre esperar um dia ou atacar apenas quando Lee tentasse deslocar o seu exército, mas também aqui todos os comandantes concordaram em atacar Lee em algum momento, se Lee não atacasse primeiro.

4 | Prever o futuro (129)

O comandante menos graduado, John Gibbon, observou que "havia um sentimento positivo entre os comandantes de unidade por concordarem unanimemente" e que Meade tinha declarado: "Então essa é a decisão." Gibbon também afirmou que Meade lhe disse mais tarde nessa noite que, se Lee atacasse, seria no centro da linha da União — precisamente onde a unidade de Gibbon estava posicionada — visto que Lee não tinha conseguido conquistar os dois flancos. De novo, Meade tinha previsto e antecipado correctamente o futuro.[18]

Decidir sozinho

Robert E. Lee estava a enfrentar o mesmo momento de decisão: atacar ou não e, se sim, o que atacar. Sair em retirada do campo de batalha não era uma opção no seu pensamento mas, ao contrário de Meade, Lee não conferenciou com os seus oficiais. Seguindo o seu próprio conselho, chegou precisamente à conclusão que Meade tinha antecipado. Visto que as duas pontas da linha da União estavam agora ancoradas nas colinas bem protegidas, Lee pensou que o centro da linha da União seria o ponto mais vulnerável.

O General Lee não se encontrou com o seu vice, James Longstreet, para transmitir as suas intenções mas, em vez disso, enviou um mensageiro com a ordem, evidentemente entregue oralmente já que não há registo de qualquer ordem por escrito. O mensageiro provavelmente alcançou Longstreet por volta das 22 horas de quinta-feira, 2 de Julho. Lee deu ordens a Longstreet através do mensageiro para usar a divisão comandada por George Pickett para atacar o centro da linha da União em Cemetery Ridge. Lee também enviou uma ordem a Richard Ewell, ordenando-lhe que atacasse Culp's Hill no dia seguinte como uma medida de diversão para ajudar o ataque de Pickett. Tanto Longstreet como Ewell pensaram que o ataque ao centro da União seria malfadado ou ainda pior. Um comandante de brigada na unidade de Ewell disse que seria "nada menos do que um massacre horrível" e Longstreet mais tarde disse: "Conseguia ver a natureza arriscada e sem esperança do ataque." Mas ao decidir não se encontrar directamente com os seus comandantes de unidade, Lee não ouviu qualquer desacordo em relação ao seu plano de atacar o centro da União.[19]

No que significava uma resistência silenciosa à ordem recebida, Longstreet enviou patrulhadores para estudar a possibilidade de se deslocarem pelo flanco esquerdo da União, encontrando uma boa colina para eles a fim de tomarem posição, e depois deixar Meade ser atraído a atacar. Mas quando Longstreet encontrou Lee cedo na sexta-feira 3 de Julho, Lee dispensou a contraproposta sem discussão.

(130) É Hora de Decidir

Desta vez frente a frente, Longstreet respondeu directamente: "General, fui soldado toda a minha vida. Tenho estado com soldados envolvidos em lutas com pares, pelotões, companhias, regimentos, divisões e exércitos e sei, mais do que ninguém, o que os soldados podem fazer. É minha opinião que nunca 15 mil homens ordenados para combate poderão assumir essa posição."[20]

As palavras de Longstreet, perto da insubordinação, revelam a intensidade da sua oposição à decisão de Lee, mas estavam a ser ouvidas horas depois de Lee já ter decidido, de ter emitido as ordens e de ter posto o seu exército em funcionamento a partir a decisão de atacar. Ao contrário de Meade, Lee não tinha procurado a opinião dos seus principais comandantes na noite anterior. Nem tinha dado a Longstreet e a Ewell a oportunidade de o informarem em pessoa das condições das suas tropas depois de um dia de combates violentos. Agora que estava finalmente a ter uma resposta dos comandantes na linha da frente — e uma resposta veemente — Lee terá achado praticamente impossível inverter o processo, mesmo que quisesse.

A ausência de um *input* colectivo era, em parte, uma questão de estilo. Lee preferia encontrar-se com os seus oficiais superiores individualmente quando procurava os seus conselhos. Mas Lee tinha-se também tornado extremamente confiante — possivelmente demasiado confiante — acerca das suas capacidades de comandante após uma série de vitórias sobre o exército adversário. Afinal, o Exército do Norte da Virgínia de Lee tinha combatido contra os exércitos da União por cinco vezes no último ano, com quatro comandantes da União diferentes, e o resultado estava em 4-0-1.

Novo numa posição de comando, George Meade não tinha qualquer registo de vitórias e derrotas. Ele estava hierarquicamente abaixo de dois comandantes de unidade que se reportavam a ele. Meade era conhecido por ser resoluto, mas o alargamento impressionante das suas responsabilidades — de comandar dez mil tropas para comandar 95 mil soldados num momento em que o futuro do país dependia das suas decisões — pode ter trazido com elas uma vontade de auscultar as pessoas do seu círculo interno e não apenas o seu próprio conselho antes de decidir.

"General Lee, não tenho divisão!"

Uma coisa era certa à medida que o sol nascia em Gettysburg a 3 de Julho de 1863: este seria *o* dia.

George Pickett precisou de horas para reunir e posicionar os seus milhares de soldados ao longo do menos imponente Seminary Ridge, do lado oposto ao bastião do inimigo. Quando terminou, as tropas estavam organizadas em formações em linha recta que se estendiam por mais de um quilómetro e meio. Quando Pickett se preparava, mais de 150 canhões da Confederação atacaram continuamente o centro da linha da União em Cemetery Ridge durante mais de uma hora. Agora tinham poucas munições. Tinha chegado a hora.

À espera de dar ordem de atacar até ser o momento exacto, James Longstreet perguntou ao comandante da artilharia da Confederação se tinha conseguido abrir o centro da linha da União. Com o fumo a pairar no ar quente e calmo de Julho, o artilheiro disse que apenas podia supor que tinha tido sucesso. A resposta inquietou Longstreet. Ainda hesitava, permanecia sem se mexer perto do centro da linha rebelde pronta para o ataque, quando George Pickett se aproximou dele para a ordem final. Paralisado pelo desastre que previa, Longstreet não conseguiu falar e acenou simplesmente com a cabeça num gesto de aprovação. Ao receber a sua "ordem silenciosa", Pickett fez-lhe continência e disse: "Comandarei a minha divisão para diante, senhor." Com o rufar dos tambores, Pickett gritou: "Levantem-se, homens, para os vossos postos! Não se esqueçam hoje que são da velha Virgínia."[21]

O ataque de Pickett viria a ser um dos maiores erros do Sul em toda a Guerra Civil, uma metáfora para a futilidade sangrenta. O ataque foi reprimido em uma hora, mais de metade da infantaria tinha sido ferida, capturada ou morta. Quando Lee deu ordens a Pickett durante a retirada para reunir a sua divisão para um contra-ataque dos ianques já antecipado, diz-se que Pickett respondeu: "General Lee, não tenho divisão." No dia seguinte, Lee começou uma retirada em direcção à Virgínia, terminando a sua campanha na Pensilvânia derrotado e com o seu exército drasticamente reduzido. As suas baixas chegaram a um total de 28 mil durante os três dias, enquanto Meade perdeu 23 mil. O ponto mais avançado do progresso de Pickett, junto do que ficou conhecido como o "ângulo sangrento", é por vezes referido como o ponto mais alto da Confederação.[22]

George Pickett,
General da União

O Sul tinha vindo para o Norte para acabar com a guerra nas suas condições, mas agora a maré tinha começado a correr na direcção contrária. Lincoln seria reeleito por uma margem decisiva em 1864, derrotando o

(132) É Hora de Decidir

candidato democrata, George McClellan, o general que Lincoln tinha exonerado duas vezes. O Norte terminaria a guerra nas suas condições 21 meses mais tarde em Appomattox, Virgínia. Aí, a 9 de Abril de 1865, Lee entregou o seu Exército do Norte da Virgínia. A última rendição pode ter sido inevitável, mas o rumo da guerra após Gettysburg tinha sido decididamente moldado pelas decisões que Meade e Lee tinham tomado na noite de 2 de Julho de 1863.

TER O FUTURO EM CONSIDERAÇÃO

Juntas, as decisões cruciais de Robert E. Lee, Jefferson Davis, Abraham Lincoln, George Meade, Richard Ewell, Daniel Sickles e Strong Vincent são uma lembrança de como é importante tomar decisões que tenham em conta o futuro. "Para o General Lee, Gettysburg foi uma derrota determinante", concluiu o historiador Steven Sears. E o ataque de Pickett foi o revés que definiu a desastrosa derrota.[23]

Olhando de uma perspectiva de quase século e meio mais tarde, muitas das decisões que moldaram o resultado em Gettysburg parecem previsíveis, quase pré-determinadas, como se os comandantes tivessem sido pouco mais do que agentes de grandes forças impessoais que se arrastam à sua volta e se manifestam através deles. Porém, nenhuma das decisões narradas aqui pode ser reduzida ao inevitável. A decisão de Lee de fazer campanha na Pensilvânia foi inovadora e nada previsível. Paralelamente, a sua decisão de atacar o centro da União a 3 de Julho foi arrojada, mas dificilmente previsível. Se Lee tivesse sido afastado da acção a 2 de Julho, Longstreet por hierarquia teria assumido o comando do Exército do Norte da Virgínia. Dada a sua oposição feroz ao plano do ataque, é improvável que ele alguma vez o tivesse considerado. Longstreet nem sequer tinha conseguido verbalizar a ordem final para iniciar o ataque.

As muitas decisões daquele período tornaram-se parte de uma trama complexa, cada uma influenciando as outras. Quando lhe perguntaram por que é que o seu ataque contra a linha da União a 3 de Julho não teve êxito, George Pickett disparou: "Acho que o Exército da União teve alguma coisa a ver com isso." A decisão de Lee em atacar falhou em parte porque Lincoln tinha decidido substituir Hooker por Meade, Ewell tinha decidido desistir de Cemetery Hill e Culp's Hill, e Strong Vincent tinha decidido deslocar a sua brigada para Little Round Top.[24]

Se nos distanciarmos, conseguimos ver que a campanha de Lee pela Pensilvânia foi o elemento-chave para reconquistar a superioridade numa guerra cuja estratégia em desenvolvimento levaria provavelmente à derrota da Confederação, apesar do seu contínuo sucesso no campo de batalha. De modo a tomar essa decisão, Lee levou a valorização da antecipação dos desenvolvimentos muito para além do campo de batalha, uma arena na qual a estratégia militar e a estratégia política poderiam trabalhar em conjunto em prol dos objectivos do Sul. Resumindo, ele estava a olhar bem longe para o futuro ao tomar as suas decisões.

Ver todo o terreno

Abraham Lincoln encarava as decisões futuras dos homólogos de Lee, Joseph Hooker e depois George Meade, como cruciais para travar a iniciativa de Lee de forçar Lincoln à mesa das negociações ou para fora do governo. Anteriores comandantes do exército, desde McDowell a Burnside, tinham tomado uma série de decisões ineficientes que ajudaram a derrotar os seus exércitos batalha após batalha. Ao promover Meade a comandante do exército, Lincoln confiou na reputação que Meade tinha desenvolvido entre os seus pares de tomar decisões sólidas e com os olhos no futuro e foi exactamente isso que obteve dele em Gettysburg.

Pouco antes de Lincoln ter promovido Meade a comandante do exército, Lee tinha promovido Richard Ewell a comandante de unidade. Quando foi para a batalha de Gettysburg, Ewell já tinha uma reputação reconhecida de desempenho firme, mas vinha sob a tutela de Stonewall Jackson, que tinha tendência para deixar claro o que ele exigia dos seus subalternos e para permitir-lhes menos liberdade de acção do que era hábito de Lee. Lee evidentemente não avaliou totalmente a herança de Ewell e, desse modo, ao esperar boas decisões do seu novo subalterno, Lee permitiu efectivamente que Ewell fracassasse na tarde de 1 de Julho de um modo que veio a pagar-se bastante caro durante os dois dias que se seguiram. Prever o futuro nas tomadas de decisão inclui antecipar como os nossos parceiros tomarão as suas decisões.

George Meade tinha mobilizado as suas tropas ao longo de uma linha que ia desde Culp's Hill até Little Round Top para se defender do ataque antecipado de Lee a 2 de Julho. A liberdade de acção em campo é essencial se os comandantes na linha da frente quiserem tomar decisões acertadas em circunstâncias rápidas, mas a liberdade de acção é tão boa como a compreensão dos parceiros em relação à estratégia e à situação. O comandante de unidade Daniel Sickles fracassou drasticamente ao não compreender o que Meade tinha em mente quando Sickles decidiu avançar os seus dez mil homens quase dois quilómetros mais à frente de onde Meade tinha planeado. Inversamente, o comandante de brigada Strong Vincent compreendeu a estratégia e a situação do dia quando deslocou rapidamente a sua unidade para Little Round Top para compensar o erro de Sickles. Antecipar decisões ainda não tomadas exige, portanto, que a estratégia e a situação sejam bem compreendidas pelos parceiros, cujas boas decisões independentes serão essenciais para a execução da missão.

Tendo em conta as disposição no campo de batalha e a experiência que estas e centenas de outras decisões criaram até à noite de 2 de Julho, Meade e Lee enfrentaram uma das decisões mais importantes das suas carreiras, se não a mais importante: que acção realizar no dia seguinte. Meade procurou a orientação colectiva de todos os seus subordinados directos; Lee não procurou ninguém individualmente ou em grupo. Outros factores contribuíram para a decisão vitoriosa de Meade de esperar pelo ataque de Lee e a decisão errada de Lee de lançar o ataque — a História raramente se pode reduzir a factores únicos —, mas a qualidade das decisões em ambos os lados reflectiram o uso divergente das suas redes no campo de batalha para prever o futuro. Na tentativa de prever o futuro, vários olhos são quase sempre melhores do que apenas dois.

O MODELO DE DECISÃO PARA PREVER O FUTURO

Mais uma vez, devemos retirar as nossas próprias lições da experiência dos comandantes e das suas decisões aqui ilustradas. O que se segue são os meus princípios e ferramentas para prever o futuro. Esta é também uma boa altura para rever os modelos de decisão que surgiram em "No calor do momento", "Entrar no jogo das decisões" e "Usar a rede". Juntamente com o modelo para "Prever o futuro", fornecerão uma orientação útil para o capítulo seguinte, no qual iremos tentar tomar quatro decisões difíceis. É um momento oportuno para testar o que conseguimos dominar até agora e, através disso, fortalecer a nossa capacidade de aplicar princípios e ferramentas de momentos de decisão a decisões a tomar no futuro.

4 | Prever o futuro (135)

Princípio	Ferramenta	Exemplo
1. Tomar a iniciativa estratégica.	Questionar se a actual estratégia ainda será vencedora nos próximos dias ou meses e, se não, procurar ter sucesso através de meios alternativos.	Face a uma série de vitórias de Pirro, Robert E. Lee e Jefferson Davis decidiram, a 15 de Maio de 1863, levar a guerra para o Norte, de modo a criar pressão política a fim de acabar a guerra em favor do Sul.
2. Assegurar-se de que os decisores-chave conseguem prever o futuro.	Formar os seus parceiros e subordinados para pensarem claramente sobre o que acontecerá no futuro e para basearem as decisões nessa previsão.	Abraham Lincoln exonerou cinco generais antes de nomear George Meade a 28 de Junho.
3. Avaliar as capacidades que os outros têm para tomar decisões.	A mesma ordem pode ser interpretada de modo diferente por dois subordinados e, portanto, adaptada ao indivíduo.	Lee deu ordens a Richard Ewell para atacar "se possível" a 1 de Julho, mas Ewell hesitou, permitindo ao Exército da União entrincheirar-se em Cemetery Hill e Culp's Hill.
4. Desenvolver nos outros a capacidade de tomar medidas discricionárias em consonância com a missão e a situação.	Manter os parceiros e os subordinados bem informados acerca dos objectivos do momento e da situação que a missão enfrenta.	A decisão de Daniel Sickles de avançar a sua unidade a 2 de Julho foi quase desastrosa para a defesa da União, enquanto a decisão de Strong Vincent de deslocar a sua unidade para Little Round Top foi a salvação para a segurança do Norte.

Princípio	Ferramenta	Exemplo
5. Ao tomar grandes decisões que dependem da previsão do futuro, consultar aqueles com maior familiaridade com o contexto e a situação.	Pedir aos parceiros as suas opiniões colectivas sobre uma decisão antes de esta ser tomada.	Meade procurou o conselho dos seus nove oficiais superiores antes de chegar à sua decisão final acerca do que fazer a 3 de Julho; Lee aparentemente não procurou nada dos seus oficiais antes de iniciar o ataque de Pickett.

(5)
Tomar decisões

Neste capítulo irá aprender:
- a utilizar da melhor forma os modelos de decisão

(138) É Hora de Decidir

Agora é a altura para fortalecer o seu domínio dos modelos de decisão através desta aplicação directa. Este é um caminho muito utilizado para transformar ideias em acção, teoria em prática, conceitos em comportamentos. É parecido com os projectos de aprendizagem de acção através dos quais começamos a adoptar de forma mais integral conceitos através do seu uso pessoal.

As empresas, é claro, estão bem cientes disso. As melhores esforçam-se por alimentar as mentes da sua equipa de gestão e depois por transformar pragmaticamente essa aprendizagem em resultados. Quando a Coca-Cola reuniu 35 gestores promissores de todo o mundo para um programa de uma semana em desenvolvimento de liderança, os organizadores dividiram o grupo em seis equipas e pediram a cada uma que identificasse um problema ou oportunidade empresarial sobre o qual iriam trabalhar para criar uma solução ou estratégia nos seis meses seguintes. A Abbott Laboratories reuniu grupos semelhantes de gestores no seu programa de desenvolvimento de liderança perto de Chicago, atribuindo a várias equipas a tarefa de trabalharem com organizações sem fins lucrativos em problemas sociais. Em ambos os locais, os gestores eram pressionados para transformar os conceitos dos seus programas em acção verdadeira.[1]

O mesmo princípio orienta um programa que desenvolvemos na Wharton School para fortalecer as tomadas de decisão entre os nossos alunos. Na nossa versão de aprender em acção, levamos 90 candidatos a MBA, duas vezes por ano, para Quantico, Virgínia, para uma imersão breve mas intensa nos programas de treino da Escola de Candidatos a Oficiais da Marinha dos Estados Unidos*. Para tomadas de decisão decisivas, não conseguimos encontrar muitos programas melhores do que o que prepara os futuros oficiais de guerra.[2]

Em Quantico, os nossos alunos são entregues de imediato a instrutores militares que impõem uma disciplina de ferro e um *stress* intenso através de horas de ordens severas e assédio impiedoso. Para os alunos, o efeito é por vezes chocante, mas a experiência sujeita-os a um equivalente rigoroso do campo de batalha dos negócios. Os candidatos a oficiais passam dez semanas neste ambiente. Não pedimos isso aos nossos alunos — eles estão lá apenas durante dois dias — mas, mesmo a partir deste contacto muito mais modesto, os candidatos a MBA saem de lá mais cientes da necessidade de permanecerem disciplinados e decisivos ao tomarem decisões durante o combate empresarial.

---

* **N. T.** No original, *U.S. Marine Corps Officer Candidates School*.

Para testar ainda mais a coragem dos nossos alunos, a Marinha divide-os em equipas de quatro ou cinco elementos para enfrentarem uma série de problemas no seu Curso de Reacção de Liderança. Um fuzileiro informou a sua equipa que tinha apenas 15 minutos para resolver o problema, aparentemente sem solução, de passar um barril de aço de 22kg por cima de uma barreira quase vertical de três metros, sem ferramentas óbvias para o fazer. A equipa dedicou mais de metade do tempo disponível a estudar a situação e depois ficou sem tempo suficiente para executar a tarefa. O instrutor da Marinha elogiou-os pelo estudo analítico do problema, mas criticou-os duramente por dedicarem tão pouco tempo à tomada de decisão activa. Não conseguimos compreender totalmente o problema que estamos a enfrentar até entrarmos em acção, a fim de testarmos as nossas suposições em relação ao melhor modo de resolvê-lo, disse-lhes o oficial, em palavras não tão gentis. Duvido que os alunos, agora gestores, alguma vez se esqueçam

Equipas de alunos de MBA preparam-se para resolver problemas num treino da Marinha.

da lição. Nem eu esquecerei, tendo passado pelo mesmo exercício. Os alunos chegaram ao desafio seguinte no curso desejosos de resolver o problema e muito mais preparados para se entregarem a tomadas de decisão activas.

DA ANÁLISE À ACÇÃO

Intelectualmente, os nossos alunos sabem, muito antes de chegarem a Quantico, que os mercados em rápida mudança valorizam as tomadas de decisão decisivas mas, pela sua própria natureza, o mundo académico tem tendência para criar uma preferência pela análise em detrimento da acção. Sob a tutela dos fuzileiros, os alunos erram e aprendem de uma forma que nunca poderia acontecer na sala de aulas. Talvez mais importante ainda, eles ficam a compreender que a preparação para a acção pode ser crucial, especialmente num ambiente incerto e de rápida mudança, que pode tornar um plano defeituoso praticamente no momento em que é concebido.

Não tentarei recriar aqui as condições de Quantico. Tal como os oficiais da Marinha e agora centenas de alunos de MBA da Wharton sabem, tem de passar por lá para as valorizar. Mas ao apresentar quatro difíceis desafios de decisão nas próximas páginas, vou tentar tornar a experiência o mais prática possível. À medida que avança, não se esqueça dos padrões pelos quais os bombeiros avaliam a qualidade das suas decisões no terreno: controlo, rapidez e segurança. Nesse mesmo espírito, deve esforçar-se por tomar decisões que não são apenas acertadas — o equivalente do controlo dos bombeiros —, mas também atempadas e consistentes com os valores da tarefa. Se ajudar, imagine um instrutor militar atrás de si, pronto para oferecer uma forma especial de encorajamento se mostrar quaisquer sinais de estar a fraquejar.

Mais uma nota antes de continuarmos. As quatro decisões que lhe são pedidas que tome aqui podem parecer distantes do seu mundo. Porém, ao passarmos por experiências distantes, damos mais valor ao que é especialmente importante mais próximo de nós. Tal como Dorothy disse quando voltava ao Kansas depois da sua visita desconcertante à Terra de Oz: "Oh, Tia Em — não há sítio melhor do que a nossa casa!"

TRANSACÇÃO DE UM COLAR

Esta primeira decisão — Transacção de um Colar — parece aparentemente simples e directa; porém pode vir a revelar-se surpreendentemente difícil chegar à escolha certa atempadamente. O objectivo é utilizar o seu modelo de decisão para tomar uma decisão acertada e rápida.

Gaste apenas um minuto a ler o problema da Transacção de um Colar e depois decida qual a resposta correcta. A limitação de um minuto é uma forma de introduzir a pontualidade. Depois de chegar à sua decisão em não mais de 60 segundos, registe-a escrevendo a resposta nesta página — a não ser que tencione emprestar este livro a um amigo. (Uma decisão mais acertada seria comprar outra cópia do livro para o seu amigo!) O próprio acto de escrever a decisão vai ao encontro de um dos primeiros princípios deste livro: Entrar no jogo.

5 | Tomar decisões (141)

TRANSACÇÃO DE UM COLAR

Um homem compra um colar de 78 dólares numa joalharia e dá ao ourives um cheque de cem dólares. Como não tem o troco de 22 dólares em caixa, o ourives dirige-se a outro comerciante vizinho. Aí ele troca o cheque por cem dólares em dinheiro. Volta para a sua loja e dá o colar e o troco ao homem.

Mais tarde, o cheque é devolvido pelo banco devido a verbas insuficientes na conta do comprador e o ourives tem então de dar cem dólares ao outro comerciante. O ourives pagou originalmente 39 dólares pelo colar.

Decisão: Qual é o prejuízo total do ourives? _____

Apresentei este problema a centenas de alunos de MBA e grupos de gestão nos Estados Unidos e em mais uma dúzia de outros países — desde Argentina e Brasil até China, Dinamarca, Japão, Índia e Tailândia. De vez em quando, um participante fica relutante em escrever uma resposta, provavelmente por medo de estar errado, mas, com um incitamento modesto, praticamente todos escrevem uma e, tal como você, entra no jogo. Mas escrever uma resposta é apenas o início do exercício.

Para a fase dois, vou usar um local verdadeiro: a cidade de veraneio de Cha-Am, na Tailândia — uma viagem de duas horas para sudoeste de Banguecoque — onde a 19 de Agosto de 2005 pedi a 43 participantes num programa de desenvolvimento de gestão para fazerem precisamente o que está a fazer agora. Depois da restrição de um minuto ter acabado, pedi a toda a gente que fosse para um dos cinco locais na sala correspondentes à disposição apresentada na página seguinte. Assim, por exemplo, aqueles com uma resposta de 39 dólares iriam para o canto dianteiro esquerdo da sala. Agora decida a que local pertence consoante a resposta que escreveu.[3]

(142) É Hora de Decidir

Prejuízo total do ourives

| 0-50 dólares | 51-75 dólares | 76-100 dólares |
| 101-150 dólares | zona traseira da sala | 151-200 dólares |

Em Cha-Am, como mostra o próximo quadro, a maioria dos participantes juntou-se no canto traseiro esquerdo (101-150 dólares), enquanto uma minoria se juntou no canto dianteiro esquerdo (50 dólares ou menos). Os outros estavam distribuídos da seguinte forma:

Número de indivíduos que decidiram o prejuízo total específico do ourives

---

0-50 dólares	51-75 dólares	76-100 dólares
N=2	N=9	N=4
101-150 dólares		151-200 dólares
N=21	zona traseira da sala	N=7

Como podemos ver pela disposição, uma decisão rápida — ninguém neste caso demorou mais de um minuto a decidir — não produziu uma resposta correcta para, pelo menos, metade dos envolvidos. Visto que apenas uma resposta é correcta, se a resposta correcta estiver entre 100 e 150 dólares, 22 dos 43 participantes estão errados. Se os prejuízos reais ficarem entre 51 e 75 dólares, então 34 dos 43 participantes estão errados. De facto, a extraordinária dispersão de participantes pela sala evidencia como esta decisão aparentemente simples é difícil. Todos chegaram a um momento de decisão à pressa mas, independentemente de qual for a resposta certa, mais de metade dos jogadores estão errados.

Círculos internos e externos

A Tailândia produziu os resultados típicos mas, onde quer que realize o exercício, informo os participantes que agora podem demorar mais algum tempo para se certificarem de que têm a resposta correcta. Afinal, já tínhamos estabelecido que tanto a rapidez *como* a exactidão são critérios para julgar a qualidade de qualquer decisão e, no interesse de melhorar a exactidão, devemos estar preparados para sacrificar alguma rapidez, visto que quase metade da sala está errada. Muitos participantes neste momento agarram-se implicitamente a um princípio do nosso modelo de rede: recorrem àqueles que estão mais próximos para discutirem a resposta consultando, de facto, o seu círculo interno. No entanto, praticamente ninguém se dirige para outras zonas da sala, onde estão pessoas com respostas diferentes.

De seguida, relembro todos os jogadores que têm mais probabilidades de ter a resposta correcta no final se avançarem para além daqueles que mais concordam com eles, de modo a testarem o seu pensamento relativamente a um círculo externo. Chego à conclusão que isto raramente acontece sem sugestão. Uma vez encorajados, porém, a maioria dos participantes leva este princípio do modelo à letra e a sala explode num movimento e num debate animado à medida que os participantes vagueiam de um grupo de resposta para outro. Muitos procuram mudar a opinião daqueles dentro do que se tornou o seu círculo externo e vemos algumas conversas nesta altura, mas percebi que as mudanças iniciais geralmente são aleatórias, com os participantes a deslocarem-se pela sala sem nenhum padrão em especial.

Consultar um oráculo

Porém, à medida que as conversas se intensificam, o fluxo de rede começa sempre a convergir para um local único. Se o grupo inclui especialistas financeiros — o grupo tailandês tinha cinco banqueiros comerciais e até um funcionário de um banco central — alguns participantes recorrem a outro princípio do modelo para chegarem à decisão final. Consultam um oráculo ou especialista, neste caso procurando o *know-how* financeiro de um dos banqueiros. O número de participantes que escolhem este caminho nunca é elevado; para alguns pode ser difícil admitir publicamente que outro sabe mais. Mas aqueles que procuram e seguem os conselhos de um especialista avançam frequentemente em direcção ao momento de decisão certo.

Após mais alguns minutos, faço mais dois anúncios que têm como efeito deslocar quase todos aqueles que ainda estão presos numa decisão errada para o lado certo. Primeiro, clarifico uma questão que tinha

(144) É Hora de Decidir

mantido intencionalmente vaga no começo do exercício: a questão dos custos de oportunidade. Para chegarem a uma decisão final, informo agora os participantes, os custos de oportunidade não devem ser tidos em consideração. Os pormenores da situação que enfrentam são agora mais claros.

Segundo, anuncio que a missão do exercício é que todos os presentes na sala cheguem à resposta correcta a tempo. Até esta altura, praticamente todos supõem que o objectivo é sair-se bem individualmente. Agora adoptam uma estratégia diferente, incorporada noutra, dos princípios do modelo: procurar certificar-se de que todos os participantes compreendem o objectivo e a situação do momento, para que todos possam alcançar o resultado certo. Com isso, a tendência dentro da sala muda radicalmente. As conversas tornam-se muito mais animadas, os modos bem mais urgentes, o empenho muito mais colectivo.

Geralmente aproximam-se várias pessoas para pedirem a todos na sala que terminem as suas conversas privadas e se concentrem em um ou dois líderes de discussão para o grupo inteiro. Com a ajuda de um *flip chart* ou de um quadro, os vários líderes temporários argumentam por que é que o seu raciocínio é superior e deve ser aceite por todos. O diálogo privado dá lugar ao debate público de uma reunião de vila ao estilo de Vermont. Aqueles que estavam convencidos de que tinham, de facto, chegado à conclusão certa tentam converter com entusiasmo os outros, sabendo que o tempo está a esgotar-se.

Clarificar objectivos

Tal como o comandante da União George Meade em Gettysburg, comuniquei os objectivos do dia e a situação a todos os envolvidos. Ao contrário de Meade, porém, fi-lo a meio do exercício em vez de na véspera da batalha. A minha decisão de adiar a comunicação foi deliberada, com a intenção de salientar esta mesma questão: aqueles que têm uma responsabilidade global não podem esperar decisões acertadas e oportunas dos seus parceiros se o objectivo e a situação não forem comunicados com antecedência. Strong Vincent, por exemplo, nunca teria enviado a sua brigada para Little Round Top se não tivesse sabido com antecedência o que os seus comandantes queriam e como as tropas da União estavam distribuídas.

Munidos agora com o objectivo certo e muito mais conscientes da situação — os custos de oportunidade não devem ser tidos em conta — os participantes da área de gestão avançam quase sempre rápida e eficazmente para o sítio correcto na sala. Entre os 43 gestores no programa tailandês, apenas cinco estavam ainda agarrados a decisões

5 | Tomar decisões (145)

erradas no final. Entre as várias centenas de grupos numa dúzia de países onde realizei o exercício, em apenas duas ocasiões a maioria não conseguiu chegar à solução certa; e em quase todos os casos, não é apenas a maioria que surge do lado certo mas a *grande* maioria, alguns tendo-se deslocado de um lado ao outro da sala. Entre um grupo de 40 gestores de saúde que fizeram o exercício em Setembro de 2005, apenas dois tinham inicialmente adoptado a resposta correcta; no final, apenas dois *não* a tinham adoptado.[4]

Os participantes na transacção do colar percebem que falar com o círculo interno é fácil, mas consultar o círculo externo não é. Também descobrem que presumiram implicitamente uma estratégia e situação incorrectas. Mas através do diálogo activo com o círculo externo, com o objectivo e a situação clarificados, a maior parte muda da resposta errada para a correcta. O valor dos princípios e ferramentas do modelo que descobrimos resulta primeiro de os articularmos — e depois de os aplicarmos a um momento de decisão verdadeiro.

Em relação à resposta que supostamente escreveu no início desta secção, volte atrás e veja bem. Ainda está convencido da sua exactidão, agora que o objectivo e a situação foram clarificados? Precisa de consultar um círculo interno ou externo? Um oráculo ou especialista? Quando tiver a certeza de que chegou a uma decisão, envie um *e-mail* com a sua resposta e uma explicação para ela para TheGoPoint@wharton.upenn. edu e providenciarei uma palavra-passe e a localização de uma página *web* para obter a resposta correcta.

CARTER RACING

A nossa segunda decisão é mais complexa e está repleta de armadilhas, incluindo a velha armadilha do excesso de confiança. Isto será especialmente verdade se, como é altamente provável, completou com sucesso o exercício da Transacção do Colar.

Estamos mais propensos a cometer erros de decisão após uma experiência positiva. Quando a autoconfiança está em alta, quando as coisas estão a correr bem, quando uma organização teve um ano de sucesso, o orgulho pessoal e o excesso de confiança crescem que nem cogumelos. No início, portanto, fazia bem relembrar-se da probabilidade acrescida de cair num erro espontâneo da próxima vez.[5]

A questão em jogo, preparada por Jack W. Brittain da Universidade de Utah e Sim B. Sitkin da Universidade Duke, é se uma empresa de automóveis de corrida deve competir ou desistir de uma corrida importante numa

(146) É Hora de Decidir

pista localizada nas Montanhas Pocono da Pensilvânia. Se competirem e tiverem bons resultados, a empresa assegura, de certeza, uma grande fonte de apoio publicitário para a época seguinte — dinheiro fundamental, visto que esta é uma *start-up* que já acumulou dívidas significativas. Com base no desempenho geral da equipa de corridas, as perspectivas são boas, mas a equipa tem sido fustigada por explosões ocasionais dos motores. Se isso acontecer na corrida de hoje transmitida pela televisão a nível nacional, a empresa pode dizer adeus a um grande patrocinador. Mais uma coisa: não há tempo a perder, já que a corrida começa em pouco mais de uma hora.

O desafio inicial é chegar rapidamente à decisão correcta de participar na corrida ou não. Antes de decidir, leia a situação na tabela apresentada abaixo, depois assinale "Sim, participar" ou "Não participar" no final. Quando apresento isto a grupos de gestores, concedo-lhes um tempo-limite de seis minutos. Deve usar o mesmo tempo-limite para si.[6]

CARTER RACING

BJ Carter não tinha a certeza. Chris Carter (irmão e sócio) estava ao telefone e precisava de uma decisão. Devem participar na corrida ou não? Tinha sido uma época de sucesso até então, mas a corrida de Pocono era importante por causa do prémio em dinheiro e da exposição que prometia na televisão. O primeiro ano foi difícil porque a equipa estava a tentar ganhar reputação. Tinham participado em várias corridas pequenas para conseguirem esta oportunidade na "primeira liga." Uma participação com êxito poderia significar mais patrocinadores, uma oportunidade de começar a fazer lucro, para variar, e o luxo de participar apenas nas grandes corridas. Mas se tivessem outra falha no motor em plena transmissão televisiva nacional...

"Estas falhas de motor são exasperantes", pensava BJ. O carro da equipa tinha falhado sete vezes em 24 corridas esta época, com vários níveis de danos para o motor e para o carro. Ninguém conseguia perceber porquê. Foi preciso muito dinheiro de patrocinadores para substituir um motor de corrida de 50 mil dólares e as taxas de participação também não eram coisa pouca. Tudo o que BJ e Chris possuíam dependia da Carter Racing. Esta época tinha de ser um sucesso.

5 | Tomar decisões (147)

Pat Edwards, o engenheiro mecânico, supunha que o problema do motor estava relacionado com a temperatura ambiente. Quando estava frio, as diferentes taxas de expansão para a cabeça e bloco pareciam estar a danificar a junta da cabeça e a causar as falhas no motor. Tinham estado vários graus abaixo de zero na noite anterior, o que significava uma manhã fria para começar a corrida.

Robin Burns, o mecânico chefe, não concordava com o "instinto" de Pat. Os dados parecem confirmar a opinião de Robin (ver Documento 1) de que as avarias na junta tinham ocorrido em diferentes temperaturas. Isto sugeria que a temperatura não era o problema. Robin já andava nas corridas há 20 anos e acreditava que a sorte era um elemento importante no sucesso. "Nas corridas, estamos a forçar os limites do que é conhecido", defendia Robin, "e isso significa que algumas coisas vão ficar fora do nosso controlo. Se queremos ganhar, temos de correr riscos. Todos nas corridas sabem disso. Os pilotos têm as suas vidas em risco, eu tenho uma carreira em risco em cada corrida e vocês têm todo o vosso dinheiro investido na empresa. É essa a emoção: vencer as probabilidades e ganhar." Na noite anterior durante o jantar, Robin tinha acrescentado convincentemente a este argumento *A Primeira Lei de Burns da Corridas*: "Nunca se ganhou uma corrida ficando nas boxes."

BJ, Chris e Robin tinham discutido a situação da Carter Racing na noite anterior. Esta primeira época foi um sucesso do ponto de vista desportivo, com o carro da equipa a terminar nos primeiros lugares (um dos cinco melhores) em 12 das 15 corridas que completou. Consequentemente, as ofertas de patrocínio vitais para o sucesso empresarial da equipa estavam a começar a aparecer. Uma grande oportunidade tinha aparecido há duas semanas após a corrida de Dunham, onde a equipa conseguiu o seu quarto primeiro lugar. A Goodstone Tire tinha finalmente decidido que a Carter Racing merecia o seu patrocínio em Pocono — que valia uns bastante precisos 40 mil dólares — e estava a pensar na possibilidade de um contrato para toda a época no ano seguinte se o carro da equipa acabasse no *top* cinco nesta corrida. O patrocínio da Goodstone valia dois milhões por ano, mais incentivos. BJ e Chris tinham tido uma resposta favorável do Director do Programa de Corridas da Goodstone na semana anterior, quando apresentaram os planos para a época seguinte, mas era claro que o apoio da Goodstone dependia da visibilidade que teriam nesta corrida.

(148) É Hora de Decidir

"BJ, só temos mais uma hora para decidirmos", disse Chris pelo telefone. "No final da corrida de Dunham, tínhamos 80 mil dólares em dívida. Depois de Dunham, recebemos 40 mil dólares da Goodstone e pagámos a taxa de participação para Pocono de 30 mil. Se desistirmos agora, podemos recuperar metade da taxa de participação de 30 mil dólares. Perderemos a Goodstone, eles irão querer 25 mil dólares de volta e acabaremos a época com 80 mil dólares em dívidas. Se participarmos e acabarmos nos cinco primeiros, temos a Goodstone garantida e podemos acrescentar outro carro na próxima época. Mas sabes tão bem como eu que se corrermos e perdermos outro motor voltamos à estaca zero na próxima época. E perderemos o patrocínio dos pneus e um motor rebentado vai fazer-nos perder um novo contrato de lubrificantes de 800 mil dólares. Nenhuma empresa de lubrificantes quer que a audiência nacional de televisão veja um carro com o seu nome a deitar fumo e a ser arrastado para fora da pista. Não conseguimos sobreviver sem o patrocínio do lubrificante. Pensa nisso — telefona ao Pat e ao Robin se quiseres — mas preciso de uma decisão daqui a uma hora."

BJ desligou o telefone e olhou pela janela para o revigorante céu de Outono. Os automóveis já estavam na grelha de partida, os espectadores admiravam as pinturas garridas, o entusiasmo crescia na expectativa da partida. Era isto que tornava as corridas a este nível tão especiais, os automóveis em exibição com multidões de pessoas a conviverem à espera do roncar dos motores. Daqui a uma hora, os espectadores voltariam para as bancadas e os automóveis dariam uma volta à pista à espera da partida. O painel da temperatura do outro lado da rua marcava "4 GRAUS 08H23."

Documento 1: Bilhete de Robin Burns

BJ,
Recebi os dados do Pat acerca do problema do defeito na junta. Fizemos 24 corridas esta época, com as temperaturas nas corridas a estarem entre 11 e 27 graus. Pat teve uma boa ideia ao sugerir que víssemos isso mas, como podes ver, este não é o nosso problema. Fiz um teste com os dados para ver se havia uma correlação entre a temperatura e os defeitos na junta e não encontrei relação alguma.

5 | Tomar decisões (149)

Em comparação com algumas das outras equipas, estivemos extremamente bem esta época. Terminámos 62,5 por cento das corridas e, quando terminámos, ficámos entre os cinco melhores em 80 por cento das vezes. A nossa taxa de explosões de motor é de 29 por cento, mas estamos a correr depressa, por isso temos de esperar algumas dificuldades. Não estou contente com os problemas do motor, mas prefiro, em qualquer altura, os quatro primeiros lugares e a taxa de 50 por cento de primeiros lugares em vez dos sete motores. Se continuarmos a correr assim, teremos uma escolha de patrocinadores para fazer.

Robin

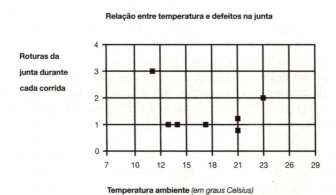

© 1986, 2001, 2005, 2006 por Jack W. Brittain e Sim B. Sitkin

Agora que assimilámos todos os dados, imagine que está numa sala com cerca de 40 pessoas a quem foi pedido que tomassem a mesma decisão em de seis minutos. Para alguns dos seus colegas participantes, a decisão é de caras: "Se estamos a gerir uma empresa de corridas de automóveis, vamos correr!", afirma alguém inevitavelmente. Mas outros são mais ambivalentes ou inseguros.

Se fosse BJ ou Chris Carter, poderia simplesmente impor a sua decisão inicial. Ser proprietário tem os seus privilégios. Mas como já vimos várias vezes, tanto neste capítulo como antes, tem maior tendência para fazer a escolha certa se consultar tanto o círculo interno como o externo. Com

(150) É Hora de Decidir

esse intuito, pedi aos participantes, depois de terem estudado a situação e de terem feito as suas escolhas iniciais, para definirem uma equipa de tomada de decisões que vai optimizar as suas hipóteses de alcançarem a melhor decisão, mais uma vez atempadamente.

Boa governação e composição

Uma primeira questão é decidir qual o tamanho certo da equipa. Os participantes na maioria das vezes sugerem três, cinco ou sete elementos — com um número par, avisam eles, arriscam-se a um empate na votação. Mal começaram a definir a equipa, mas já estão preocupados com os princípios de governação, mais especificamente como chegar a uma decisão colectiva e atempada. Os participantes também sugerem, quase sem falha, que as equipas sejam relativamente pequenas — e sensatamente, já que estudos confirmam que quanto maiores são as equipas, menos capacidade têm de tomar decisões eficientes. Regra geral, quanto maior for o conselho de administração de uma empresa, menor é o desempenho. Foi com base neste princípio que a Sony decidiu em 1998 diminuir o seu conselho de administração de 35 para apenas sete membros — parte de uma série de mudanças relacionadas desenvolvidas com o objectivo de produzir "tomadas de decisão e uma execução mais rápidas num ambiente em rápida mudança".[7]

Uma questão relacionada é a composição da equipa de tomada de decisões. As sugestões variam, mas os participantes geralmente concordam que deve incluir uma combinação de círculos internos e externos. O primeiro — o piloto, por exemplo, e o mecânico automóvel, o mecânico chefe e o maior patrocinador — tem mais coisas dependentes do resultado. Do círculo externo, porém, advém um *know-how* relevante não disponível no círculo interno: em finanças, por exemplo, assim como contabilidade, estatística, *marketing*, engenharia, metalurgia e meteorologia.

Muito menos vezes invocado mas igualmente importante é um terceiro critério para escolher os elementos da equipa. A equipa deve incluir alguns que defendam participar na corrida hoje e alguns que sejam contra. Independentemente da direcção para o qual os donos estejam inclinados — correr ou não correr — precisam de ouvir a opinião de, pelo menos, uma pessoa que esteja inclinada para a conclusão contrária, como Robert E. Lee não fez na véspera do ataque de Pickett, e de preferência mais do que um opositor.

Com todas estas considerações em mente, peço às 40 pessoas na sala para se organizarem em equipas eficazes de tomada de decisão. Obviamente, têm de se misturar um pouco nesta fase. A sala está muitas vezes cheia de especialistas em finanças e contabilidade, e raramente o

5 | Tomar decisões (151)

grupo inclui um metalúrgico ou um meteorologista. Para compensar, digo aos participantes que um metalúrgico para os nossos objectivos é qualquer pessoa que tenha consertado qualquer coisa metálica na sua casa no mês passado; os meteorologistas são aqueles que viram o Weather Channel* ou visitaram o *site* weather.com pelo menos uma vez na última semana. Quando as equipas estiverem prontas — e o processo raramente exige mais de um ou dois minutos — peço-lhes para alcançarem os seus momentos de decisão em apenas oito minutos.

As equipas geralmente dedicam o primeiro minuto a definir como irão tomar as suas decisões. Alguns grupos optam por seguir um protocolo democrático: uma pessoa, um voto. Outros dizem que têm de chegar a um consenso, enquanto outros optam por adoptar a prática empresarial de dar apenas a uma pessoa — um CEO — a palavra final. Mas qualquer que seja o modelo de governação adoptado, várias equipas levantarão geralmente duas questões que raramente emergem quando indivíduos sozinhos enfrentam a decisão da Carter Racing.

Fazer as perguntas certas

A primeira questão é se todos os concorrentes no autódromo estão igualmente sujeitos a preocupações acerca da probabilidade de terem falhas no motor neste dia frio de corridas. Se for esse o caso — se a ameaça for universalmente partilhada — então a empresa não ficará necessariamente em desvantagem se decidir correr. Mas se alguns dos concorrentes não tiverem qualquer historial de problemas na junta do motor em temperaturas baixas, os Carter têm razão para ficar alarmados. O desempenho dos concorrentes é uma informação potencialmente vital, mas é também impossível de obter tão em cima da hora. Talvez uma empresa de consultoria tivesse conseguido extrair os dados das outras empresas de automóveis de corrida, mas essa análise devia ter sido iniciada há meses — uma lembrança, mais uma vez, da necessidade de prever o futuro.

A segunda questão levantada pelas equipas de decisão é o anterior registo da própria empresa. Durante as discussões acerca da equipa, muitos sugerem quase sempre examinar os dados em relação às temperaturas nos dias em que a Carter Racing competiu sem problemas na junta do motor. Entendem que, se a empresa tivesse corrido anteriormente em dias frios sem problemas na junta do motor, então aumentaria a probabilidade de uma corrida com êxito hoje devido às baixas temperaturas da manhã. Pelo contrário, se a empresa tivesse anteriormente

---

* **N.T.** Canal da meteorologia.

corrido sem problemas na junta do motor apenas em dias quentes, então isso apontaria para a conclusão oposta, ou seja, que a empresa não devia correr devido às temperaturas baixas de hoje.

Um ou dois participantes perguntam-me, muitas vezes, nesta altura se esses dados estão disponíveis. Visto que os pontos das temperaturas estão nos arquivos da empresa, podem ser imediatamente extraídos e analisados, e aqui estão eles:

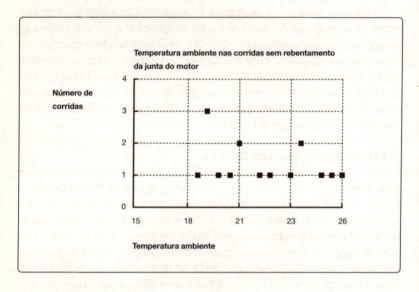

Antes da introdução destes novos dados, é quase certo que a maioria dos participantes se inclina em direcção à decisão errada. Individualmente, eles simplesmente não pensaram em pedir estes dados. Só depois de terem juntado as suas ideias e de terem criado uma rede de conselheiros de "dentro do círculo" e de "fora do círculo" é que a ideia surge e que a necessidade destes dados de repente se torna óbvia. Agora, com estas novas informações acrescentadas aos dados anteriores da corrida, muitos alteram as suas decisões. Quando peço uma votação final de toda a sala, a maioria dos participantes escolhe a decisão certa em mais de 80 por cento dos casos.

Não vou divulgar a resposta aqui, de modo a proteger a integridade do problema mas, mais uma vez, se enviar por *e-mail* a sua resposta e os argumentos por detrás dela para TheGoPoint@wharton.upenn.edu, eu enviarei uma palavra-passe e a localização de uma página *web* para comparar a sua resposta com a resposta correcta e com os argumentos para ela.

Valores explícitos

Para quase todos e para quase todas as equipa que participam no exercício da Carter Racing, o critério para chegar à decisão acertada é óbvio: a empresa irá ganhar ou perder dinheiro se correr? Mas não é o único indicador do sucesso e, de facto, algumas equipas acrescentarão o critério da segurança do piloto. Isso leva-os a pensar se correr ou não com o problema na junta do motor pode resultar em ferimentos ou pior, mas porque não especifiquei que isto devia ser tido em consideração quando lancei o exercício, a segurança raramente é incorporada na decisão final.

Deveria ser? Bem, isso leva-nos aos valores individuais e organizacionais. Se esses valores forem explicitados e clarificados antes de uma decisão ser tomada, podem ser levados em conta durante as decisões. Se não forem conhecidos, então têm menos probabilidades de ter um papel na chegada a um momento de decisão. No caso particular da Carter Racing, incluir o piloto na equipa de tomada de decisões teria trazido a segurança para primeiro plano, visto que o piloto tinha mais a perder se a junta rebentasse quando ia a alta velocidade. Esta é uma razão pela qual a Comissão Rogers que investigou o desastre do *Challenger* em 1986 recomendou que os astronautas fossem integrados na gestão da NASA, visto que trariam uma valorização especialmente perspicaz da segurança de voo. Isto também serve para nos lembrar que não devemos partir do princípio que valores organizacionais como a segurança serão tidos em consideração nas decisões, a não ser que sejam uma parte específica da tarefa ou que um representante desses valores esteja incluído na equipa.[8]

ALPINISMO

Para a nossa terceira decisão, um estudo de uma enorme complexidade situacional, vamos para o segundo pico de montanha mais alto no mundo e um dos ambientes mais inóspitos da natureza: o monstro de 8.610 metros de altura conhecido como K2. As nossas atenções desta vez vão para uma expedição até ao cume organizada pelo veterano alpinista chileno Rodrigo Jordan.[9]

Aproximando-se do K2.

A situação é a seguinte: Às 9h30 do dia 13 de Agosto de 1996, quatro membros da expedição chilena de Jordan chegam ao cume do K2 após uma dura subida de 16 horas. Alpinistas por todo o mundo reconhecem que o K2 é significativamente mais desafiante do que o Monte Evereste, mesmo apesar de o Evereste ter mais 239 metros de altura do que o K2. Frequentemente chamado de "a montanha selvagem", o K2 apresenta encostas abruptas e condições atmosféricas extremas que se juntam para produzir uma das maiores taxas de fatalidades em escalada de entre todas as maiores montanhas no mundo. Acrescentem a isso o facto de que qualquer ambiente acima dos 7.900 metros — e o K2 é um de apenas 14 picos que atingem altitudes superiores — é tão inóspito que o corpo humano começa a deteriorar-se fisicamente devido à desidratação e à falta de oxigénio. Não admira que os alpinistas conheçam estes terrenos superiores como "zona da morte".

No montanhismo, o "ponto capital" refere-se ao ponto mais difícil na subida. Negociar sucessivamente a mudança de um ponto capital num percurso de subida exige uma grande força física, agilidade técnica e determinação emocional. Também exige decisões acertadas e oportunas, especialmente em montanhas como o K2, onde a margem de sobrevivência é tão curta. De facto, a diferença entre voltar para casa vivo e nem sequer voltar para casa é muitas vezes a decisão tomada no ponto capital, assim como outras tomadas antecipadamente.

Aproximando-se do cume do K2.

No K2, nesse dia triunfante de Agosto de 1996, os alpinistas brindaram com um precioso copo de vinho chileno transportado até ao cume para esse fim. Deleitados com um raro espectáculo de condições atmosféricas de sol e sem vento, passaram mais de duas horas a saborear a sua vitória na montanha e, sem dúvida, a pensar que tinham ultrapassado o seu ponto capital — mas ele ainda estava para vir.

Para cima ou para baixo? Oxigénio ou água?

Os quatro alpinistas começaram finalmente a sua descida traiçoeira às 12h30, amarrados uns aos outros em dois pares. Partiram a horas diferentes e andavam a ritmos diferentes, por isso as duas equipas depressa se separaram na descida pela montanha. Noventa minutos depois do segundo par ter abandonado o cume, um dos seus membros — Cristián García-Huidobro — fez um pedido de auxílio urgente por rádio para o Acampamento Base, o centro de controlo da expedição, localizado a mais de três mil metros verticais mais a baixo, perto do sopé da montanha a cinco mil metros. O estado do seu companheiro de equipa Miguel Purcell tinha-se, de repente, tornado medonho. "O Miguel está exausto", avisou García-Huidobro. "Sentou-se e não quer continuar a andar!"

A equipa de García-Huidobro e Purcell estava ainda a 8.400 metros de altitude, numa zona lateral da montanha cujo cume é famoso pelo tempo medonho que previsivelmente chega a meio da tarde. Purcell, em aflição, dizia que não sentia as mãos e que já não conseguia pôr-se de pé. "Eu estava lúcido", recordou ele, "e não estava assustado, mas não sabia como haveria de sair dali." Purcell exortou García-Huidobro a continuar a descer sem ele, mas García-Huidobro recusou-se. "Eu meti-te nisto", disse ele ao seu companheiro, "e ambos sairemos daqui."

Num esforço para aliviar a carga que transportavam na subida, as duas equipas tinham guardado combustível, tachos e um fogão para derreter neve. Além disso, Purcell tinha abandonado um cilindro parcialmente cheio de oxigénio na subida, quando se tinha tornado demasiado incómodo para transportar. Infelizmente, porém, ele tinha sucumbido 200 metros acima do depósito de equipamento e 60 metros abaixo do cilindro de oxigénio. Se a desidratação e a falta de oxigénio tinham feito Purcell fracassar na neve, ele ainda estava, pelo menos, a 60 penosos metros do reabastecimento. Purcell não conseguia mexer-se e o próprio García-Huidobro estava completamente exausto.

Nem havia ajuda imediata disponível da equipa de apoio no fundo da montanha. Vários acampamentos intermédios tinham sido criados durante a subida para transferir o equipamento para cima para o esforço final: Acampamento 1 a 2.650 metros, Acampamento 2 a sete mil metros e Acampamento 3 a 7.800 metros. Mas apenas o Acampamento 1, onde dois membros da expedição esperavam para prestar assistência na descida à equipa que tinha chegado ao cume, estava a funcionar e estava a uns dois mil metros abaixo de Purcell e García-Huidobro. De resto, a ajuda mais próxima estava a mais de três mil metros para baixo no Acampamento Base, onde um médico da

(156) É Hora de Decidir

expedição e vários outros alpinistas esperavam. Rádios emissores e receptores ligavam os vários alpinistas na montanha às duas equipas que tinham chegado ao cume.

As escolhas, então, eram claras. Dada a elevada altitude, terreno íngreme e distâncias envolvidas, García-Huidobro não podia levar Purcell para baixo, nem mesmo com a ajuda da outra equipa com as cordas. A não ser que conseguisse encontrar uma outra forma de ajudar a restaurar a capacidade física e vontade de Purcell para descer, teria de abandoná-lo. E tinha de agir rapidamente. Se García-Huidobro não recomeçasse a sua descida nessa mesma hora, arriscava-se a ser apanhado nas encostas abertas durante a noite. Estar preso perto do cume do K2 à noite sem uma tenda, água ou oxigénio seria, quase de certeza, fatal para os dois alpinistas.

Consciência da situação

Confrontado com um momento capital, enquanto líder de expedição, em que sítio da montanha é que teria anteriormente decidido posicionar-se neste momento? Com a própria equipa que foi ao cume? No Acampamento 1? Ou no Acampamento Base? Tente imaginar que está no lugar de Jordan e lembre-se dos vários princípios de decisão que examinámos até agora. Qual teria sido a sua escolha? E, independentemente do local da decisão, quando García-Huidobro lhe perguntou o que deveria fazer, diria para ele ir para cima em busca de oxigénio, para baixo em busca de água ou ainda para tomar outras medidas?

Nos últimos cinco anos, pedi a muitos grupos de estudantes e gestores para formarem equipas e para pensarem naquelas questões.

ALPINISMO

Local de Decisão:
Equipa do cume_____ Acampamento 1_____ Acampamento Base_____

Decisão de Recurso:
Oxigénio _____   Água _____   Outras medidas _____

A discussão é sempre animada, mas como um indicador de até que ponto a situação é complexa, uma votação final resulta sempre numa dispersão considerável, com um quarto ou um terço das equipas geralmente a optarem por cada um dos três locais. A dispersão é igualmente grande na decisão de ir em busca de oxigénio ou água ou de tomar outras medidas.

Fiz igualmente estas perguntas ao próprio Rodrigo Jordan. Aqui estão os seus argumentos nas palavras dele (pode também ver um pequeno vídeo de Jordan acerca da crise no K2 na página *web* do livro):

As condições que os homens e mulheres que escalam cumes de mais de oito mil metros encontram são extremamente exigentes e intensamente esgotantes. Consequentemente, pensámos sempre em ter alguém experiente no Acampamento Base para orientar a escalada. Pensamos que é uma necessidade indispensável. Apenas deste ângulo privilegiado é possível permanecer suficientemente calmo de modo a visualizar com clareza o ambiente em que estes homens arriscam as suas vidas.

O meu mentor de escalada, Claudio Lucero, tinha ocupado a posição no Acampamento Base na nossa expedição anterior ao Monte Evereste. Mas não estava connosco desta vez. Eu era o veterano e organizador e pensava que era o candidato mais apropriado para a tarefa. Por isso, fiquei no Acampamento Base para prestar assistência aos alpinistas lá em cima nas suas tomadas de decisão. Esta decisão de ficar no Acampamento Base foi possível devido à total confiança que eu tinha nos meus colegas e nas suas competências técnicas, capacidade de julgamento e de tomar decisões. Tendo trabalhado com eles em situações semelhantes, sabia o que estavam a sentir e conhecia bem as suas capacidades. Estava também num bom lugar para oferecer conselhos lúcidos e seguros quando eles mais precisavam.

Manter a lucidez

Depois de receber o SOS via rádio de García-Huidobro lá bem alto no K2, Jordan consultou o especialista mais relevante, o médico da expedição, Alfonso Díaz, que Jordan também tinha colocado no Acampamento Base. A conclusão de Díaz: a reidratação era a primeira prioridade. Mas o diagnóstico, de certo modo, só ajudava à complexidade. Já que Purcell estava imóvel, García-Huidobro teria de descer 200 metros, depois voltar a subir com um fogão para derreter gelo em água — um esforço hercúleo. Em vez disso, Jordan sugeriu que García-Huidobro primeiro subisse 60 metros para recuperar o cilindro de oxigénio, na esperança de que o oxigénio extra reavivasse Purcell o suficiente para que ele conseguisse descer com García-Huidobro, de modo a chegarem ao local do fogão para conseguirem água.

(158) É Hora de Decidir

García-Huidobro fez o que lhe foi pedido, mas apenas metade do plano funcionou. Quando García-Huidobro contactou o Acampamento Base de novo, ele comunicou que embora Purcell parecesse melhor com o oxigénio, ainda não conseguia decidir-se acerca da descida. Purcell, disse ele, tinha-se levantado, depois vacilado, cambaleado e finalmente sentado outra vez.

Por esta altura, a outra equipa que tinha alcançado o cume tinha chegado ao depósito de equipamento 200 metros mais abaixo, onde estavam a monitorizar o drama de vida ou morte por cima deles através dos rádios emissores e receptores. Com o plano A não tivera sucesso, Jordan decidiu agora que a segunda equipa teria de derreter neve no depósito, depois levar a água fresca até Purcell. Um dos membros da equipa — Misael Alvial — voluntariou-se de imediato para levá-la. Fortalecido pelo oxigénio que García-Huidobro tinha ido buscar mais acima e pela água e sais de hidratação trazidos por Alvial lá de baixo — em ambos os casos por meio de um esforço sobre-humano — Purcell restabeleceu-se rapidamente e depois, devagar mas decidido, começou a descer a montanha.

No depósito do equipamento, as duas equipas juntaram-se para descerem em conjunto. Finalmente, às 23h30 — após mais de 24 horas de escalada na zona da morte — chegaram todos ao Acampamento 3 a 7.800 metros de altitude. Embora estivessem totalmente exaustos, Jordan insistiu para que ficassem acordados durante a maior parte da noite para que bebessem grandes quantidades de água e se concentrassem em ultrapassar os efeitos acumulados da hipotermia e hipoxia. Depois, ao raiar do dia, ele insistiu para descerem o mais rapidamente possível até ao Acampamento Base, onde poderiam recuperar totalmente daquele suplício. Os quatro alpinistas que chegaram ao cume chegaram à base da montanha às 21 horas do dia 14 de Agosto, 48 horas depois de partirem para o cume desde acampamento mais acima.

Perto nem sempre é melhor

Das três opções que Rodrigo Jordan tinha analisado — a equipa para chegar ao cume, o Acampamento 1 ou o Acampamento Base — cada uma trazia vantagens distintas. Se Jordan se tivesse colocado com a equipa que chegaria ao cume, teria conseguido lidar directamente com o colapso de Purcell; uma consciência situacional eficiente advém da observação directa. Por outro lado, consciência sem lucidez não é uma receita para grandes decisões e, acima dos oito mil metros, poucos alpinistas permanecem perspicazes. Se Jordan tivesse optado pelo Acampamento 1, teria conseguido subir para prestar assistência pessoal directa aos alpinistas em descida quando estivessem substancialmente abaixo do cume, mas isso poderia desviá-lo de uma avaliação detalhada de todo o conjunto de recursos na montanha, incluindo a garrafa de oxigénio, o equipamento de fazer água e o *know-how* médico. Escolher o Acampamento Base deixou-o longe da acção mas muito mais bem preparado para avaliar o que seria necessário no momento capital.

Cinco dias antes de alcançar o cume, García-Huidobro tinha, na realidade, apelado a Jordan para que se juntasse a ele na equipa. A saúde de Jordan ainda era robusta e era um dos alpinistas mais fortes e mais experientes na montanha. Alcançar o cume do K2 é um sonho de qualquer alpinista dos Himalaias, mas Jordan tinha recusado, dizendo que a sua liderança seria mais bem empregue no Acampamento Base. "Acredito verdadeiramente que isso foi essencial para a expedição", explicou Jordan. "O papel da liderança tinha de ser ocupado por alguém e tinha de ser por mim."

Ao decidir ficar no Acampamento Base, Jordan tinha escolhido a melhor das três alternativas, dado o problema particular que surgiu perto do cume do K2. As outras escolhas poderiam ter sido preferíveis noutro momento capital mas, tendo em conta o que aconteceu, a sua presença no Acampamento Base uniu uma consciência situacional a uma lucidez eficiente para tomar decisões acertadas e atempadas quando eram mais importantes. Como já vimos anteriormente, a ausência de uma consciência total da situação foi fatal na Montanha Storm King e crucial em Little Round Top em Gettysburg. Escolher o local certo pode ser tão importante como escolher os elementos certos da equipa para chegar à decisão correcta. Perguntem a Miguel Purcell.

CONSTRUIR UMA COMPANHIA AÉREA

Por último, neste capítulo acerca de tomadas de decisão activas, temos um desafio que provavelmente está mais perto da experiência da maioria dos leitores do que a transacção do colar, a corrida de automóveis ou a chegada ao cume dos Himalaias: uma oportunidade de iniciar e desenvolver uma nova empresa numa simulação por computador desenvolvida por John Sterman do MIT.

O modelo aqui é a People Express, uma transportadora aérea iniciada em 1980. Os Estados Unidos tinham liberalizado o sector dos transportes aéreos em 1978, permitindo às companhia aéreas competirem em termos de serviços e preços. A People Express juntou-se à confusão apenas dois anos mais tarde, oferecendo um serviço básico — sem controlo de

(160) É Hora de Decidir

bagagens, sem serviço de refeições — a preço de saldo. Em meados de 1981, um passageiro da People Express podia viajar de Newark, Nova Jérsia, para Boston por 23 dólares, pouco mais de 50 dólares em valores de 2005, mais barato do que qualquer outro meio de transporte entre as duas cidades.

O empreendedor Donald Burr criou a companhia aérea com base em seis princípios de gestão: (1) bom serviço e compromisso com os clientes, (2) ser o melhor prestador de serviços de transporte aéreo, (3) gestão da mais alta qualidade, (4) ser um modelo para outras companhias aéreas, (5) simplicidade de operações, (6) maximização dos lucros. O modelo de Burr é consideravelmente semelhante ao criado por Herb Kelleher, que na mesma altura estava a lançar a Southwest Airlines. Se retirar as referências às viagens aéreas, as formulações de Burr e Kelleher reflectem igualmente os objectivos e princípios que tantos empreendedores trazem ao seu jovem empreendimento.

Tanto a Southwest Airlines como a People Express teriam um sucesso explosivo no início da década de 1980, atraindo pela primeira vez milhares de viajantes de mochila às costas e pessoas que costumavam viajar de autocarro para as rotas aéreas. Mais de três décadas depois, a Southwest continua a crescer como uma das transportadoras norte-americanas de maior sucesso. Recém-chegados como a JetBlue e a Ryan Air estão a fazer milhões praticamente com o mesmo modelo. No entanto, apenas seis anos após o seu lançamento, a People Express tinha fechado portas apesar de um começo excepcional.

Dado o sucesso comprovado de Herb Kelleher com o mesmo modelo, grande parte da responsabilidade do colapso abrupto da People Express pode estar relacionada com as decisões de topo de Donald Burr. Embora fosse um brilhante visionário, as suas decisões executivas resultaram na sua ruína. Neste exercício, tem a oportunidade de estar no lugar dele — desenvolver a empresa ou deixá-la entrar em queda livre por sua única e exclusiva responsabilidade. Bem-vindo a bordo.

Começar com o pé direito

O dia da sua tomada de posse como CEO da People Express é o dia de Ano Novo de 1981 e tem muitas razões para estar optimista. Embora a companhia aérea esteja a voar com apenas três aviões e tenha somente 155 colaboradores, o ano anterior sob outra administração tinha sido próspero segundo os padrões de qualquer empresa pequena, com um lucro de dois mil milhões em receitas de 32 milhões de dólares. Um resumo da sua posição inicial surge mais à frente, juntamente com um folheto real com as tarifas da companhia aérea em meados de 1981.

5 | Tomar decisões (161)

Resumo da posição inicial da People Express, 31 de Dezembro de 1980

Taxa de crescimento da capacidade (%/ano)	0	Colaboradores	165
Taxa de crescimento da procura (%/ano)	0	Recrutamentos	9
Aeronaves	3	Movimentação de pessoal	9
Aquisição de aeronaves	0	*Marketing* (milhões de dólares/ano)	3
Factor de Carga	0,57	Quota de mercado	0,002
Factor de Carga *break-even**	0,54	Qualidade de serviço registada (Índice: 1981 = 1,00)	1,00
Tarifas (dólares/lugar-milha)	0,090 dólares	Receitas (milhões de dólares /ano)	32
Tarifa da concorrência (lugar-milha dólares)	0,160 dólares	Rendimento líquido (milhões de dólares)	2

John Sterman, People Express Microworld, Global Strategy Dynamics Limited

Se puder, recrute mais quatro pessoas para gerirem a companhia consigo — a sua equipa de gestão de topo. Neste desafio, irá competir através da Internet contra sete outras equipas organizadas de forma semelhante, que se conheceram no início de Outubro de 2005. Tenha consciência de que os seus concorrentes são tudo menos desleixados. Os 33 gestores a meio da carreira que compõem as suas equipas adversárias vêm de um grande número de organizações e países, que vão desde a Reserva Federal à General Mills, deste a Bélgica à Nova Zelândia.

---

* **N. T.** Altura em que o investimento já foi recuperado.

Não complique

O critério segundo o qual o desempenho será avaliado já foi definido pela concorrência. Após um debate colectivo, os gestores a meio da carreira concordaram competir com base na capitalização de mercado, o valor das acções da empresa para os investidores. Visto que o desafio põe à prova o seu desempenho num período de nove anos, a equipa vencedora terá, portanto, alcançado a maior capitalização de mercado no final de 1989.

Observe também a diferença inicial entre este teste de decisão e a Transacção do Colar. No desfio anterior, os critérios ambíguos no início — o objectivo era que os indivíduos chegassem à resposta certa por si próprios ou que o grupo inteiro o fizesse? — resultaram numa perda de tempo inicial. Se fosse este o caso desta vez, estaria a gastar tempo valioso a debater não apenas os meios para ter sucesso, mas também o próprio objectivo de desenvolver a companhia aérea. Será optimizar os rendimentos líquidos, contratar o maior número de colaboradores, maximizar a quota de mercado ou criar valor? Em vez disso, com um objectivo inicial claro que coloca todos ao mesmo nível, as equipas podem rapidamente começar a tentar tomar decisões acertadas e atempadas.

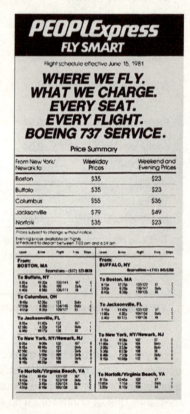

Folheto de tarifas da People Express.

Para a finalidade deste desafio, a experiência operacional em tempo real da People Express antes do seu fracasso foi condensada na simulação por computador que reduz as decisões de cada equipa a apenas cinco por trimestre: (1) o número de aviões a serem comprados, (2) a quantia a ser gasta nas operações de *marketing* da companhia, (3) o número de colaboradores a serem recrutados, (4) as tarifas a cobrar aos passageiros, e (5) o âmbito dos serviços, tais como o controlo da bagagem e refeições durante o voo. As cinco decisões previamente seleccionadas — predefinidas na simulação e apresentadas mais abaixo — são não adquirir nenhuma aeronave, consagrar dez por cento das receitas do último trimestre para o *marketing*, recrutar nove colaboradores novos, manter a tarifa fixa em nove cêntimos de dólar por lugar/milha (a concorrência está a cobrar 16 cêntimos) e deixar o âmbito de serviços-alvo inalterado em 0,6, o que significa que a People Express oferece apenas 60 por cento do conforto que as grandes transportadoras como a American e a United Airlines oferecem.

As cinco decisões previamente seleccionadas na simulação da construção da People Express	
Número de aquisições de aeronaves	0
Fracção das receitas do trimestre anterior atribuídas ao *marketing*	0,1
Número de colaboradores	9
Tarifas da People Express em cêntimos/lugar-milha	0,09
Âmbito de serviços-alvo (Índice: âmbito da concorrência = 1,0)	0,6

Embora o número de decisões que é preciso tomar tenha sido radicalmente simplificado, as escolhas ainda são profundamente complexas. Ao fazê-las, a sua equipa pode recorrer a uma grande variedade de dados operacionais que são actualizados todos os trimestres. Duas das sete apresentações de dados aparecem mais à frente. Visite o *website* do livro onde também pode aceder a 22 gráficos que acompanham praticamente tudo ao longo do tempo.[10]

A governação da equipa é, obviamente, da sua competência, mas com cinco decisões para tomar por trimestre durante 36 trimestres — um total de 180 decisões separadas — e apenas com uma hora para terminar o processo de tomada de decisões se quiser ficar em igualdade com as outras equipas, convém concordar rapidamente em relação a um processo para alcançar decisões acertadas e atempadas. Entre as outras sete equipas, o modelo de governação adoptado variava de equipa para equipa, mas a maioria optou por um dos dois modelos mais simples de governação, consenso ou regra da maioria. Várias

(164) É Hora de Decidir

equipas também estabeleceram uma divisão funcional do trabalho, designando um membro para desempenhar a função de CEO, outro de CFO, um terceiro de director de *marketing*, um quarto de executivo de recursos humanos e um quinto de gestor de operações.*

Dados relativos aos colaboradores e acções da People Express, 31 de Dezembro de 1980

DADOS RELATIVOS AOS COLABORADORES

Total de colaboradores	165
Recrutamento de recém-contratados	0,10
Fluxos de trabalho (pessoas/trimestre)	
Recrutamento	9
Rotação de pessoal	9
Variação líquida dos colaboradores	0
Rotação fraccionária (fracção/trimestre)	0,06
Semana média de trabalho (horas/semana)	43
Qualidade do serviço registada (Índice: 1981 = 1,00)	1,00
Média do valor de mercado das acções dos colaboradores (milhares de dólares/colaborador)	46

DADOS RELATIVOS ÀS ACÇÕES

Preço das acções (dólares/acção)	1,88
Lucros por acção (dólares/trimestre/acção)	0,10
Acções em circulação (milhões)	4
Valor de mercado da empresa (milhões de dólares)	8
Rendimento líquido acumulado (milhões de dólares)	0

---

* **N. T.** No original, *chief operating manager*.

5 | Tomar decisões (165)

Depois de ter lidado com estas questões, inicie a simulação ao enviar por *e-mail* uma breve descrição do modelo de governação da sua equipa para TheGoPoint@wharton.upenn.edu. Receberá de imediato uma palavra-passe e uma orientação sobre como iniciar a simulação *web* da People Express. Como foi observado, terá uma hora para completar a simulação. Lembre-se de gerir a companhia aérea de modo a maximizar o valor de mercado da empresa e parta do princípio que terá de transferir a companhia a familiares ou amigos no final do nono ano. Isto serve para o defender de quaisquer tentações de tomar decisões no último trimestre que poderão avivar o valor de mercado a curto prazo mas prejudicar o valor a longo prazo. No final — quando tiver chegado ao fim do quarto trimestre de 1989 — registe cinco resumos de informações na caixa seguinte e insira-as também na página *web*.

Construir uma companhia aérea

RESULTADO DAS DECISÕES DE EQUIPA

Número de aeronaves   _____

Número de colaboradores   _____

Receitas totais (milhões de dólares por ano)   _____

Rendimento líquido (milhões de dólares)   _____

Valor de mercado da empresa (milhões de dólares)   _____

De seguida, reveja as estratégias que orientaram a sua equipa nos 36 trimestres e registe as suas conclusões na caixa seguinte e também na página *web* do livro:

(166) É Hora de Decidir

**Governação e estratégias de tomada de decisão
na construção da People Express**

---

1. Como é que a sua equipa tomou as decisões durante os primeiros trimestres e como é que as suas tomadas de decisão evoluíram nos restantes trimestres?

_____

_____

_____

_____

2. Com base nesta experiência, que conselho teria para as equipas de topo em relação ao modo como tomar decisões ao longo do tempo?

_____

_____

_____

_____

Valor do momento de decisão

Agora, os resultados. Tal como foi anunciado, este era um terreno fora de série. Na maioria das ocasiões em que conduzi o desafio da People Express, pelo menos um quarto das equipas entraram em falência a meio da década de 1980. Não neste terreno. Todas as sete equipas contra as quais estava a competir não só conseguiram evitar a falência, como também desenvolveram o negócio.

Os números dos resultados são apresentados mais à frente. Incito-o a comparar os resultados da sua equipa com os dos seus concorrentes. A primeira coluna, "Início", apresenta cinco indicadores de desempenho para a companhia aérea quando a equipa assumiu o controlo. A segunda coluna, "Piloto automático", indica os resultados partindo do princípio que as decisões apresentadas para o primeiro trimestre de 1981 permaneceram inalteradas durante os 36 trimestres. Se uma equipa decidiu gerir a empresa em piloto automático — nenhuma na realidade o fez — teria alcançado um valor de mercado de 95 milhões de dólares, crescendo de oito milhões de dólares no início. Nada mau, mas podemos ver nas colunas subsequentes que fazê-lo teria deixado bastante valor de fora.

5 | Tomar decisões (167)

**Resultados da construção da People Express
durante 36 trimestres de 1981 até 1989**

Indicador de Desempenho	Início	Piloto automático	Equipa A	Equipa B	Equipa C
Número de aeronaves	3	3	4	7	20
Número de colaboradores	155	92	381	543	894
Receitas totais (milhões de dólares/ano)	32	39	32	132	239
Rendimento líquido (milhões de dólares)	2	17	79	44	69
Capitalização de mercado da empresa (milhões de dólares)	8	95	162	246	409

Indicador de Desempenho	Equipa D	Equipa E	Equipa F	Equipa G	Sua Equipa
Número de aeronaves	32	20	23	71	
Número de colaboradores	2,282	1,896	1,540	3,038	
Receitas totais (milhões de dólares/ano)	410	340	303	793	
Rendimento líquido (milhões de dólares)	79	77	62	246	
Capitalização de mercado da empresa (milhões de dólares)	425	513	713	1,427	

Quando as capitalizações finais de mercado das empresas das sete equipas são apresentadas na imagem seguinte, o impacto das decisões acertadas e atempadas torna-se surpreendente. Enquanto que a gestão em piloto automático desenvolveu a companhia aérea até um valor de mercado de 95 milhões de dólares, a tomada de decisões activa da equipa C gerou um valor quatro vezes maior, 409 milhões de dólares. A Equipa G criou um valor 14 vezes maior, um total de 1,4 mil milhões de dólares. Durante outras ocasiões em que a simulação foi feita, as equipas por vezes produziram capitalizações de mercado de dois mil milhões de dólares ou superiores, uma prova poderosa do valor que o dólar tem ao atingir os momentos de decisão certos.

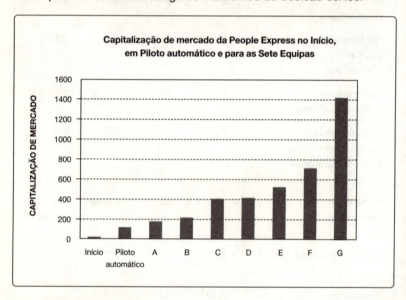

Análise pós-acção

Depois da simulação, as sete equipas realizaram o que as unidades de combate dos fuzileiros fazem: uma análise pós-acção com o objectivo de retirar lições da experiência. Ao fazê-lo, compararam a sua própria experiência com a de Donald Burr à medida que ele construiu realmente a empresa. Geralmente surgem três conclusões da discussão.

Primeiro, as equipas discutem o valor de aprender rapidamente a partir das decisões anteriores — exactamente para o que servem as análises pós-acção. Ao analisarem rigorosamente os resultados de todas as decisões por trimestre, as equipas conseguiram compreender o que movimentava o valor de mercado da companhia. Várias equipas aprenderam,

5 | Tomar decisões (169)

por exemplo, que apresentavam o melhor crescimento na capitalização de mercado se mantivessem a movimentação de pessoal num valor mínimo. Quando menos colaboradores se demitiram, os passageiros depararam-se com uma maior qualidade de serviço e isso provou ser crucial para atrair e conservar clientes. Ao acompanhar estas tendências e ao verificar quais as decisões que funcionaram e as que não funcionaram trimestre após trimestre, as equipas controlaram melhor o seu universo de tomada de decisões.

Segundo, as equipas revelaram que trabalhavam melhor em conjunto. Quanto mais cooperantes e mais os elementos da equipa se respeitassem, melhores resultados eram alcançados através das suas decisões ao longo do tempo. Ao discutirem activamente os seus resultados iniciais e ao identificarem colectivamente as lições a retirar deles, as equipas desenvolveram uma estratégia de tomada de decisão na qual se tornaram cada vez mais confiantes.

Terceiro, as equipas afirmaram que começaram a pensar de um modo mais estratégico com o passar do tempo. Aprenderam a vigiar não só os seus resultados mas também os dos seus concorrentes, que começaram a baixar as suas tarifas à medida que a People Express cresceu em termos de quota de mercado. As equipas compreenderam que tinham de crescer comprando aviões e recrutando colaboradores, mas também que uma estratégia de crescimento demasiado agressiva resultava numa força laboral inexperiente, que manchava de tal forma a experiência de voar, que cada vez mais pessoas se recusavam a voltar. O seu sucesso empresarial, vieram eles a compreender, era apenas tão bom como as suas decisões de recursos humanos.

Todas estas lições contrastam muito com as decisões verdadeiras do fundador Donald Burr. Burr nunca compreendeu totalmente que as elevadas taxas de rotação de pessoal resultariam em breve numa péssima reputação entre os passageiros. Ele rejeitou o conselho de alguns dos seus assistentes superiores para abrandar o crescimento fervoroso da People Express, de modo a permitir um maior amadurecimento da força laboral. E quando a concorrência respondeu à rápida ascensão do recém-chegado ao reduzir as suas tarifas, Burr descobriu que estava a dirigir uma companhia aérea cuja organização era demasiado inexperiente e mal organizada para resistir a uma concorrência agressiva.[11]

De forma a partilhar as suas conclusões e os resultados da experiência da simulação, volte à página *web* onde geriu a companhia aérea e apresente as suas respostas às questões acima colocadas sob o título "Governação e estratégias de tomada de decisão na construção da People Express". Introduza também os cinco resultados que obteve no final do trigésimo sexto trimestre: o número de aeronaves e colaboradores, e as receitas, rendimento e valor de mercado. Quando tiver feito isso, a página *web* apresentar-lhe-á a classificação em termos percentuais do seu valor de mercado, comparado com as outras equipas que fizeram a simulação e apresentaram os seus resultados.

Finalmente, deixe-me encorajá-lo a fazer a simulação uma segunda vez com a mesma equipa. Ao recorrer à sua primeira experiência, tem maiores probabilidades de alcançar uma capitalização de mercado bastante maior do que na primeira tentativa e, por vezes, até o dobro ou mais.

O MODELO DE DECISÃO PARA TOMAR DECISÕES

Neste capítulo, aplicámos livremente princípios e ferramentas de decisão dos modelos anteriores aos vários mundos de transacções de colares, corridas de automóveis, um assalto ao K2 e uma tentativa de criar valor numa companhia aérea que na realidade foi destruída. Ao fazê-lo, descobrimos igualmente princípios adicionais, o que nos relembra que um modelo de decisão pode sempre ser fortalecido ao aprendermos com experiências novas. Desenvolver e dominar o modelo de tomada de decisões é uma tarefa prolongada. Mais à frente estão princípios adicionais com ferramentas e exemplos que extraí destes quatro desafios:

5 | Tomar decisões (171)

Princípio	Ferramenta	Exemplo
1. Clarificar o que a decisão implica antes de tentar tomá-la.	Solicitar a clarificação das suposições subjacentes e da finalidade de uma decisão.	Na "Transacção do Colar", a tomada de decisões foi afectada porque ninguém sabia ao certo se os custos de oportunidade deviam ser tidos em conta ou se o objectivo era chegar à resposta certa individualmente ou adoptar o resultado correcto colectivamente.
2. Enfatizar valores e ideais subjacentes	Antes de se concentrar numa decisão, analisar os princípios e ética da tarefa.	Incluir o piloto na equipa de tomada de decisões da Carter Racing teria garantido que a segurança fazia parte dos cálculos do risco.
3. Posicione-se para uma consciência situacional e lucidez eficientes.	Identificar o local onde poderá avaliar o contexto de uma decisão, assim como ser racional durante decisões acertadas e atempadas.	Em "Alpinismo", Rodrigo Jordan permaneceu no Acampamento Base do K2 no dia da chegada ao cume, para se certificar de que conseguia avaliar os problemas emergentes e criar soluções para eles.
4. Novas decisões devem ser conscientemente fundamentadas por decisões anteriores.	Tal como as análises de combate pós-acção, as análises de rotina pós-decisão ajudam a apurar o que deverá fazer parte do conjunto de escolhas seguinte.	Em "Construção de uma Companhia Aérea", acompanhar cuidadosamente os resultados das decisões anteriores aumenta a qualidade das decisões subsequentes.

(6)
Transcender o lucro pessoal

Neste capítulo irá aprender:
- a importância de não colocar os interesses pessoais à frente dos da empresa
- algumas ideias que o ajudarão a agir para além do interesse pessoal

(174) É Hora de Decidir

Nos negócios norte-americanos, 2002 foi o ano em que a ética saiu "porta fora". O desfile começou em Janeiro com os executivos de topo da Enron a invocarem a Quinta Emenda perante os comités do Congresso que investigavam a declaração de falência do gigante do comércio de energia. Na Primavera, o júri estava prestes a condenar a conservadora empresa de contabilidade Arthur Andersen por obstrução à justiça e a WorldCom ia em direcção à falência.

Depois, a 3 de Junho, a Tyco International caiu de cabeça no abismo quando o CEO L. Dennis Kozlowski se demitiu de repente. No dia seguinte, surgiu o anúncio público de que Kozlowski tinha sido indiciado sob suspeita de não ter pago um milhão de dólares em impostos sobre vendas, relativos a compras de objectos de arte num total de 13 milhões de dólares, incluindo quadros de Renoir e Monet. À medida que os administradores da Tyco tentavam descobrir o que o seu CEO arruinado tinha deixado para trás, descobriram igualmente que tinha usado abusivamente 600 milhões de dólares em fundos da empresa. Mais tarde, Kozlowski seria declarado culpado e condenado a uma pena entre oito e 25 anos numa prisão de máxima segurança em Nova Iorque.[1]

Dennis Kozlowski tinha tomado centenas de importantes decisões durante o tempo em que esteve no comando da Tyco. Ele tinha entrado no jogo, consultado o seu círculo interno, tomado decisões oportunas e seguido muitas das regras para chegar oportunamente aos seus momentos de decisão. Colectivamente, essas decisões tinham sido um sucesso gritante segundo a maioria dos indicadores. A Tyco era um sucesso em Wall Street. Mas numa dimensão fundamental, Kozlowski tinha falhado redondamente: muitas das suas decisões tinham colocado o bem-estar pessoal à frente do bem-estar da empresa. Consequentemente, ele não só acabou a sua carreira na prisão, como também prejudicou gravemente milhares de investidores, clientes e colaboradores que esperavam dele um comportamento responsável quando se sentou na privacidade do seu escritório com o futuro deles nas mãos.

Um princípio final para chegar ao momento de decisão é o imperativo de se estar consciente em relação a ir para além do interesse pessoal quando se toma decisões que afectam terceiros. Fazê-lo não é fácil — maximizar os lucros pessoais pode ser instintivo. Mesmo quando queremos, é difícil separar os interesses relacionados com responsabilidade dos pessoais. Wall Street tem os seus próprios interesses. Os colaboradores têm os deles. Os advogados e auditores nem sempre são partes desinteressadas. E raramente nós também somos, mesmo quando as nossas decisões devam transcender os objectivos privados. Nem os valores norte-americanos, especialmente a cultura dos negócios, promovem activamente o sacrifício pessoal no interesse do bem comum.

6 | Transcender o lucro pessoal (175)

Todavia, nenhuma competência é mais essencial para alcançar o momento de decisão certo.

Como exemplo, começamos com o contraste extremo entre as decisões de Dennis Kozlowski e as de um director externo recrutado pela Tyco para ajudar a resolver a confusão.

RECRUTAR UM ADMINISTRADOR PRINCIPAL

Para preencher o vazio e começar a reestruturação após a saída abrupta de Kozlowski, o conselho de administração da Tyco empossou temporariamente um dos seus membros como CEO, depois começou a tentar encontrar um CEO permanente e um administrador principal que tirariam a empresa da miséria. No dia 25 de Julho, o conselho de administração designou Edward D. Breen, que tinha sido o número dois da Motorola, como o novo CEO. De seguida, tentou agarrar John (Jack) A. Krol para administrador principal. Este novo cargo exigia um *outsider* independente, forte e com experiência, que conseguisse trabalhar em conjunto com Breen de modo a reestruturarem uma equipa de gestão e um conselho de administração igualmente desacreditado pelas infracções de Kozlowski. Krol era a pessoa certa.

Químico de primeira profissão e engenheiro nuclear durante os anos de serviço militar, Jack Krol tinha entrado para a DuPont em 1963, chegou ao escritório principal em 1995 e reformou-se do cargo de *chairman* três anos mais tarde. Estava a jogar golfe na sua casa que comprou depois da reforma na Florida quando lhe telefonaram do conselho de administração da Tyco. Krol disse aos administradores que poderiam arrepender-se de o terem convidado para a empresa, pois pensava que seria inevitável uma transformação rápida e completa da gestão e do conselho de administração. Com 240 mil colaboradores e 35 mil milhões de dólares em receitas, a Tyco era um super-petroleiro que teria de ser virado como um rebocador; de outro modo poderia seguir a Enron e a WorldCom na falência.

Mesmo apesar de os administradores da Tyco terem reiterado o seu apoio a ele, Jack Krol ainda estava relutante em juntar-se ao conselho de administração da empresa tão comprometida. O seu primeiro receio era que a Tyco podia implodir se os pecados de Kozlowski fossem ainda maiores do que inicialmente se pensara. Quando uma equipa de seis investigadores forenses liderados pelo proeminente advogado David Boise concluíram de forma hesitante que havia muitas suspeitas na Tyco mas nenhuma prova concreta, Krol ficou convencido de que a empresa não se desmoronaria, pelo menos no imediato, mas ainda havia o medo de ele poder ficar envolvido em questões de responsabilidade pessoal à medida que as acções em tribunal dos accionistas começassem a aparecer. Igualmente importante, a sua mulher opunha-se categoricamente a ter de adiar a sua agradável aposentação para salvar uma empresa para a qual Krol nunca tinha trabalhado.

"Eu estava indeciso", revelou-me quando falámos sobre a oferta da Tyco, "mas o desafio continuava a remoer dentro de mim. Seria *algo de extraordinário* dar a volta a isto."

Quando Jack Krol se encontrou com Breen, o novo CEO, para um almoço no dia 2 de Agosto, tencionava ouvir educadamente a abordagem persuasiva, depois recusar a oferta. Em vez disso, saiu do almoço como o novo administrador principal da Tyco. "Vou dizer-lhe o que aconteceu", disse Krol. "Estavam dois vendedores sentados à mesa e ele vendeu melhor do que eu."

MAIS DO QUE DINHEIRO

Não foi o dinheiro que levou Jack Krol a tomar uma decisão. Krol tinha-se aposentado da DuPont com toda a riqueza que ele e a mulher alguma vez precisariam e já fazia parte do conselho de administração de três outras empresas: ACE Limited, MeadWestvaco e Milliken. Na Tyco, Krol receberia um adiantamento anual de cem mil dólares e mais 120 mil anualmente em reservas de acções até à reforma. Não era uma ninharia, mas também não era a lotaria, e apenas um modesto aumento da sua riqueza da DuPont e a compensação para os seus outros cargos de administrador. Tal como o vencedor da Volta a França Lance Armstrong intitulou um dos seus livros *It's Not About The Bike**, para Krol não tinha que ver com o dinheiro.[2]

Em vez disso, era o desafio, explicou Krol — a hipótese de desempenhar um papel de relevo com o CEO "para dar a volta a isto" e para "me divertir"; com isto ele queria dizer vencer, conseguir fazer o trabalho apesar das dificuldades. Tinha concluído que muitos dos negócios da Tyco eram uma base boa e sólida a partir da qual começar a construir. Acima de tudo, porém, disse Krol, a possibilidade de ser útil foi o que o levou para o conselho de administração. "Quando fazemos aquele tipo de trabalho, estamos aqui para servir, não para sermos servidos. Estamos aqui para ajudar e para administrar, e não estamos aqui para ter aviões da empresa, o maior salário e carros com motorista."

---

* **N. T.** Que significa literalmente: "Não tem que ver com a bicicleta".

6 | Transcender o lucro pessoal (177)

Sem avião nem limusine, Jack Krol reformou-se da aposentação ao juntar-se ao conselho de administração da Tyco como administrador principal no dia 6 de Agosto de 2002. No ano seguinte, dedicaria mais de metade do seu tempo à tentativa de virar a direcção do barco, até trabalhando a tempo inteiro durante os períodos mais turbulentos. Ele e o CEO Ed Breen trabalharam em harmonia para substituir todo o conselho de administração, um passo quase sem precedentes para uma grande empresa que não estava na falência. Fizeram um *spin-off* de mais de quatro dezenas de unidades de negócios mesmo à medida que desenterravam enormes irregularidades contabilísticas e pagaram um enorme empréstimo que tinha vencido em 2003. Também afastaram incrivelmente 290 dos 300 executivos principais da Tyco. E, no processo, transformaram a cultura da empresa de "crescer ao adquirir" para "prosperar ao trabalhar". Em 2005, a empresa tinha sido estabilizada, reestruturada e restaurada. Com o pior já para trás, Krol conseguiu finalmente reduzir o seu compromisso para apenas um terço do seu tempo.[3]

Ao decidir juntar-se ao conselho de administração da Tyco, Jack Krol tinha transcendido os lucros pessoais em favor de um objectivo maior. Durante as várias vezes que falei com ele no Outono de 2002 e de novo em 2005, mencionou sistematicamente a satisfação que encontrou ao fazer parte de uma equipa dinâmica com uma missão irresistível que carrega a esperança de dezenas de milhares de accionistas da empresa. Como administrador principal, o seu desafio específico era levar o conselho de administração da Tyco do pior para o melhor e foi isso que fez. Em menos de três anos sob o estímulo de Krol, o conselho de administração da Tyco tornou-se num dos melhores na área, com dez novos administradores decididos e independentes e regras de governação de alcance alargado, que nunca permitiriam de novo que um CEO saqueasse a empresa.

INTERESSE COLECTIVO, NÃO INTERESSE PESSOAL

O caso de Dennis Kozlowski tinha sido completamente diferente. O antigo CEO tinha desenvolvido a Tyco de três mil milhões de dólares em receitas anuais em 1992, quando assumiu o comando, para 35 mil milhões na altura da sua destituição. Tinha montado um conglomerado gigante através de várias aquisições, desembolsando 62 mil milhões de dólares por cerca de 900 empresas. Em 2001, o valor de mercado da Tyco ultrapassava o da Ford, da General Motors e da Sears juntas. As suas decisões de gestão tinham tido tanto sucesso que Kozlowski era falado com

(178) É Hora de Decidir

o mesmo louvor que o executivo mais celebrado da época. "O toque de Midas [de Kozlowski] negócio após negócio transformou a Tyco de um fabricante obscuro para uma potência que vale 50 vezes mais do que quando ele assumiu o comando", exclamava a *Business Week* em 2001. "É um feito que levou alguns a comparar Kozlowski a Jack Welch da General Electric Co. Mas, ao contrário de Welch, Kozlowski não mostra sinais de querer abrandar em breve."[4]

O problema foi que muito do que entrava pela porta da Tyco saía rapidamente pela porta traseira do CEO. Numa época de delitos empresariais, o rasto de Kozlowski expôs um registo sem precedentes de excesso pessoal. Kozlowski tinha usado fundos da Tyco para pagar um caixote do lixo de 2.200 dólares, uma cortina de chuveiro de seis mil dólares, um bengaleiro de 15 mil dólares, uma festa de anos de dois milhões de dólares, 12 milhões de dólares em quadros, um apartamento de 31 milhões de dólares e, apenas como um extra, um bónus de 58 milhões de dólares. No total, perfez um assalto de 600 milhões de dólares e o roubo não parou com o criminoso número um.[5]

Kozlowski tinha convencido os seus próprios assistentes a pisarem o risco. O CFO Mark Swartz foi condenado juntamente com o seu chefe entre oito e 25 anos. O CEO tinha igualmente encorajado um membro do conselho de administração a colocar os seus interesses pessoais acima dos interesses dos accionistas da Tyco. Em 2001, o administrador não executivo Frank E. Walsh facilitou a aquisição por 9,2 mil milhões de dólares de uma grande empresa de financiamento comercial, a CIT Group, por parte da Tyco. Kozlowski recompensou Walsh com 20 milhões de dólares pelo seu "serviço", mas nunca comunicou o pagamento aos outros administradores ou aos accionistas. Mais tarde, ao proibir Walsh de trabalhar mais alguma vez como administrador ou alto executivo de uma empresa cotada em bolsa, um elemento da Securities and Exchange Commission* foi directo ao assunto: "Os accionistas confiaram-lhe a responsabilidade de cuidar dos seus interesses no conselho de administração e na *suite* executiva da Tyco. Em vez disso, o próprio Sr. Walsh aceitou recompensas secretas e manteve esses mesmos accionistas sem conhecimento da situação."[6]

Como administrador principal e alto executivo de uma empresa cotada em bolsa, Jack Krol e Dennis Kozlowski tinham responsabilidades semelhantes no que diz respeito a tomar decisões de negócios sensatas em nome dos seus accionistas. A sua responsabilidade era honrar uma norma de reciprocidade que está consagrada nos regulamentos de

---

* **N. T.** O equivalente norte-americano da Comissão do Mercado de Valores Mobiliários.

valores mobiliários e acordos de negócios: os investidores emprestam aos administradores e executivos o seu dinheiro na expectativa de que os administradores e executivos decidirão sensatamente como usá-lo. A sua responsabilidade era também funcionar como fiduciários para os investidores da empresa, exigindo que os interesses dos investidores superassem os seus próprios interesses em todas as decisões. Contudo, embora Krol e Kozlowski tivessem trabalhado para a mesma empresa e partilhado as mesmas responsabilidades, as suas decisões em relação a como utilizar o dinheiro dos investidores não podia ter sido mais contrastante. Um usou o seu momento de decisão para o seu próprio bem-estar. O outro usou o bem colectivo como o seu critério pessoal e isso fez toda a diferença, para ele e para os *stakeholders** da Tyco.

O CARÁCTER CONTA

O mesmo contraste entre interesse pessoal e público é facilmente encontrado na política. Algumas figuras políticas são consumidas pela autopromoção, outras pelos objectivos nacionais. E a diferença pode ter consequências profundas.

Veja duas figuras proeminentes de meados do século XX: Lyndon B. Johnson e George C. Marshall. Johnson foi um dos líderes do Senado mais competentes de sempre e os seus primeiros anos como presidente após o assassinato de John F. Kennedy em 1963 foram igualmente importantes. Ele promoveu no Congresso legislação de vulto sobre direitos civis, mas a sua presidência acabou por ficar tão embrenhada no conflito do Vietname que, em 1968, ele recusou tentar um segundo mandato e deixou a presidência sob suspeita. Muitos factores prejudicaram as suas decisões presidenciais durante a guerra, mas entre elas estava um egocentrismo que sobressaía mesmo numa profissão não conhecida pela modéstia. "Johnson era uma personagem narcisista", afirmou o historiador presidencial Robert Dallek. Qualquer que fosse a comparação, Johnson "tinha sempre de ser o melhor, o maior".

Tal como Johnson, George Marshall foi empurrado para um momento crítico na História norte-americana e mundial. Ao contrário de Johnson, Marshall aproveitou o máximo da oportunidade e garantiu para si uma das melhores reputações da era moderna. Promovido pelo Presidente Franklin Delano Roosevelt à frente de 33 generais superiores em hierarquia, Marshall tornou-se Chefe do Estado-Maior do Exército em 1939 e

---

* **N. T.** Partes interessadas.

comandou as forças armadas da nação durante a Segunda Guerra Mundial. Mais tarde foi secretário de Estado e ministro da Defesa, foi autor do plano dos Estados Unidos para ajudar a recuperação económica da Europa e ganhou o Prémio Nobel da Paz em 1953 pelo que ficou conhecido como "Plano Marshall".

Muitas diferenças distinguiram Johnson e Marshall, mas o carácter desempenhou um papel nas suas variadas respostas aos desafios que foram chamados a enfrentar. Marshall "pôs a honra, o dever e a assistência aos outros à frente da autopromoção ou engrandecimento", escreveu Dallek. "Ele estava disposto a sacrificar-se e à sua carreira quando falava abertamente para" os seus superiores. Marshall irradiava "integridade e abnegação", não tinha "interesses privados, apenas os interesses do seu líder e do seu país" e "transpirava liderança de sacrifício demonstrada na liderança subserviente". O mundo também reconhecia isso. A pedido de Dwight D. Eisenhower, George Marshall representou a nação na coroação da Rainha Isabel a 2 de Junho de 1953. Quando Marshall entrou na Abadia de Westminster, o grande conjunto de altas personalidades da Commonwealth britânica, liderada pelo Primeiro-ministro Winston Churchill, levantou-se para honrar a sua presença.[7]

LUCROS PESSOAIS E GANHOS PÚBLICOS

Alexis de Tocqueville, o cronista francês do século XIX dos costumes dos Estados Unidos, destacou em *Democracia na América* que os norte-americanos "gostam de explicar quase todas as acções da sua vida com o princípio do interesse próprio justificadamente interpretado" — o que hoje em dia vemos como "interesse próprio esclarecido". Esta ênfase no interesse próprio, mesmo que esclarecido, era notável pelo seu contraste com as sensibilidades das aristocracias europeias, onde aqueles que governavam, segundo Tocqueville, "gostavam de professar que é digno de louvor esquecer os interesses próprios e que o bem deve ser feito sem esperança de recompensa, tal como o é pela própria Divindade".[8]

Na realidade, muitas decisões pessoais são correctamente enquadradas em torno de *não* esquecer os interesses próprios. Quais são os ganhos ou perdas privados, é justo perguntar, associados com o prosseguir de uma ou de outra carreira? Ter uma formação universitária resultaria em maiores rendimentos durante a vida do que entrar directamente na força laboral? Existe um maior valor em estudar na Colorado College* ou na Universidade do Colorado? Aceitar uma oferta de trabalho de nível inicial na ABC levará a melhores perspectivas de carreira do que na CNN?

A predisposição, ansiedade e ingenuidade confundem esse cálculo e a simples utilidade raramente é maximizada na prática. No entanto, os cálculos pessoais oferecem um modelo-padrão de desempenho para enquadrar e avaliar tais decisões. Além do mais, a cultura norte-americana e a ideologia do capitalismo há muito que valorizam ser lúcido acerca dos interesses próprios de cada um. "De certa forma, existe uma crença dominante na nossa sociedade hoje em dia", observou o gestor de fundos de risco e crítico social George Soros, "que é uma crença na magia do mercado. A doutrina do capitalismo *laissez-faire* defende que a procura sem restrições do interesse próprio serve melhor o bem comum".[9]

O economista Milton Friedman sustenta que não deve ser de outro modo. Porque o interesse próprio é bom para o comércio, afirma Friedman, os executivos de negócios devem concentrar-se em maximizar a sua rendibilidade nos investimentos. Os líderes de negócios que "falam eloquentemente acerca da 'responsabilidade social dos negócios num sistema de livre iniciativa'" são "os fantoches inconscientes das forças intelectuais que têm minado as fundações de uma sociedade livre nas últimas décadas". Em vez de procurarem servir a sociedade, as empresas devem continuar a fazer o que sempre fizeram: "Apenas existe uma única responsabilidade social dos negócios", argumenta Friedman, que é "usarem os seus recursos e envolverem-se em actividades desenvolvidas para aumentar os seus lucros".[10]

ALINHAR O DESEMPENHO E A REMUNERAÇÃO

A procura de lucro pessoal tornou-se institucionalizada no modo como as empresas cotadas em bolsa têm pago os seus executivos. Para assegurarem que as decisões de gestão são consistentemente disciplinadas pelas exigências dos accionistas — e para cumprir as exigências de grandes investidores institucionais como a Fidelity, a Vanguard e o California Public Employees Retirement System — os conselhos de administração das empresas nas últimas duas décadas transformaram a remuneração dos executivos de uma grande medida fixa para largamente variável. E ligaram directamente a componente variável ao valor para o investidor através da fantástica invenção da *stock option*. Embora não seja um mecanismo

---

* **N. T.** Universidade privada de artes liberais no Estado do Colorado.

perfeito, quando os accionistas vêem o valor das acções das suas empresas aumentar, as *stock options* dos executivos aumentam em sintonia.[11]

O alinhamento crescente dos ganhos dos executivos com o desempenho dos accionistas é apresentado no gráfico seguinte para os melhores sete ou oito gestores de 45 grandes empresas dos EUA de 1982 a 2005. Enquanto que os executivos de topo em 1982 chegavam aos seus escritórios às nove da manhã e apagavam as luzes às cinco da tarde, recebiam pelo menos dois terços do pacote de remunerações esperado. Em 2004, porém, a sua remuneração base tinha descido para um terço, com mais de metade agora a ter a forma de remuneração à base de acções. Por outras palavras, por razões de interesse próprio, a sua liberdade de acção em tomadas de decisão tinha sido reduzida. Se não conseguissem concentrar as suas decisões em aumentar a riqueza dos accionistas das nove às cinco, sentiam-no nos seus próprios salários.[12]

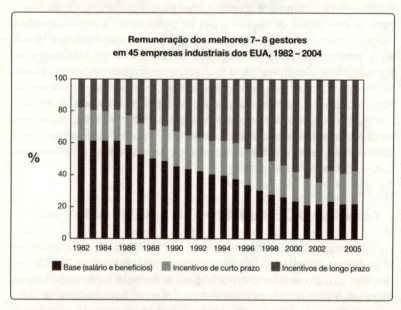

Para o Professor da Harvard Business School Michael Jensen, faz todo o sentido. "Quem pode argumentar", escreve ele, contra uma empresa que "alinha os interesses dos proprietários e gestores" e, desse modo, "liberta centenas de milhares de milhões em valor para os accionistas?" Esse alinhamento, sustenta Jensen, aparecerá quando "os administradores reconhecerem a importância dos incentivos — e adoptarem sistemas de remuneração que relacionam verdadeiramente o salário e o desempenho".[13]

QUANDO O PESSOAL E O PÚBLICO DIVERGEM

Relacionar a remuneração dos executivos com o valor para o accionista é uma das grandes inovações dos negócios contemporâneos, uma ferramenta importante para obrigar os executivos a concentrarem-se nos investidores quando tomam decisões; mas ligar a remuneração aos lucros também reforça a valorização na cultura norte-americana do interesse próprio como o critério apropriado para enquadrar e alcançar decisões responsáveis. Sem dúvida, quando os lucros pessoais e os ganhos públicos estão bem alinhados, o critério funciona: o que é bom para cada um é bom para todos. Quando não estão — e essa é a regra e não a excepção para aqueles com responsabilidade em relação a terceiros — a crença descontrolada na vantagem pessoal pode intrometer-se no caminho de alcançar o momento de decisão certo.

Recorde por um momento a última decisão de Don Mackey na Montanha Storm King durante o incêndio de South Canyon a 6 de Julho de 1994. Mackey poderia ter decidido às 16 horas correr para Lunchspot Ridge para a segurança relativa da área que já tinha ardido, onde oito bombeiros encontraram protecção da chamas devastadoras. Fazer isso certamente seria do seu interesse pessoal. Em vez disso, Mackey correu para trás através da linha de fogo para apressar a fuga daqueles sob o seu comando — uma decisão que ajudou a salvar a vida de seis bombeiros, sacrificando a sua. Se a decisão de Mackey tivesse sido impulsionada pelo princípio "cada um por si", aqueles bombeiros certamente não estariam vivos hoje e ele teria provavelmente sobrevivido.

Ou pense na Enron, onde o valor para os accionistas — e, portanto, o valor das *stock options* dos executivos ligadas a ele — foi criado através de truques contabilísticos que no final destruíram a empresa. Parafraseando Lord Acton, a procura absoluta de lucros pode corromper as decisões responsáveis.

Se o interesse pessoal "não for moderado pelo reconhecimento de um bem comum que deve ter precedência sobre o interesse particular", avisa George Soros, a nossa sociedade "provavelmente irá desmoronar-se". Enron, WorldCom, Tyco — o mundo empresarial está cheio de exemplos: quando decisores-chave dão primazia aos seus interesses pessoais, o resultado é irresponsabilidade colectiva.[14]

As tomadas de decisão que afectam terceiros exigem um cálculo diferente das decisões tomadas apenas para a promoção do bem-estar pessoal. Exigem a capacidade de transcender interesses privados e objectivos limitados, uma vontade de nadar contra a maré normativa. A modéstia aparece naturalmente para alguns, um produto da educação,

(184) É Hora de Decidir

ensino ou temperamento. Nelson Mandela e a Madre Teresa são exemplos; todos conhecemos os exemplos locais, os santos privados. Para muitos de nós, porém, transcender o encanto do lucro pessoal é, pelo menos parcialmente, um gosto adquirido. Os princípios e truques que se seguem são guias para agir para além do interesse pessoal.

OLHAR PARA A FOTOGRAFIA

Enquanto subchefe do Estado Maior das Forças Armadas norte-americanas desde Outubro de 2001 e chefe do Estado Maior das Forças Armadas norte-americanas desde Setembro de 2005, o General Peter Pace tem desempenhado um papel-chave em todas as grandes decisões do envolvimento militar dos Estados Unidos no Afeganistão e no Iraque. As suas acções afectaram literalmente milhões de soldados e não só — uma responsabilidade enorme. De modo a não se esquecer da importância da sua função e a certificar-se de que o seu compromisso para com o pessoal militar sob o seu comando suplanta todos os outros interesses, Pace guarda uma fotografia do cabo Guido Farinaro debaixo do vidro da sua secretária.[15]

A 30 de Julho de 1968, Peter Pace, de 22 anos, e Guido Farinaro, de 19, aproximavam-se de uma das muitas pequenas aldeias que salpicavam os campos de arroz perto de Danang, no Vietname do Sul, quando uma bala do inimigo entrou pelo peito de Farinaro. Outros fuzileiros na unidade de Pace morreriam no mês seguinte. Um até foi atingido fatalmente quando, por uma questão de *timing* bizarro, se levantou entre Pace e um franco-atirador no momento errado, mas Farinaro foi o primeiro fuzileiro morto em combate sob o comando de Pace.

A experiência do Vietname deixou uma marca indelével em quase todos os que lá estiveram em serviço. Para alguns resultou em distúrbios causados pelo *stress*; para outros invalidez permanente; ainda para outros, memórias arrogantes ou pungentes. Para Peter Pace, a guerra no Vietname moldou o modo como ele tem abordado a maioria das grandes decisões durante as mais de três décadas desde então. "Sentia que tinha para com aqueles homens que não voltaram para casa uma dívida que nunca conseguiria pagar", disse ele. Todavia, isso não o impediu de tentar. Pace prometeu a si mesmo permanecer na Marinha pelo tempo que o quisessem lá e nunca se esquecer dos homens mortos em combate quando estava a decidir o destino dos soldados de hoje.

Todos os dias quando entra no escritório Pace diz: "Sei que não tem nada que ver comigo. Tem que ver com o exercício da minha autoridade; a minha responsabilidade é fazer o que está certo para o meu país." Como uma lembrança eterna, Guido Farinaro espera debaixo do vidro da secretária, pronto para cativar a atenção de Pace quando ele se aproxima de um momento de decisão.

Uma fotografia, é claro, é apenas uma lembrança. A voz de um progenitor, as palavras de um mentor, uma recordação de um momento traumático — todos podem servir como "pedras de toque" úteis para afastar os interesses pessoais quando ameaçam intrometer-se num momento de decisão.

Outro truque útil é personalizar o institucional. Se Sara Lee fosse uma padeira com experiência, a General Electric um oficial reformado do Exército ou a Cruz Vermelha um distribuidor de sangue, que decisão ele ou ela tomaria? Tal como a maioria das pessoas, as organizações querem viver e prosperar. Querem segurança, crescimento, respeito e um sentimento de finalidade. Visto que não podem decidir por ela próprias, os seus colaboradores podem fazê-lo por elas e, ao fazê-lo, fazem o melhor por elas.

O general Peter Pace, com uma fotografia de Guido Farinaro.

Por vezes uma máxima pode ter o mesmo efeito. A Marinha dos EUA de Peter Pace há muito que tem instruído os seus líderes de que o "oficial come por último" — uma máxima com o objectivo de apreender a essência de uma cultura na qual a missão vem em primeiro lugar, o bem-estar da linha da frente em segundo lugar e o bem-estar dos oficiais em último. Um ditado semelhante da Guerra Civil era: "Alimenta os teus cavalos, alimenta os teus homens, depois alimenta-te a ti." No dia de Natal de 2001 num acampamento temporário da Marinha no Afeganistão, os oficiais serviram os fuzileiros alistados que aí tinham liderado a invasão dois meses antes e comeram o seu jantar de Natal apenas depois de todos terem sido servidos. Foi uma lembrança implícita do que é mais valorizado.

CONTEMPLAR A PARTIR DO CUME

Não podemos chegar todos ao topo da montanha, mas podemos todos lá estar metaforicamente quando somos chamados a tomar decisões que afectam não apenas o nosso bem-estar, mas o destino dos outros à nossa volta. Imagine que é o treinador e não o jogador; o professor e não o aluno; o reitor e não o professor assistente; o CEO e não o assistente do *vice president*. Imagine que tem uma visão global das coisas, que consegue ver todo o terreno, não apenas a sua, inevitavelmente tacanha, parcela dele. Do topo da montanha, como decidiria?

A *vice president* da Enron, Sherron Watkins ficou chocada quando soube, a 14 de Agosto de 2001, que o CEO Jeffrey Skilling se tinha demitido abruptamente por "razões pessoais". O seu pensamento imediato foi que devia haver outras questões envolvidas e tinha uma grande suspeita de que questões seriam. O CFO da empresa, Andrew Fastow, tinha recrutado Watkins nesse mesmo Verão para analisar as suas "entidades de fins especiais", um misterioso mecanismo usado para esconder o enorme endividamento da Enron do escrutínio público. Como contabilista profissional, Watkins ficou tão chocada com o que descobriu que tinha começado a procurar um novo empregador, uma acção por interesse próprio que fazia sentido. Agora, com a demissão inesperada de Skilling, ela começou a sentir-se responsável por mais do que o seu futuro.

Em vez de desistir, como o puro interesse próprio poderia ter ditado, Watkins decidiu alertar aquele que era o mais responsável pela empresa. Ela sabia que recorrer a um superior de Fastow para denunciar as suas presumíveis infracções ao *chairman* Kenneth Lay poderia constituir uma acção que acabaria com a sua própria carreira, mas ela também sabia que, se estivesse no lugar de Lay, certamente quereria saber o que a *vice president* tinha descoberto. Estando no seu cume imaginário, a sua decisão de alcançar o topo a partir de baixo parecia natural.

Watkins fez uma lista detalhada das suas descobertas num memorando ao *chairman* e de novo num *briefing* privado a 22 de Agosto, avisando que a empresa dele estava prestes a "implodir numa onda de escândalos contabilísticos". Lay, é claro, afastou os avisos dela e, menos de quatro meses depois, a Enron implodiu, tal como Watkins tinha previsto, num dos maiores escândalos contabilísticos de todos os tempos. A contabilista, porém, tinha tido uma visão global e arriscou a sua carreira para salvar a empresa. O *chairman* — o único que na verdade estava no topo da montanha — obviamente não conseguia

6 | Transcender o lucro pessoal (187)

ver mais para além do seu interesse pessoal e centenas de milhares de colaboradores e investidores sofreram profundamente por causa da sua visão míope.[16]

Viktor Yushchenko seguiu um caminho semelhante na sua candidatura de 2004 à presidência da Ucrânia. Depois de Yushchenko ter perdido uma eleição fraudulenta em Novembro, ele e dezenas de milhares de manifestantes saíram para as ruas, exigindo eleições novas e imparciais. Durante os dias tumultuosos que se seguiram, no que veio a ser designado por "Revolução Laranja", Yushchenko foi assediado, ameaçado, até envenenado pelos seus poderosos opositores. Mas recusou-se a desistir do seu rumo democrático, mesmo apesar de uma opressão armada parecer possível e mesmo quando elementos dentro do seu próprio movimento exigiam acções mais radicais. Quando o presidente em funções finalmente cedeu e permitiu novas eleições imparciais a 26 de Dezembro, Yushchenko surgiu como o vencedor inequívoco, um vencedor democrático para uma nação nova que tinha exigido processos democráticos.

"Yushchenko tornou-se um verdadeiro estadista precisamente porque não procurou o poder para si, mas procurou a verdade e a integridade para os seus cidadãos." Assim observou o Presidente polaco Aleksander Kwasjniewski. Por outras palavras, Yushchenko tornou-se num dos heróis democráticos da Europa ao decidir agir como um presidente deveria, muito antes de chegar à presidência. "Esse sucesso teria sido impossível", concluiu Kwasjniewski, "se Yushchenko não tivesse posto o bem público acima da sua noção de injustiça pessoal".[17]

Tal como Sherron Watkins, Viktor Yushchenko encontrou o seu momento de decisão ao colocar-se acima de si próprio, ao observar a sua nação do seu topo, mais do que das suas ruas encolerizadas. Em ambos os casos, foi a altitude imaginária que fez a diferença.

O QUE FARIA?

Agora uma oportunidade de estar no cume, num dos momentos centrais da História norte-americana. Primeiro, todavia, algumas informações que devem ser, pelo menos parcialmente, familiares a muitos leitores.

O Exército do Potomac da União sob o comando de Ulysses S. Grant finalmente encurralou o Exército do Norte da Virgínia de Robert E. Lee no dia 9 de Abril de 1865, perto de Appomattox, Virgínia. Em desvantagem numérica de seis para um, os confederados tentaram uma invasão final desesperada às cinco da manhã. Quando explodiu, Lee reuniu os seus assistentes de topo, incluindo o seu chefe de artilharia, E. Porte

(188) É Hora de Decidir

Alexander de 29 anos, para uma reunião urgente. Alexander defendia o que o superior de Lee, o Presidente da Confederação Jefferson Davis, já tinha recomendado: uma luta de guerrilha prolongada a ser travada a partir das colinas, florestas e pântanos do Sul.

Sem uma decisão definitiva, a guerra podia arrastar-se indefinidamente, esgotando os homens e materiais que restavam ao Norte numa perseguição sem fim a um inimigo efémero. Guarnições militares federais seriam necessárias por todo o Sul nos anos seguintes; as mortes poderiam disparar e o moral afundar-se-ia. Lee sabia mais do que ninguém que uma estratégia de guerrilha seria uma forma pragmática para os fracos persistirem durante muito tempo e ele não queria ter nada que ver com isso.

O general da Confederação explicou ao seu chefe de artilharia que demoraria anos para o país recuperar se o exército rebelde continuasse a guerrilha, acrescentando que eles não tinham "o direito de pensar apenas como isso nos iria afectar". É essencial, afirmou Lee, "ter em conta os efeitos no país como um todo". Desse modo, Lee enviou uma carta através das linhas a Grant, dizendo que gostaria de se encontrar com ele "para discutir os termos da rendição do seu exército".

À uma da tarde desse dia, vestido de uniforme cerimonial com insígnias e espada, Lee entrou na casa de Wilmer McLean, uma de cerca de 20 habitações escondidas à volta da pequena estação do Tribunal de Appomattox. Grant chegou 30 minutos mais tarde e escreveu os termos da rendição. Exigia que os soldados da Confederação entregassem os seus mosquetes, mas os oficiais podiam ficam com as armas pequenas e os cavalos. Os dois generais assinaram o documento e, três horas depois de ter chegado, Lee apertou a mão de Grant e saiu.

Na realidade, Lee tinha acordado uma rendição incondicional, precisamente o que o seu comandante-supremo e alguns dos seus assistentes não queriam. Grant, pela sua parte, tinha proposto termos que cumpriam totalmente o desejo de Abraham Lincoln de "desgaste-os suavemente". Ambos os líderes tinham contemplado a situação a partir do cume e tinham feito o que era melhor para o bem colectivo, mas ainda havia mais trabalho.

A rendição formal de Lee a 9 de Abril foi seguida de uma rendição cerimonial na quarta-feira, dia 12 de Abril. Grant tinha dado ordens à infantaria de Lee, sob o comando do General George B. Gordon, para marchar até um campo onde seriam recebidos por uma linha de três brigadas da União, cerca de cinco mil soldados, sob o comando de Joshua Lawrence Chamberlain, cujo regimento tinha ajudado a defender Little Round Top durante a batalha de Gettysburg, cerca de 21 meses antes. Duas vezes

6 | Transcender o lucro pessoal (189)

ferido e agora general de brigada, Chamberlain era uma escolha pouco provável, visto que não tinha estudado em West Point nem era um alto oficial; porém, Chamberlain abraçou a missão e aceitou o seu próprio conselho ao delineá-la.

Antes de continuar a ler, ponha-se no lugar de Chamberlain. Grant exigiu que a infantaria da Confederação lhe entregasse as suas armas de fogo e bandeiras de regimento; fora isso, ele deu-lhe liberdade de acção para coordenar a rendição. Mantenha a cerimónia simples, aconselha o seu general, e não "humilhe a masculinidade" dos soldados derrotados. Ponha-se no topo da montanha agora. Tenha uma visão geral a partir do topo. Lembre-se que é provável que as suas decisões afectem a paz que está para vir, após quatro anos terríveis de guerra. Como organizaria a rendição formal?

Assim que tiver concebido os seus planos, vá de novo à página *web* do livro e clique em *"Apex Principle at Appomattox"* para introduzir os seus planos e a sua explicação para eles. A sua resposta e justificação será apresentada para outras pessoas poderem ver e também poderá ver o que outras pessoas propuseram. O que se segue foi o que Joshua Lawrence Chamberlain fez, na verdade, no dia 12 de Abril de 1865.

Respeito encontra respeito

Quando a primeira infantaria da Confederação sob o comando do General Gordon se aproximou do campo, Chamberlain ordenou que os seus oficiais fizessem a linha da União assumir uma postura de "carregar armas", uma continência de marcha respeitosa, ligeiramente abaixo de "apresentar armas". Com um toque de corneta, unidade após unidade de soldados federais levantaram com rapidez os seus mosquetes na vertical do seu lado direito e colocaram a mão esquerda na coronha. Em termos militares isto constituía um mostra inequívoca de honra, totalmente antecipada por ambos os lados. Parte da mesma herança militar, Gordon compreendeu imediatamente o significado daquele gesto. Em resposta, apontou a sua espada em direcção a Chamberlain e deu ordens à sua coluna de marcha para também carregar armas, continência em resposta a continência, respeito encontra respeito. Ambos os lados tinham andado a disparar uns contra os outros apenas 72 horas antes.

"À nossa frente numa humilhação orgulhosa", escreveu mais tarde Chamberlain, estavam aqueles "a quem nem o trabalho árduo e o sofrimento, nem o facto da morte, nem o desastre, nem o desespero conseguiam abrandar a determinação". Sem qualquer ordem superior mas compreendendo o que Lincoln teria valorizado naquelas circunstâncias, explicou o gesto de carregar armas: "Não deveria tal masculinidade ser recebida de volta numa União tão desafiada e segura?"

Chamberlain não conseguiu evitar partilhar a dor quando os comandantes da Confederação na linha da frente depositaram as suas bandeiras, as bandeiras de regimento quase sagradas, aos seus pés. Quando o último porta-bandeira avançou em lágrimas, Chamberlain disse-lhe: "Admiro o vosso espírito nobre e apenas lamento não ter a autoridade para ordenar que ficassem com as bandeiras e que as levassem para casa como uma recordação preciosa." As suas palavras foram repetidas pelas fileiras da Confederação e em breve fariam parte da sabedoria popular do Sul. A guerra tinha começado há precisamente quatro anos atrás, com o bombardeamento da Confederação a Fort Sumter. Agora, embora 175 mil rebeldes ainda estivessem de uniforme, estava finalmente a acabar com a ajuda de Chamberlain, num espírito de reconciliação e reunificação que Lincoln tinha expressado vigorosamente no seu segundo discurso inaugural: "Sem maldade em relação a ninguém, com caridade para todos." [18]

O general da União Joshua Lawrence Chamberlain recebe a rendição do Exército da Confederação em Appomattox.

Nos anos seguintes, William Tecumseh Sherman e outros generais da União seriam largamente desprezados por todo o Sul; mas, pelo que fez em Appomattox, Chamberlain tornou-se um dos poucos oficiais do Norte respeitados no Sul. Ao observar o seu mundo a partir do cume, ele tinha edificado uma primeira mas importante ponte entre um enorme fosso.

NAS SUAS PRÓPRIAS PALAVRAS

Quaisquer que sejam as palavras ou metáforas utilizadas para descrever o "princípio do cume", foi um tema recorrente entre os muitos que entrevistei e observei para este livro.

Desde Todd S. Thomson, CFO da Citigroup, com mais de cem mil milhões de dólares em receitas anuais e um bilião sob o controlo da gestão:

A minha opinião do trabalho de CFO é que temos de ser a consciência da organização. Isso exige certificarmo-nos de que somos nós que pensamos no accionista.

Desde Daniel Cooper, COO do Departamento de Cirurgia do Hospital da Universidade da Pensilvânia e antigo gestor sénior das operações europeias da empresa de químicos Monsanto:

O que aprendemos numa empresa é estarmos absolutamente concentrados em relação ao ponto central da decisão e em fazer o que está certo. Parece um bocado "piegas" mas, na Monsanto, nós que estávamos em cargos de liderança tínhamos uma grande confiança e responsabilidade que os accionistas nos tinham dado e eu levava isso muito a sério.

Ao tomarmos decisões, estamos a "mexer" com as carreiras dos outros e não podemos aceitar isso levianamente.

Desde o Tenente-Coronel Joseph Bernard, segundo no comando da Escola de Candidatos a Oficiais da Marinha dos EUA sediada em Quantico, Virgínia, e fuzileiro desde 1982:

Sou um oficial da Marinha e a minha lealdade é para com a instituição da Marinha e para com o cumprimento da sua missão. Para mim, isso está sempre no topo da lista de prioridades quando tomo uma decisão.

Desde Thomas W. Jones, CEO da Global Investment Management da Citigroup:

Tolero pouco aqueles que medem o sucesso em termos de dinheiro. Atraem-me aqueles que tentam realizar feitos extraordinários e que arrastam outros para essa visão, pois querem alcançar algo especial.

(192) É Hora de Decidir

Desde David Pottruck, antigo CEO da Charles Schwab Corporation, a empresa de corretagem com 14 mil colaboradores e sete milhões de clientes:

Temos de encontrar a nossa paixão relembrando-nos que a nossa função não é fazer o que gostamos de fazer, mas fazer o que é essencial para a empresa.

Desde John J. Brennan, CEO do Vanguard Group, com dez mil "elementos da equipa" (como Brennan chama aos seus colaboradores) que gerem 850 milhões de dólares em nome de 18 milhões de clientes:

Se for um "carreirista", não vai ter sucesso aqui. Se quer ser uma estrela de *rock*, este não é o lugar para si. A primeira vez que pegar na guitarra, vamos agarrar nela e parti-la na sua cabeça.

O melhor para o cliente vem em primeiro lugar, o elemento da equipa vem a seguir e você é o último. No dia em que qualquer um de nós pensar que tem tudo a ver *connosco*, está na altura de sair!

Nunca quis tomar uma decisão que fosse boa para mim e má para o negócio.

E, finalmente, uma observação do antigo filósofo chinês, Lao-tzu:

Àquele que ama o mundo como o seu corpo pode ser confiado o império.[19]

O MOMENTO DE DECISÃO NÃO TEM QUE VER CONSIGO

No fundo da cadeia alimentar ou da escada de trabalho, as oportunidades de tomar decisões de longo alcance são poucas e espaçadas. Momentos de decisão altruístas são hipotéticos; pôr comida na mesa é a realidade. À medida que subimos na hierarquia, contudo, as possibilidades de tomadas de decisão egoístas aumentam cada vez mais, assim como a tentação de nos rendermos aos desejos da automaximização que correm tão profundamente nos valores norte-americanos e na cultura do capitalismo.

No entanto, os indícios sugerem que mesmo a iniciativa capitalista é mais bem dirigida pelos decisores que transcendem constantemente os seus interesses pessoais. Num estudo de como 11 empresas dos EUA aumentaram o seu desempenho de "bom para excelente" e mantiveram a mudança durante uma década, o autor e investigador Jim Collins descobriu que as empresas de melhor desempenho tinham no comando executivos que consistentemente colocavam o interesse da empresa à frente do seu.[20]

Aliás, a investigação e os indícios informais são claríssimos em relação ao facto da altruísmo representar um princípio de momento de decisão independente: quanto mais privilegiado for o seu cargo, menos egoístas as suas decisões devem ser. O momento de decisão nunca pode ser só sobre si. É por isso que a capacidade de ultrapassar interesses pessoais em favor de objectivos colectivos é um dos qualificadores distintivos para se chegar ao topo.

O modelo de decisão para transcender o lucro pessoal

"Aproximam-se dias difíceis", disse Martin Luther King Jr. a trabalhadores dos serviços do lixo em greve em Memphis, Tennessee, a 3 de Abril de 1968, na noite anterior a ser morto a tiro por um assassino. "Mas para mim já não tem importância. Porque já estive no topo da montanha. E não me importo. Como toda a gente, gostaria de viver muitos anos. A longevidade tem o seu lugar. Mas não estou preocupado com isso agora. Só quero fazer a vontade de Deus." Homem profundamente religioso, King tinha recorrido à mais alta autoridade que conhecia à procura de orientação e estava a agir agora de acordo com o que entendia ser o bem comum, independentemente do perigo para si.[21]

Faça o mesmo: imagine que está no topo da montanha, consulte as "pedras de toque" que o ajudam a equilibrar a equação entre o lucro pessoal e o benefício público. Mesmo se as coisas não correrem como tinha previsto, saberá que agiu como se estivesse no cume. Discursando para milhares de líderes políticos e de negócios em 2006, o Presidente Bill Clinton ofereceu conselhos semelhantes. Como forma de medir o êxito pessoal de alguém na presidência, recomendou: "Certifiquem-se de que as pessoas estão numa situação melhor quando saírem" e, quaisquer que sejam os contratempos das decisões tomadas, como ele bem sabe, "têm apenas de continuar".[22]

(194) É Hora de Decidir

Princípio	Ferramenta	Exemplo
1. Uma "pedra de toque" ou "estrela guia", um objecto ou memória pode servir de poderosa lembrança da necessidade de transcender os ganhos pessoais para fins públicos quando se tomam decisões responsáveis.	Olhe para uma imagem marcante ou lembre-se do exemplo dos seus pais, o conselho de um mentor ou o equivalente.	O General Peter Pace guarda uma fotografia do cabo Guido Farino debaixo do vidro da sua secretária no Pentágono.
2. Perguntar a si próprio o que a pessoa mais importante na sua empresa *deve* fazer para ajudar a garantir que as suas decisões atendem às várias necessidades da empresa, não apenas às suas.	Antes de chegar ao momento de decisão, imagine que está a contemplar a situação a partir do cume, perfeitamente posicionado para avaliar toda a empresa e a sua situação.	A *vice president* da Enron Sherron Watkins arriscou o emprego e o candidato presidencial ucraniano Viktor Yushchenko arriscou a vida ao agirem como achavam que as pessoas de autoridade acima deles deviam agir; Joshua Lawrence Chamberlain delineou a rendição da Confederação como ele acreditava que a nação precisava.
3. Quanto maior for a responsabilidade num cargo, menos egoístas devem ser as decisões.	Lembre-se para quem está a trabalhar, além de si, e quem beneficia e sofre mais com as decisões que toma.	Quase sem pensar nos lucros pessoais, Jack Krol abdicou de uma reforma confortável para ajudar a recuperar a Tyco para os seus colaboradores, clientes e investidores.

(7)
Erros não forçados

Neste capítulo irá aprender:
- que é importante não ter medo de tomar decisões
- algumas dicas para ultrapassar momentos de decisão difíceis

(196) É Hora de Decidir

Edward D. Breen Jr. estava a gozar a sua última tarde como CFO da Motorola quando uma mensagem começou a passar na parte inferior do monitor da CNBC na sua secretária: a Tyco International estava prestes a declarar falência. No dia anterior, as acções da empresa tinham subido até aos 11,58 dólares. Agora, enquanto Breen observava, caíam em queda livre, chegando ao ponto mais baixo de menos de sete dólares por acção. Foi no dia 25 de Julho de 2002, uma quinta-feira. Assim que o mercado fechou nesse dia, a Tyco anunciaria que Ed Breen seria o novo CEO, encarregado da tarefa hercúlea de arrumar a confusão que Dennis Kozlowski tinha deixado.

A notícia da falência era falsa, mas a Tyco era a confusão que parecia ser. O novo emprego de Breen não era uma tarefa para cobardes. "Tem de estar disposto a erguer-se e a tomar as decisões difíceis", diz ele. "Nem sempre é agradável, nem sempre é fácil, mas afinal somos pagos para resolver os problemas." Com a ajuda e apoio de um novo líder do conselho da administração, Jack Krol, Breen fez precisamente isso, demitindo praticamente toda a equipa sénior e forçando a demissão de todos os administradores que o tinham recrutado. Nem todas as decisões foram acertadas, reconhece Breen, mas a inércia teria sido um caminho muito pior. "É mais importante tomar dez decisões e acertar em oito do que *não* tomar absolutamente nenhuma."

Ed Breen tem um princípio básico de tomada de decisão que aplica nas empresas que gere. "Quando o CEO de uma empresa diz que apenas tem 80 por cento da informação e 'ainda não pode tomar aquela decisão', digo a mim próprio que a empresa tem uma falha fatal....Muitos ficam petrificados com o medo de cometer erros, mas não é assim que o mundo dos negócios funciona. Adoro aqueles que analisam, tomam uma decisão e seguem em frente."[1]

Essa mesma mensagem surgiu vezes sem conta entre os mais de cem decisores que entrevistei e observei para este livro: uma tomada de decisões acertada é uma decisão em si — um acto de vontade, uma resolução pessoal.

> Exige uma vontade de enfrentar, abraçar e fazer escolha após escolha, mesmo quando a situação se torna complicada.

Mark Crisson, que supervisiona serviços públicos de energia, água e linhas férreas na cidade de Tacoma, Washington, estima que toma dezenas de decisões difíceis semanalmente, centenas anualmente, muitas

7 | Erros não forçados (197)

das quais com grandes consequências económicas e políticas para os cidadãos e líderes de Tacoma. No entanto, nunca hesita face a uma situação de crise. Em vez de testemunhar a História, o momento de decisão exige um gosto por escrevê-la repetidamente, tanto de modo simples como grandioso.[2]

Lou Gerstner decidiu deixar de aconselhar clientes como a IBM na McKinsey para gerir empresas como a IBM, porque "queria ser quem toma as decisões", explicou, "não apenas quem é consultado em relação a elas". O antigo secretário de Estado e Chefe do Estado-Maior das Forças Armadas norte-americanas Colin Powell avisou que "não podemos fazer as escolhas dos outros" e "não devemos deixar que outros façam as nossas". Robert Druskin, do Corporate and Investment Bank da Citigroup e o jogador-chave na recuperação da Citigroup após os atentados do 11 de Setembro, disse praticamente o mesmo numa entrevista: "É bom termos opiniões de outros. É bom falar com várias pessoas inteligentes e experientes. Mas, no final, não podemos que outros tomem as decisões por nós....temos de fazer as nossas próprias escolhas e temos de estar preparados para viver com elas."[3]

O cirurgião torácico Larry Kaiser supervisiona 75 médicos que anualmente realizam mais de dez mil cirurgias no Hospital da Universidade da Pensilvânia. Como presidente do departamento de cirurgia e cirurgião-chefe do Sistema de Saúde do Hospital da Universidade da Pensilvânia, Kaiser toma centenas de decisões pessoais e operacionais que afectam a vida de milhares de doentes. Todavia, sai do escritório sem o mínimo indício de arrependimento de decisor. "Nunca tenho problemas em tomar decisões", disse-me, "e nunca saio daqui ao final do dia em agonia." Mogens Lykketoft, líder do Partido Social Democrata da Dinamarca e antigo ministro das Finanças e dos Negócios Estrangeiros, era da mesma opinião: "Nunca tive problemas em tomar medidas ou decisões."[4]

No entanto, praticamente todos já ficámos angustiados de vez em quando por ter de fazer uma escolha difícil. Thomas Jefferson referiu-se uma vez à sua presidência como uma "angústia esplêndida".[5] Nem todas as decisões, mesmo que tenham sido tomadas com grande confiança, investigadas exaustivamente e bem-intencionadas, acabam bem. Mas a Regra Inversa da Angústia no Momento de Decisão deve ser reconfortante: quanto mais decisões tomar, menos arrependimento é provável que venha a ter em relação a tomar a decisão seguinte.

PESSOAS INTELIGENTES POR VEZES TOMAM DECISÕES ESTÚPIDAS

As boas decisões conduzem à satisfação, prosperidade e progresso. As decisões verdadeiramente más — o Edsel geralmente vem à ideia — são razão para uma vergonha extrema.

Alguns erros de decisão são, em grande medida, pessoais, de poucas consequências excepto para os envolvidos. Veja a compilação do jornalista britânico David Frost de alguns dos piores erros deste género:

- A decisão do explorador sul-africano Sors Hariezon de vender a sua concessão de minas de ouro em 1886 por 20 dólares. Durante o século seguinte, as minas da sua concessão ou perto produziram mais de metade do ouro vendido no mundo ocidental.

- A decisão de 1889 do Instituto Técnico de Munique de não aceitar um candidato de nome Albert Einstein. Einstein, decidiu o instituto, "não mostrava qualquer promessa".

- A decisão de 1977 de um piloto de parapente de fazer um gesto obsceno a uma mulher que tomava banhos de sol em cima de um telhado. O marido dela respondeu com uma submetralhadora.[6]

O escritor da revista *Fortune* Jerry Useem (o nome não é coincidência; Jerry é meu filho) e a sua equipa compilaram a sua própria lista de algumas das melhores e piores decisões na História dos negócios. Entre os melhores momentos de decisão de negócios de todos os tempos, concluíram, estava a decisão da Boeing de construir o 707, da IBM de construir o 360 e da Intel de fazer o microprocessador. Mas a compilação deles também incluía decisões "espantosamente estúpidas" e com bastantes consequências como:

- A decisão da Western Union em 1876 de não comprar os direitos do telefone de Alexander Graham Bell, acreditando que a sua própria rede de linhas de telégrafo definiria melhor o futuro das comunicações nacionais.

- A decisão de 1972 da Ford Motor Company de não corrigir o depósito de gasolina no seu modelo Pinto, mesmo depois de saber que o depósito estava sujeito a explodir quando o carro levava uma batida por trás, incinerando condutor e passageiros. A lógica espantosa da

7 | Erros não forçados (199)

Ford: defender-se contra litígios de morte por negligência seria menos dispendioso do que investir 11 dólares por depósito para corrigir o problema.

- A decisão de 1982 da AT&T de se dividir, separando as suas sete empresas de telefones enquanto mantinha a produção de equipamento e os serviços de chamadas de longa distância. A lógica invertida neste caso: a convergência de computação e comunicações tornaria mais tarde a produção de equipamento e os serviços de chamadas de longa distância as divisões mais lucrativas.[7]

Este cruzamento de quocientes de sucesso elevados e momentos de decisão baixos poderia ter encontrado o seu apogeu na Enron. O seu crescimento espectacular durante a década de 1990 levou-a a ser classificada no ano 2000 como uma das empresas norte-americanas mais admiradas pelo poder de inovação. Porém, quando confrontados com decisões críticas, os administradores da Enron escolheram repetidamente caminhos que levaram directamente ao fim da empresa. Confrontados de forma semelhante, os executivos de topo do gigante da energia fizeram o mesmo, desde as "entidades de fins especiais" de fugas contabilísticas de Andrew Fastow, à dissimulação contínua do *chairman* Kenneth Lay e do CEO Jeffrey Skilling. Desde o conselho de administração até à *suite* executiva, os administradores e executivos da Enron enfrentaram momentos de decisão fundamentais para milhares de accionistas e colaboradores e frequentemente escolheram o caminho errado.[8]

O GUIA DOS DECISORES PARA ERROS NÃO FORÇADOS

Enquanto que as decisões dos administradores e executivos da Enron foram fundamentais na sua derrocada, a aplicação de alguns princípios e ferramentas retirados dos modelos poderiam ter sido a salvação. A sua ausência e as terríveis consequências que se seguiram devem ser chamadas de atenção eternas para construir e incorporar os modelos de decisão antes de serem necessários. De outro modo poderemos ver outra vez "os terríveis erros de cálculo das pessoas", na expressão do escritor Jonathan V. Last, "a quem pagam muito dinheiro para tomarem decisões". Ele estava a fazer referência aos realizadores de fracassos de bilheteira de Hollywood como *Ishtar*

(200) É Hora de Decidir

e *Waterworld*, mas o seu aviso aplicar-se-ia a qualquer mundo cujos cidadãos tomam decisões com consequências sem um conjunto adequado de modelos orientadores.[9]

Segue-se um conjunto final de linhas orientadoras para o ajudar a evitar aquilo que no ténis se chama "erros não forçados", essas pequeníssimas falhas que no final ajudam a fazer a diferença entre a vitória e a derrota.[10]

Problema: NÃO É CONCEDIDA AUTORIDADE
Ferramenta: PROCURAR RESPONSABILIDADE

Para alguns, a responsabilidade é simplesmente concedida: a uma princesa é entregue o reino na morte do monarca; um filho preferido herda o negócio da família. A maioria, porém, tem de procurar activamente a autoridade de tomar decisões.

Nascido no Bronx de um casamento inter-racial, Jaime Irick teve sucesso desde a sua juventude ao enfrentar novos desafios. Na escola secundária, agarrou-se ao desporto; na universidade, assumiu projectos de serviço social. Após a licenciatura, Irick foi para as forças armadas, qualificou-se como soldado pára-quedista e foi promovido a oficial. De volta à vida civil, pedia constantemente tarefas maiores e mais desafiantes. "Nunca tive no papel todas as habilitações necessárias para os empregos que tive", disse-me; porém ele abraçou os seus deveres com tanta prontidão que mais responsabilidade lhe apareceu naturalmente. Com um novo MBA nas mãos, Irick ousadamente contactou o CEO da GE, Jeffrey R. Immelt, com uma simples mensagem: "Eu sempre quis gerir qualquer coisa." O apelo pessoal ao CEO funcionou. Hoje, como director de vendas na divisão de Homeland Protection da General Electric, Jaime Irick tem um papel relevante num dos negócios de crescimento de Immelt.[11]

Madhabi Puri Buch fez praticamente o mesmo no ICICI, um dos principais bancos da Índia, ao qual ela se juntou em 1997. Com pouca experiência em campos consideravelmente especializados, enfrentou uma sucessão de responsabilidades, que iam desde transacções via Internet até ao financiamento de empréstimos. Por fim, pediu ao CEO K. V. Kamath para lhe dar uma oportunidade na gestão da "sala da caldeira" do banco, o *back office* que gere o enorme volume de dados electrónicos, em papel e por telefone, que invadem o banco todos os dias. "No passado", explicou ela, "tinham-me dado tarefas nas quais não tinha experiência. No entanto, correram bem!" Agora ela subiu a parada ao aceitar uma das operações menos "glamorosas" mas mais importantes do banco. Os amigos pensavam que ela tinha sido "posta de lado". Em vez disso, Buch dominou a essência de mais outro departamento bancário ao assumir a responsabilidade de decidir como o transformar.[12]

Problema: RESPONSABILIDADES DESCONHECIDAS
Ferramenta: ANALISAR O PASSADO

Ao abraçar novas responsabilidades, as decisões do passado podem servir de apoio natural para evitar erros futuros.

Liu Chuanzhi estava a trabalhar na Academia de Ciências chinesa em 1984 quando o seu país começou a sua histórica liberalização. Inspirado, Liu formou o que viria a ser a Legend Group, numa primeira fase distribuindo alguns computadores pessoais estrangeiros e, mais tarde, transformando-se no maior produtor de PC da China. Em 2005, rebaptizada de Lenovo, a empresa adquiriu a linha de computadores da IBM, tornando-se no terceiro maior produtor de PC no mundo. Na sua juventude, Liu queria ser piloto de combate no Exército de Libertação Popular. Em vez disso, tornou-se num dos empreendedores de maior sucesso no mundo.

Quando Liu abandonou o laboratório de investigação patrocinado pelo Estado em 1984, não sabia nada acerca da construção de uma empresa, por isso dedicou-se a aprender ao estudar minuciosamente os seus próprios momentos de decisão. No final de cada semana, Liu e os seus assistentes principais encontravam-se para analisar as grandes decisões dos cinco dias anteriores. Eram cometidos muitos erros, disse-me ele, mas a reunião semanal ajudava a "garantir que não fazemos [os mesmos] erros no futuro". Graças às análises e lições delas retiradas, a Lenovo foi capaz de resistir às oscilações económicas da China, enquanto outros fracassaram. Ao rever habitualmente os seus processos de decisão, Liu Chuanzhi construiu o seu próprio modelo de decisão para progredir.[13]

> A análise pós-acção pode ser mensal, trimestral, anual ou mesmo diária, depende do ritmo das tomadas de decisão.

Em Julho de 2004, observei uma equipa de combate a fogos florestais em acção contra um fogo violento no Parque Nacional de Yosemite. Todas as tardes, sem falha, o comandante de operações, o director de

(202) É Hora de Decidir

operações, o chefe de planeamento e uma dúzia de bombeiros com responsabilidade reuniam-se para analisar as decisões do dia e decidirem as acções para o dia seguinte. No final de cada análise disciplinada e repleta de factos, um dos participantes faria quatro perguntas: O que tinha sido planeado para aquele dia? O que na realidade tinha acontecido durante o dia? Por que é que aconteceu? E o que deve ser feito da próxima vez? Num sistema *round-robin**, cada elemento da equipa abordava cada um dos tópicos. Só dessa forma os bombeiros conseguiam ficar ao corrente da situação que se alterava constantemente com a dinâmica em contínua mudança do incêndio. O princípio: estudar o passado, mesmo se for apenas ontem, e tomar em consideração as suas lições persistentes.[14]

Problema: INSTINTO INEXPERIENTE
Ferramenta: INSTRUIR OS SEUS INSTINTOS

"Siga o seu instinto." "Siga a sua intuição." "Confie nos seus sentimentos." Os ditados são lugares-comuns, mas será que os nossos instintos tomam boas decisões? Na verdade, não se pode confiar no instinto cego, mas este pode ser instruído. O principal objectivo dos simuladores de voo, por exemplo, é permitir aos pilotos passarem por surpresas improváveis tantas vezes que, se alguma na realidade ocorrer, a sua resposta seja reflexiva. "Treina como voas e voa como treinas" é o que dizem no programa de treino de astronautas da NASA no Johnson Space Center em Houston. Em consonância com essa máxima, os astronautas passam por um programa exaustivo que inclui cerca de 500 aterragens de vaivém simuladas antes de o pilotarem. Não admira que tantos viajantes do espaço tenham tendência para dizer quando regressam à Terra: "Quando algo correu mal, entrei logo em modo de treino."[15]

A prática nem sempre torna as coisas perfeitas, mas certamente ajuda. Quando foi nomeado Bispo Episcopal da diocese da Pensilvânia em 1998, Charles E. Bennison recorreu às três décadas de experiência desde a sua ordenação para enfrentar uma sucessão de questões delicadas. Apesar de uma oposição generalizada de padres e leigos, ele introduziu planos para contratar um angariador de fundos a tempo inteiro para consolidar as finanças da diocese de 162 paróquias. Mais tarde, de novo sabendo que iria encontrar protestos, suspendeu um pastor de uma igreja que se opunha à ordenação de mulheres e homossexuais.

---

* **N. T.** Sistema especialmente utilizado em actividades desportivas em que cada concorrente encontra uma vez cada um dos seus adversários.

7 | Erros não forçados (203)

"Dia após dia, não posso duvidar de muita coisa porque confio nas minhas intuições", disse ele. "Posso estar a cometer grandes erros, mas tenho cada vez mais confiança todos os dias de que estou consciente da situação e que estou a tomar as decisões acertadas." Isso não significa que Bennison se atire de cabeça no momento de decisão. Longe disso. "Enervo-me e hesito e escuto e assimilo dados e converso com todo o tipo de pessoas antes de me sentir confortável com alguma coisa", contou ele. Mas isso não quer dizer que, ao preparar-se para agir, consulte um instinto bem instruído.

"Se formos instruídos acerca de uma coisa e depois a vivermos, a linha torna-se indistinta entre o que os nossos instintos eram e o que são agora", explica o General Peter Pace. "A nossa mente toca em recursos de que não tem consciência que está a tocar." Nas palavras do autor de *Blink*, Malcolm Gladwell, isso é o "poder de pensar sem pensar".[16]

Problema: PARALISIA DE ANÁLISE
Ferramenta: A SOLUÇÃO DOS 70 POR CENTO

Apenas os professores e os jornalistas são pagos para dizer "Por outro lado...". Quando todos os outros como nós continuam a explorar e a manipular informação para encontrar o conhecimento perfeito — e, desse modo, a certeza perfeita — estão a avançar lentamente em direcção ao estado clínico da decidofobia, o medo de enfrentar um momento de decisão.

A Marinha luta com esta síndrome com a "solução dos 70 por cento". Se tivermos 70 por cento da informação, se tivermos feito 70 por cento da análise e se nos sentirmos 70 por cento confiantes, então avançamos. A lógica é simples: uma acção nada ideal, executada rapidamente, tem uma hipótese de sucesso, enquanto acção nenhuma não tem hipótese. A pior decisão é não tomar decisão alguma.[17]

Analise, mas não analise de mais: é essa a mensagem que a *vice president* executiva da Hewlett-Packard Ann Livermore envia ao Grupo de Soluções Tecnológicas da HP, um negócio de mais de 30 mil milhões de dólares que engloba sistemas e armazenamento empresariais, *software* e serviços, e emprega 95 mil profissionais de TI. Ela dá primazia a tomadas de decisão "suficientemente rápidas" — baseadas em informações suficientes, não em dados perfeitos. A GE ensina o mesmo nos seus retiros. Ao exigir que gestores de topo votem a favor ou contra, individual ou publicamente, em relação a várias mudanças propostas, a GE evita as análises intermináveis que comprometem o ritmo das decisões.[18]

(204) É Hora de Decidir

Recorrendo à sua própria experiência tumultuosa como Presidente do Paquistão desde 1999, Pervez Musharraf afirma que, embora um líder tenha de ouvir opiniões contrárias e envolver outros nas deliberações, "nunca deve ficar paralisado". Além do mais, na altura de tomar uma decisão, raramente todos os dados estão disponíveis de modo a termos a certeza do resultado. "As decisões são em dois terços dados e números", afirma Musharraf, e "um terço um salto no escuro, onde não conhecemos todos os factos". Se aumentar o lado mais reduzido da equação, é demasiado impulsivo, mas se aumentar o outro lado, não é um líder.[19]

Problema: ERROS ACONTECEM
Ferramenta: TOLERÁ-LOS — UMA VEZ

Na falta de informações e análises perfeitas, é certo que os erros irão acontecer. O segredo, diz Peter Pace, é: "Não se martirize. Se não estiver a cometer erros não preciso de si na minha organização", que no seu caso inclui cerca de 2,4 milhões de tropas. "Prefiro que decida correctamente em 90 por cento dos casos num universo enorme e não que decida correctamente em cem por cento das ocasiões num pequeno universo."[20]

Charles Elachi dirige o Laboratório de Propulsão a Jacto, a agência contratada pela NASA para missões não tripuladas ao espaço, incluindo as aterragens em 2004 do *Spirit* e do *Opportunity* em Marte, que encontraram indícios de água entre camadas de rocha vulcânica. Dada a complexidade técnica do voo espacial, Elachi insiste que todas as decisões importantes antes da missão no LPJ sejam alvo de uma avaliação intensa por parte dos pares e de uma avaliação externa. De modo a assegurar tomadas de decisão disciplinadas durante a missão, ele insiste igualmente na resiliência. "Nós trabalhamos sob uma pressão enorme", diz ele. "Muitos elementos cruciais dependem das nossas decisões. Temos de ter nervos de aço. Todos os envolvidos no projecto têm de se manter calmos e serenos para conseguirmos pensar claramente acerca do que está a acontecer. Qualquer um que entre em pânico sob pressão está no negócio errado." De modo a incutir esses nervos de aço entre os seus 5.500 colaboradores, Elachi exige que os que tenham menos experiência observem veteranos do LPJ a tomar decisões.

Previsivelmente, porém, algumas das decisões do LPJ não correm bem. Uma missão a Marte em 1998 acabou num fracasso tão mediático e dispendioso que os dois gestores principais da missão estavam prontos para se demitir. Elachi não deixou. "Normalmente, quando um projecto falha, tenta encontrar-se alguém para culpar", diz ele, "mas se condenarmos

7 | Erros não forçados (205)

a pessoa que cometeu o erro, perdemos muita experiência." Pelo contrário, Elachi disse aos dois gestores: "Gastámos 400 milhões de dólares a dar-vos formação. Têm de aprender com estes erros e tenho a certeza de que não os repetirão." Seis anos mais tarde, um dos gestores estava a trabalhar como director de missão e o outro como gestor adjunto das viagens bem sucedidas do *Spirit* e do *Opportunity* a Marte.[21]

Problema: PRECIPITAR-SE PARA UM JULGAMENTO
Ferramenta: CONSERVAR A POSSIBILIDADE DE OPÇÃO

Muitas decisões aparecem com datas-limite iminentes: se não agir atempadamente perde-se a batalha e a oportunidade de mercado desaparece. Mesmo sem uma data-limite pode ser tentador acabar com a difícil actividade de fazer escolhas. Contudo, quanto mais conseguir comprimir as incertezas e deixar as coisas ocuparem os seus lugares antes de decidir, mais probabilidades tem de chegar à decisão correcta.

Enquanto ministro das Finanças dos Estados Unidos de 1995 a 1999, Robert Rubin enfrentou uma série de grandiosas decisões que iam desde o salvamento do peso mexicano ao pedido da China para fazer parte da Organização Mundial do Comércio. De vez em quando, Rubin decidia manter as suas "decisões abertas durante o maior espaço de tempo possível", uma tendência que o seu então adjunto Lawrence Summers chama de "conservar a possibilidade de opção".[22]

Como CEO da Scottish Power, um produtor de energia com grandes operações nos Estados Unidos e no Reino Unido, incluindo extensas estações eólicas, Ian Russell toma decisões de investimento que envolvem centenas de milhões de dólares de uma só vez. Uma das suas novas fábricas de energia consegue gastar sozinha 350 milhões de dólares; as estações eólicas consumiram três mil milhões. Com tanta coisa a depender de cada momento de decisão, a precipitação em direcção a um julgamento em qualquer decisão pode resultar num erro estratégico do qual a recuperação seria extremamente dispendiosa.

Sem surpresas, Russell demora o seu tempo a tomar tais decisões. "Vamos ser cautelosos," avisa ele, e com esse intuito ele trabalha para garantir que a sua equipa compreende as opções das decisões, compreende as vantagens e desvantagens e sabe o que pode acontecer de errado com cada uma para a empresa não "fazer má figura daqui a um ano". Para decisões de tal envergadura, Russell aconselha esperar três, seis ou mesmo 12 meses para diminuir a complexidade e reduzir a incerteza o mais possível antes de agir. [23]

Problema: SOBRECARGA DE ANSIEDADE
Ferramenta: OLHAR PARA O RELÓGIO

Níveis baixos de ansiedade são produtivos: concentram a mente. Níveis altos podem ser contraproducentes. Uma mente em pânico pára de processar nova informação, tal como Charles Elachi do LPJ avisou, revertendo para respostas que já provaram ser acertadas e dando lugar a decisões precipitadas que podem piorar as coisas.

O que é preciso é um circuito impeditivo para quebrar o círculo de ansiedade. Pilotando um F/A-18 vacilante em direcção ao convés de um porta-aviões, alguns pilotos da Marinha acalmam-se ao observar o relógio. Outros indicadores podem estar a girar assustadoramente, mas o relógio não. Os médicos nas salas de urgência verificam a sua própria pulsação. Os bombeiros tocam no ombro de um colega ansioso. Respiração *zen*, textos sagrados, retiros privados — todos podem ajudar a restaurar a nossa tranquilidade.

Problema: SÍNDROME DOS CUSTOS IRRECUPERÁVEIS
Ferramenta: QUEIMAR O BARCO*

Seymour Cray consegue construir duas coisas: barcos e supercomputadores. Cada novo supercomputador Cray — ele produziu o primeiro em 1963 — era uma obra-prima, trabalhado com o cuidado e a genialidade de um Stradivarius. Um até tinha uma fonte decorativa no seu sistema de refrigeração. Mas Cray sabia que, em informática, não existe uma perfeição intemporal, apenas obsolescência. Diz a lenda que, para tornar as coisas mais claras, ele construía um bonito barco à vela em cada Primavera, depois queimava-o no Outono.[24]

É sempre doloroso destruir algo que construímos, seja uma máquina, uma organização, uma ideia ou até um parágrafo. O nosso investimento é tanto espiritual como económico, mas muitas vezes pode ser um entrave. "O meu conselho para os jovens", avisou Henry Ford na década de 1920, "é estarem preparados para rever qualquer sistema, descartar quaisquer métodos, abandonar qualquer teoria se o sucesso da tarefa assim o exigir". Ford fez precisamente isso — até o sistema e teorias em questão serem os seus. Diz-se que, quando lhe foi apresentado um protótipo para suceder ao Modelo T, Ford despedaçou literalmente a ousadia.

---

* **N. T.** Tradução literal da expressão inglesa *burn the boat*, que significa tomar uma decisão irrecuperável.

7 | Erros não forçados (207)

Na realidade, ao recusar abandonar os seus laços espirituais com o obsoleto Modelo T, Henry Ford estava a despedaçar o futuro da sua própria empresa. Quando introduziu o Modelo A em 1928, a General Motors tinha-lhe roubado a liderança. Seymour Cray, pelo contrário, afundava anualmente os seus custos irrecuperáveis.

Problema: **ECOS DE *YES-MAN***
Ferramenta: **COLOCAR PERGUNTAS, NÃO OPINIÕES**

"Não quero *yes-men* à minha volta", afirmou um dia o magnata do cinema Samuel Goldwyn. "Quero que me digam a verdade, mesmo que lhes custe o emprego." Nós rimo-nos porque reconhecemos o momento. As organizações não têm por hábito recompensar aqueles que dizem verdades incómodas. Todavia, precisam merecidamente de as ouvir.

"Se entrar numa sala ocupando um cargo sénior e disser inocentemente 'Aqui está o que eu penso acerca disto', já distorceu o pensamento dos outros", diz o General Peter Pace. A sua abordagem: "Comece com uma pergunta e não exprima uma opinião." Porquê? Porque os outros não se podem alinhar atrás de si se não souberem onde se encontra. Se apresentar aos seus subordinados um desafio intelectual, eles sentem-se mais à vontade para expressar as suas opiniões sem medo de ofenderem. Quanto ao velho cliché de anunciar no início de uma reunião que não existem estrelas, que somos todos iguais aqui, esqueça isso, diz Pace. As pessoas sabem que as estrelas aparecerão; elas sabem no final da reunião quem continua a estar no comando. Além disso, acrescenta Pace, "eu gosto das minhas estrelas".[25]

Problema: **FACÇÕES EM LUTA**
Ferramenta: **DEIXE A BATALHA ALASTRAR**

No início da década de 1980, a Gillette tinha uma guerra interna em mãos. Após anos de perder quota de mercado para as lâminas de barbear descartáveis da Bic, o venerável gigante de artigos para a barba tinha-se dividido em duas facções: aço e plástico. Uma facção queria enfrentar a concorrência de preços directamente ao promover as descartáveis de plástico da Gillette. O outro dizia para ceder o terreno para a Bic e investir milhões na criação de melhores lâminas de barbear de metal. Muitos CEO teriam intercedido para abrandar o conflito, mas Colman Mockler não podia arriscar chegar à decisão errada, por isso deixou as divisões lutarem para resolver a questão.

(208) É Hora de Decidir

As lutas políticas internas podem ser destrutivas, mas batalhas em relação a recursos, bem geridas, podem ser precisamente o contrário. Uma furiosa torrente de factos é confrontada com um feroz contra-ataque de análise e o campo de batalha fica repleto de informações úteis. Os interesses pessoais em ambos os lados têm tendência para se neutralizar mutuamente enquanto o chefe se mantém neutro. Durante quase dois anos, Mockler foi uma Suíça perfeita. Depois, um dia, entrou e tomou o partido da facção do aço. O seu argumento — que levaria a "sistemas de barbear" como o Sensor montado sobre molas, o Mach 3 e as lâminas de barbear a serem comercializadas como aviões a jacto — tinha levado a melhor.[26]

Problema: UM ADVERSÁRIO ASTUTO
Ferramenta: CLONAR O SEU ADVERSÁRIO

Em Janeiro de 2004 a equipa de futebol americano dos New England Patriots estava prestes a enfrentar um adversário excepcionalmente perigoso. Peyton Manning, *quarterback* dos Indianapolis Colts, não podia ser travado através dos meios tradicionais. O seu braço era demasiado preciso, os seus pés demasiado rápidos, o seu estilo demasiado diferente. Por isso, uma semana antes do grande jogo, o treinador dos Patriots, Bill Belichick, apresentou ao seu *quarterback* suplente, Damon Huard, um desafio: tornar-se Peyton Manning.

Huard fez mais do que estudar algumas gravações de jogos; dedicou-se totalmente ao papel. "Eu li sobre ele", disse a um repórter. "Tentei copiar os seus maneirismos quando ele chegava à linha, como ele gritava os *audibles**, como ele lida com a bola, todas as coisas de que conseguia lembrar-me." O desempenho de Huard, disseram os colegas de equipa, era merecedor de um Oscar e o verdadeiro Peyton Manning sofreu com isso. Após uma semana a lutar contra o duplo de Manning e a ajustar as suas tácticas em conformidade, os Patriots interceptaram Manning quatro vezes para avançarem para o *Super Bowl***. Depois do jogo, Belichick distinguiu Huard, que não tinha estado em campo nesse dia, como um contribuinte-chave para a vitória.[27]

A clonagem traduz-se facilmente noutras situações competitivas. Já que ninguém é melhor a encontrar falhas num plano do que um adversário, destacar uma pessoa ou até uma equipa para pensar como o seu adver-

---

* **N. T.** Comando verbal falado ou gritado pelo *quarterback* para os seus companheiros para mudar uma jogada.

** **N. T.** Final do campeonato de futebol americano.

7 | Erros não forçados (209)

sário pode, muitas vezes, expor falhas que, identificadas cedo, têm menos probabilidades de serem fatais. Ao terem como tarefa testar um plano — tal como os produtos novos são atirados de alturas elevadas e incendiados — os clones internos podem proteger contra o optimismo excessivo, sem reprimir a energia necessária para executar uma estratégia. Ninguém quer ser rotulado de opositor, mas a imitação é mais do que lisonja. Pode ser um género superior de heroísmo. Funcionou para Bill Belichick.

Problema: **PENSAMENTO CONSTRINGIDO**
Ferramenta: **ESCREVER POESIA**

Por vezes o nosso pensamento não consegue fugir das paredes dentro das quais ficamos presos. Para sair desse aperto, Bill Gates vai para um retiro duas vezes por ano durante uma semana numa cabana isolada. Com pilhas de documentos de planeamento e sem interrupções, Gates reflecte sobre o que a Microsoft deveria estar a pensar mas não está.[28]

John Barr — director-geral e *chairman* da SG Barr Devlin, uma unidade do gigante bancário francês Société Générale, e banqueiro de investimentos há mais de duas décadas — tem uma solução diferente. Quando não está a distribuir conselhos estratégicos e financeiros a empresas da lista *Fortune 500*, Barr escreve poesia e ainda é presidente da Poetry Foundation, seguindo a honrada tradição de poetas/homens de negócios como o director editorial T.S. Elliot e os administradores de seguros Wallace Stevens e Ted Kooser, este último um poeta laureado.

"Penso que uma vida de poesia — como leitor ou escritor — dá-nos uma compreensão da plenitude e complexidade das coisas", diz Barr. "Escrever um poema é um processo de síntese e inclusão... Basicamente encontramos um grupo de palavras numa certa sequência que têm dentro delas a magia de capturar e conter um momento de realidade externa. Existe um mistério nisso e existe também uma inclusão que vai para além de tudo o que conseguimos simplesmente pôr numa frase racional."

"Essa noção de arte expandindo-se para os limites da experiência humana resulta num decisor melhor no mundo dos negócios, porque costuma anular a tendência de reduzir todas as questões de negócios a um simples algoritmo ou a uma simples proposição que conseguimos resumir e tomar uma decisão sobre ela." Ao atender clientes de investimentos, conclui Barr, "fiz um trabalho melhor porque compreendi que existe mais na sala do que apenas uma voz ao telefone".[29]

(210) É Hora de Decidir

Problema: FRACASSO REPETIDO
Ferramenta: REDEFINIR ESTRATÉGIAS E REORGANIZAR
A EQUIPA

Alguns planos e produtos não estavam destinados a sê-lo. Alguns, como o Modelo T de Henry Ford, eram perfeitos para uma geração mas viveram mais do que a sua época. Se vir que o seu empreendimento está a bater futilmente contra a porta do sucesso, é provavelmente altura de ter uma nova liderança e uma nova estratégia para ir até onde quer chegar.

Pense no momento em 1953 quando Edmund Hillary e Tenzing Norgay chegaram pela primeira vez ao cume do Monte Evereste, o pico mais elevado do mundo. Já todos ouviram a história de como eles lá chegaram. Hillary e Tenzing encararam a montanha, enfrentaram os seus perigos e chegaram ao topo através de puro talento e determinação. É uma história inspiradora, porém encobre outra ainda mais profunda, uma história menos visível, acerca de um gestor despretensioso e um comité anónimo sem o qual a famosa dupla nunca teria chegado ao topo. Aqui está a história por detrás da história.[30]

Eric Shipton, não Edmund Hillary e Tenzing Norgay, tinha sido escolhido pelo Comité dos Himalaias da Real Sociedade Geográfica para liderar a tentativa inglesa em 1953 no Evereste. Um aventureiro romântico e o alpinista mais destacado do país no momento, Shipton tinha sido fundamental em quatro das sete expedições inglesas ao Evereste e conhecia a montanha melhor do que ninguém. A sua última expedição tinha descoberto um caminho novo e mais promissor para chegar ao topo.

Ele parecia ser uma escolha natural; no entanto, quase de imediato, os membros do comité mudaram de ideias. As escaladas improvisadas e com pouco equipamento de Shipton tinham mostrado instinto empreendedor, mas a sua desatenção ao detalhe e ao planeamento era notória. Numa viagem, ele até se esqueceu da mochila. O comité receava que o seu estilo não estivesse à altura da tarefa.

A concorrência estrangeira também fazia parte do "arrependimento de comprador" do comité. Desde a lendária tentativa britânica no Monte Evereste em 1924, quando George Mallory e Sandy Irvine desapareceram misteriosamente perto do cume, que os britânicos viam a montanha mais alta do mundo como um desafio nacional. Todavia, no ano anterior, uma equipa suíça tinha chegado a poucas centenas de metros verticais do cume do Evereste, de 8.849 metros. Se os britânicos falhassem desta vez, tanto os alemães como os franceses teriam hipótese de chegar primeiro ao cume.

7 | Erros não forçados (211)

O Comité dos Himalaias não queria outro fracasso romântico, algo em que os cavalheiros aventureiros se distinguem, por isso, apenas seis semanas depois de ter escolhido Shipton, voltou atrás e despediu-o, substituindo-o por John Hunt, um homem de carreira militar e praticamente desconhecido no alpinismo. Hunt, por sua vez, trouxe uma nova estratégia ao velho sonho de conquistar o Evereste.

Perito em logística, Hunt aplicou os princípios da indústria moderna à expedição ao Evereste, especificando, por exemplo, que cada caixa de rações tinha de conter exactamente 29 latas de sardinhas. A sua estratégia — que depressa se tornou a norma nas expedições de montanhismo — exigia um exército de alpinistas, *sherpas*, carregadores e iaques que subiriam a montanha metodicamente, transportando provisões para acampamentos a uma altitude cada vez maior. Hunt também deu uma atenção sistemática ao elemento humano. O Evereste exigia um "nível invulgar de abnegação e paciência", escreveu ele mais tarde. "O fracasso — moral ou físico — até de uma ou duas [pessoas] acrescentaria muito às dificuldades." O desejo de chegar ao topo, acrescentou ele, "tem de ser tanto individual como colectivo". Este último ponto foi importante: o objectivo da sua engenharia humana era apenas levar dois alpinistas até ao cume.[31]

Quem seriam os dois alpinistas? Se Shipton tivesse estado no comando, é provável que se tivesse incluído. Que aventureiro ousado deixaria a subida final para os subalternos? Nas mãos de Hunt, porém, não menos de dez alpinistas — incluindo um neozelandês de 33 anos, filho de um apicultor, chamado Ed Hillary — estavam na corrida. A escolha final, declarou Hunt, dependia de factores impessoais: quem estava a escalar bem e quem estava no acampamento mais elevado quando o tempo mudasse. Os outros iriam em apoio.

A 26 de Maio de 1953, Tom Bourdillon e Charles Evans foram escolhidos para a imortalidade e chegaram a 90 metros dela, impedidos, por fim, por uma diminuição de vigor, oxigénio e luz do dia. Porém, ao recuarem, Bourdillon e Evans construíram uma plataforma inestimável, armazenando botijas de oxigénio e voltando da sua tentativa falhada com uma colecção valiosa de informações úteis. Fiel à sua abordagem metódica, o próprio John Hunt tinha transportado provisões até a 600 metros verticais do cume e tinha uma segunda equipa pronta para partir.

Tenzing Norgay e Ed Hillary partiram rapidamente na manhã de 28 de Maio, chegando ao depósito de provisões de Hunt, o que tornou uma noite terrível pelo menos possível de sobreviver. Às quatro da manhã levantaram-se a oito mil metros no céu. O ar gelado tinha transformado as botas de Hillary em aço, mas um fogão estava à mão para as derreter, assim como um pequeno-almoço para os alimentar: bolachas, limonada e, o mais gratificante de tudo, a última lata de sardinhas de Hunt. Restabelecidos, os dois prepararam-se para acabar com 30 anos de frustração. Sete horas mais tarde, às 11h30 do dia 29 de Maio, Hillary tirou a famosa fotografia que assinalava a vitória deles: Norgay, com uma picareta de alpinista levantada para o alto, com o pé esquerdo poisado no topo do ponto mais alto do planeta.

Tenzing Norgay no cume do Monte Evereste   Cume do Monte Evereste com as pegadas de Edmund Hillary e Tenzing Norgay visíveis na neve.

O seu extraordinário feito montanhista transformou-os com justiça em lendas imediatas. Tenzing Norgay tornou-se um herói nacional na Índia e no Nepal, cada um dos quais o reivindicava. Edmund Hillary foi condecorado pela rainha e a sua imagem foi adicionada às notas de cinco dólares da Nova Zelândia. Quanto a John Hunt, entraria na Câmara dos Lordes. No entanto, dizer que Hillary e Tenzing "conquistaram" o Evereste é um pouco como dizer que Neil Armstrong e Buzz Aldrin conquistaram a Lua. Tal como os astronautas do *Apollo 11*, os dois alpinistas estiveram no topo de uma pirâmide de pessoas e provisões, neste caso erigida por John Hunt. Mas o herói não referido no momento mais celebrado do alpinismo nem sequer estava no Nepal.

Ao redefinir a expedição como um esforço metódico — e tendo a coragem para aguentar as críticas que se seguiram à demissão de Shipton — o Comité dos Himalaias construiu a derradeira plataforma para o sucesso. O talento e a determinação, ficou provado, irão levá-lo até bem alto na montanha; mas bolachas e sardinhas levam-no até ao topo. A montanha era demasiado alta para o alpinista mais talentoso do momento, por isso o comité despediu-o, alterou o jogo e alcançou o topo. O seu momento de decisão numa sala de reuniões em Londres colocou dois alpinistas no cume do Evereste pela primeira vez.

Edmund Hillary, John Hunt e Tenzing Norgay a observar o Monte Evereste depois de terem chegado ao cume.

O MODELO DE DECISÃO PARA EVITAR ERROS NÃO FORÇADOS

Em matrizes anteriores, concentrei-me em princípios e ferramentas para ajudá-lo a chegar à decisão correcta. Nesta última, foco as ferramentas para quando enfrentar alguns dos problemas que mais frequentemente se encontram quando se tenta chegar a uma decisão.

Princípio	Ferramenta	Exemplo
1. Não é concedida autoridade de decisão.	Procurar responsabilidade em tomadas de decisão.	Jaime Irick e Madhabi Puri Buch procuraram repetidamente mais responsabilidade do que, de outro modo, lhes seria concedida.
2. Responsabilidades desconhecidas.	Analisar o passado.	Liu Chuanzhi construiu um líder global na produção de computadores ao analisar periodicamente as maiores decisões da semana anterior.

(214) É Hora de Decidir

Princípio	Ferramenta	Exemplo
3. Instinto inexperiente.	Instruir os seus instintos.	Simuladores de voo ajudam os astronautas da NASA a treinar a sua intuição para poderem decidir instintivamente.
4. Paralisia de análise.	A solução dos 70 por cento.	A Marinha treina os oficiais a tomarem decisões quando tiverem 70 por cento de certeza em relação ao resultado.
5. Erros acontecem.	Tolerá-los — uma vez.	O director do Laboratório de Propulsão a Jacto, Charles Elachi, insiste que as decisões em relação às missões espaciais sejam tomadas correctamente, mas considera os erros antigos como um laboratório de aprendizagem.
6. Precipitar-se para um julgamento.	Conservar a possibilidade de opção.	O ministro das Finanças dos EUA, Robert Rubin, e o CEO da Scottish Power, Ian Russell, adiaram grandes decisões o maior tempo possível para reduzir a complexidade e a incerteza.
7. Sobrecarga de ansiedade.	Olhar para o relógio.	Quando os outros mostradores giram no painel de instrumentos, os pilotos da Marinha controlam-se ao observar os ponteiros imóveis do relógio.
8. Síndrome dos custos irrecuperáveis.	Queimar o barco.	O inovador dos supercomputadores Seymour Cray construía e queimava anualmente um barco à vela, uma chamada de atenção para abandonar regularmente o modelo do ano passado.

Princípio	Ferramenta	Exemplo
9. Ecos de *yes-man.*	Colocar perguntas, não opiniões.	O General Peter Pace questiona os seus subordinados antes de lhes dizer quais os seus planos.
10. Facções em luta.	Deixe a batalha alastrar.	O CEO da Gillette, Colman Mockler, colocou as facções do "aço" e do "plástico" uma contra a outra para ver qual tinha a melhor estratégia.
11. Adversário astuto.	Clonar o seu adversário.	O treinador dos New England Patriots atribuiu a um *quarterback* suplente a tarefa de imitar Peyton Manning dos Colts.
12. Pensamento constringido.	Escrever poesia.	O banqueiro de investimentos John Barr utiliza uma "noção de arte" para tomar melhores decisões nos negócios.
13. Fracasso repetido.	Redefinir estratégias e reorganizar a equipa	O Comité dos Himalaias da Real Sociedade Geográfica mudou de planos e substituiu a liderança para a triunfante escalada ao Monte Evereste em 1953.

APRENDIZAGEM CONTÍNUA PARA FUTUROS MOMENTOS DE DECISÃO

As decisões com consequências exigem uma ampla atenção se queremos alcançar a decisão certa na hora certa. De modo a descobrir os princípios e ferramentas que orientam de forma mais conveniente as tomadas de decisão, recorri a entrevistas, observações e estudos sobre um grande conjunto de decisores contemporâneos e históricos em campos que vão desde os negócios e a política às forças armadas, medicina, educação, religião, até mesmo ao combate a incêndios e ao alpinismo. Cinquenta princípios e ferramentas diferentes surgiram das suas variadas experiências.

(216) É Hora de Decidir

Na prática, é claro, 50 princípios ou 50 ferramentas, ou 50 seja o que for, é mais do que a maioria dos decisores se consegue lembrar activamente quando chega aos seus próprios momentos de decisão. O meu conselho é identificar os cinco ou dez que são mais importantes para as decisões que enfrenta mais frequentemente e depois concentrar-se apenas nesses. Se o seu cargo implica tomadas de decisão rápidas — com um pouco da urgência que se encontra na sala de transacções na Lehman Brothers, por exemplo, ou na zona de incêndio na Montanha Storm King — encontrará avisos contra precipitar-se para avaliações erradas. Aqueles com o luxo ou a necessidade de ponderarem as suas decisões — como as decisões de grandes investimentos na Boeing e na Scottish Power — terão menos razões para recorrer à intuição ou a presságios quando chegarem à hora de decidir. Todavia, é bom não ser demasiado limitado: as decisões no próximo ano poderão ser bastante diferentes das deste ano e uma familiaridade temporária com todos os princípios e ferramentas aqui reunidos devia ajudar a tomar decisões mais fortes numa variedade de situações no futuro.

Visto que a intenção do livro é facilitar o nosso entendimento colectivo da arte e ciência da tomada de decisões com consequências, eu e outros leitores valorizaríamos saber que princípios e ferramentas parecem ser mais úteis para si. Ao publicar as suas cinco ou dez escolhas na página *web* do nosso livro juntamente com uma breve descrição do mundo de decisões em que habita, também nos irá ajudar a orientar-nos a todos. Incentivo-o também, enquanto visita o *site*, a acrescentar princípios, ferramentas e exemplos adicionais. Assim, as ideias aqui desenvolvidas irão tornar-se um produto colectivo construído em torno da experiência de vida dos leitores. Os nossos modelos de momento de decisão devem ser vistos como uma iniciativa aberta, um produto criado colectivamente.

Por fim, três sugestões para transformar estes princípios e ferramentas em iniciativas contínuas: Primeiro, continue a ler acerca de tomadas de decisão e decisores responsáveis. Com esse intuito, incluí ainda uma outra lista de leituras mais adiante. Segundo, identifique os decisores que admira — aqueles que estão a fazer a diferença no seu local de trabalho, comunidade e mais além — e depois observe e aprenda com o modo como chegam aos seus momentos de decisão. Por fim, faça o mesmo com as suas próprias decisões. Isso exige entrar no jogo, testando os modelos com decisões tangíveis, e revendo-os e construindo-os em torno dos princípios e ferramentas que funcionam melhor para si. Tudo isso deverá fornecer-lhe uma base duradoura para chegar aos muitos momentos de decisão que se avizinham.

Leituras sobre tomadas de decisão e responsabilidade

Graham T. Allison e Philip Zelikow, *Essence of Decision: Explaining the Cuban Missile Crisis*, 2ª edição, Longman, 1999.

Max Bazerman, *Judgment in Managerial Decision Making*, 6ª edição, Wiley, 2005.

Arlene Blum, *Breaking Trail: A Climbing Life*, Scribner, 2005.

Revista *Fortune*, edição especial sobre tomadas de decisão, 27 de Junho de 2005.

David H. Freedman, *Corps Business: The 30 Management Principles of the U.S. Marines*, HarperBusiness, 2000.

Malcolm Gladwell, *Blink: The Power of Thinking Without Thinking*, Little, Brown, 2005.

John Hammond, Ralph L. Keeney e Howard Raiffa, *Smart Choices: A Practical Guide to Making Better Decisions*, Broadway Books, 1999.

Kenneth R. Hammond, *Judgment Under Stress*, Oxford University Press, 2000.

Harvard Business Review, edição especial sobre tomadas de decisão, Janeiro de 2006.

Reid Hastie e Robin M. Dawes, *Rational Choice in an Uncertain World: The Psychology of Judgment and Decision Making*, Sage Publications, 2001.

Gary Klein, *Sources of Power: How People Make Decisions*, MIT Press, 1998.

Gary Klein, *Intuition at Work: Why Developing Your Gut Instincts Will Make You Better at What You Do*, Currency Doubleday, 2003.

Jon Krakauer, *Into Thin Air: A Personal Account of the Mt. Everest Disaster*, Villard/Random House, 1997.

(218) É Hora de Decidir

Leituras sobre tomadas de decisão e responsabilidade

J. Keith Murnighan e John C. Mowen, *The Art of High-Stakes Decision-Making: Tough Calls in a Speed-Driven World*, Wiley, 2002.

Michael A Roberto, *Why Great Leaders Don't Take Yes for an Answer: Managing for Conflict and Consensus*, Pearson Publishing/Wharton School Publishing, 2005.

Robert E. Rubin com Jacob Weisberg, *In an Uncertain World: Tough Choices from Wall Street to Washington*, Random House, 2003.

J. Edward Russo e Paul J. H. Schoemaker, *Decision Traps: Ten Barriers to Brilliant Decision-Making and How to Overcome Them*, Simon & Schuster, 1990.

J. Edward Russo e Paul J. H. Schoemaker, *Winning Decisions: Getting It Right the First Time*, Currency Doubleday, 2002.

Stephen W. Sears, *Gettysburg*, Houghton Mifflin, 2003.

J. Frank Yates, *Decision Management: How to Assure Better Decisions in Your Company*, Jossey-Bass, 2003.

Bob Woodward, *Plan of Attack*, Simon & Schuster, 2004.

Notas

Prefácio
(1) Useem e Zelleke 2006

Introdução
1. Partes desta secção são adaptadas de Useem e Useem 2005.
2. Comissão Presidencial sobre o Acidente do Vaivém *Challenger* 1986; Vaughan 1996.
3. Marx 1852; Frost 1920.
4. Roth 2004; Harris 1993; Turtledove 1993; Cowley 1999, 2002, 2003; Crossen 2005; http://www.uchronia.net/intro.html.
5. Entrevistas e outras fontes de informações para este livro são descritas no prefácio.
6. EBS 2004; entrevista a Scully, 2005. Cargos individuais e datas das entrevistas são apresentadas no prefácio.
7. Weisman 2004.
8. Russo e Schoemaker 1990, 2002; Kahneman 2003; Hammond, Keeney e Raiffa 1999.
9. Freedman 2000.
10. Sears 2003.
11. Ver prefácio; Useem, Davidson e Wittenberg 2005; http://leadership.wharton.upenn.edu/l_change/trips/index.shtml.
12. Entrevista a Boatner, 2005.
13. Pfeffer e Sutton 2000, ix-x.
14. Stein 2000.
15. Swartz e Watkins 2003; McLean e Elkind 2003: Useem 2003 (*Journal of Management and Governance*).
16. Van Maanen 1995, 135.

Capítulo 1
1. Maclean 1999; Useem 1998, capítulo 2. O capítulo é adaptado de Useem 2005 (*Fortune*) e Useem, Cook e Sutton 2005.
2. Maclean 1999; Equipa de Investigação ao Acidente no Incêndio de South Canyon 1994; Butler *et al* 1998.

(220) É Hora de Decidir

3. Incident Command System 1994, 3-4; National Wildfire Coordinating Group 2004; Maclean 2003; Pyne 1997.
4. Incident Operations Standards Working Team 2002, iv.
5. Incident Operations Standards Working Team 2002.
6. Ruggero 2001.
7. Simon e Houghton 2003; Metcalf 1998.
8. Janis e Mann 1977; Finucane *et al*. 2000; Gilbert 2002.
9. Fiedler 1992; Weick e Roberts 1993; Edmondson *et al*. 2003; Salka 2004, 122.
10. Klein 2003.
11. Putnam 1995, 11.
12. Comissão de Investigação do Acidente do *Columbia*.
13. Para além de uma investigação oficial ao incêndio (Equipa de Investigação ao Acidente no Incêndio de South Canyon 1994; Butler *et al*. 1998), também recorri a uma observação pessoal directa da zona de incêndio de South Canyon na Storm King Mountain a 29 de Maio de 2002. Conduzi a visita como um seminário no terreno na companhia de 17 bombeiros florestais (incluindo um dos sobreviventes, Sarah Doehring). O seminário no terreno oferecia uma oportunidade extra para discutir as decisões com bombeiros experientes que tinham tomado milhares de decisões enquanto lideravam equipas de bombeiros. Voltei àquela zona por um dia com uma equipa de filmagens da CNN a 11 de Agosto de 2005 e tinha anteriormente percorrido a zona com um bombeiro profissional em 2000. Para outros pontos de vista sobre decisões de liderança em incêndios florestais, recorri igualmente a análises secundárias dos incêndios de Mann Gulch e South Canyon realizadas por Maclean (1990), Maclean (1999), Putnam (1995), Weick (1993, 1996) e outros. Para além disso, a 19 de Julho de 2001 percorri o terreno do incêndio de Mann Gulch na companhia de nove bombeiros profissionais e outros, e aí dedicámos igualmente mais de um dia de diálogo contínuo à análise e compreensão de como o comandante de operações chegou às suas decisões. Informação extra sobre estes seminários no terreno pode ser encontrada no *website* que acompanha este livro, http://leadership.wharton.upenn.edu/TheGoPoint.
14. Junger 2002, p. 43.
15. Cook 2002; Sutton 2002; e Wildland Fire Leadership Development Program 2004; Gladwell 2005, pp. 14-15.
16. Wildland Fire Leadership Development Values and Principles, 2004.
17. Wildland Fire Leadership Development Training Courses, 2004.
18. Por exemplo ver U.S. Military Academy, 2004; U.S. Marine Corps University, 2004.

Notas (221)

19. Wildland Fire Leadership Development Staff Ride Library, 2004.
20. Meyer, 2003; Quintanar, 2003.
21. Redding Interagency Hotshot Crewmember Report, 2003.
22. Redding Interagency Hotshot Crewmember Report, 2003; Bazerman, 2002, p. 7.

Capítulo 2
1. Fitzgerald, 1993.
2. Roper Center for Public Opinion Research, 2000; Welch 2005, p. 40.
3. Entrevista a Hemingway por Dorothy Parker, *New Yorker*, 30 de Novembro de 1929.
4. Sears, 1992; Freeman, 1998.
5. Freeman, 1998, p. 144.
6. Unruh, entrevista e observação, 1995, Wharton School, Universidade da Pensilvânia.
7. Rieder, entrevista e observação, 1 de Março, 2004, Lehman Brothers.
8. Thomson, entrevista, 2004-05; Pace, observação, 9 de Dezembro de 2003, Wharton School, Universidade da Pensilvânia.
9. Kamler 2004,13.
10. Ferreras 2004.
11. Kamler 2004, 235; Weathers 2000.
12. Este relato tem por base principalmente a observação e entrevista do autor a Roberto Canessa a 10 e 11 de Fevereiro de 2005, na Wharton School, Universidade da Pensilvânia; também se baseia em Read 1974 e em informações disponíveis em http://www.viven.com.uy/571/eng. Citações de Canessa não referenciadas de outro modo são retiradas da observação e entrevista do autor a ele.
13. Read 1974, 78.
14. Read 1974, 81.
15. Kahneman 2003; Hammond 2000; Klein 1998,2003; Kahneman, Slovic e Tversky 1982; Russo e Schoemaker 1990, xviii; Russo e Schoemaker 2002.
16. Bazerman 2002, 152; Hincks 2005; www.phobialist.com.
17. Dar, Ariely e Frenk 1995.
18. Entrevista a Lester, 2005; Reilly *et al.* 2002; um dos autores do artigo, ArthurT. Evans, citado em Gladwell 2005, 139.
19. Robbins 2003, 84-87.
20. Karnazes 2005, 240-41.
21. Entrevista a Christensen, 2005; a reunião anual do Fórum Económico Mundial é descrita em http://www.weforum.org/site/homepublic. nsf/Content/Annual+ Meeting+ 2006%5CAnnual+Meeting+2005.

(222) É Hora de Decidir

22. Useem 1993.
23. Bianco e Moore 2001.
24. Useem 2001.
25. Thamel 2005, D3.

Capítulo 3
1. Collins 2001.
2. Entrevista a Grangaard, 2004.
3. Tam 2005 ("Boss Talk"), 2005 ("Rewiring Hewlett-Packard"); Hymowitz 2005; Rivlin 2005; Tam e Lublin 2005; Tam, Lublin e Hymowitz 2005.
4. Finkelstein e Hambrick 1996; Useem 1996.
5. Eisenhardt 1990.
6. Cisco 2004; O'Reilly e Pfeffer 2000.
7. Entrevista a Chambers, 2003.
8. Dalai Lama 1991, 122.
9. Dalai Lama e Cutler 1998.
10. Granovetter 1973.
11. Janis 1971; US. Select Senate Intelligence Committee 2004, 18.
12. Janis 1971.
13. Mizruchi e Stearns 2001.
14. Pace 2005.
15. Entrevista a Zhang, 2005.
16. Blum 2005, 221.
17. Blum 2005, 229-30.
18. Manly e Kirkpatrick 2005; Manly 2005.
19. Hawkins 2005.
20. http://www.hbosplc.com/abouthbos/board_matters.asp.
21. Useem e Zelleke 2006.
22. Gillie 2003, E1; Entrevista a Platt, 2005.

Capítulo 4
1. U.S. Navy 2001.
2. Ver, por exemplo, Mintzberg 1994.
3. Amazon.com; Questia.com.
4. O que se segue tem por base várias fontes publicadas, incluindo Boritt 1999; Coddington 1968; Freeman 1994, 1998; Gallagher 1992, 1993, 1994; McPherson 1988, 1997, 2003; Sears 1992, 1999; Trudeau 2002; Tucker 1982, 1983; e especialmente Sears 2003. Também se baseia nas mais de 50 visitas de um dia inteiro que o autor fez ao campo de batalha de Gettysburg entre 1995 e 2005, com alunos de MBA e de *executive* MBA e grupos de gestores. As visitas incluíam grupos de 25 a 50 gestores da AstraZeneca,

Chubb, First USA, General Mills, InBev, Merrill Lynch e outras empresas, e gestores de uma grande variedade de empresas e organizações que participaram em cursos livres da Wharton Executive Education (http://executive-education.wharton.upenn.edu). A maioria das visitas foram acompanhadas pelo guia autorizado do campo de batalha do U.S. National Park Service, William Bowling, e outros guias autorizados, Charles Fennell e Hans Henzel. O autor também acompanhou uma visita de um dia ao campo de batalha a 27 de Abril de 2003, organizada e dirigida para a Universidade de Princeton pelo escritor de obras relativas à Guerra Civil norte-americana James M. McPherson, então professor de História na Universidade de Princeton.

5. Citado em Sears 2003, 6.
6. Citado em Sears 2003, 15.
7. Citado em Sears 2003, 7.
8. Citado em Freeman 1934, 19.
9. Citado em Sears 1999, 161.
10. Lincoln 1863.
11. Citado em Sears 2003, 20, 21, 23-24.
12. Citado em Sears 2003, 121.
13. Citado em Sears 2003, 123.
14. Citado em Freeman 1998, 571.
15. Freeman 1998, 596.
16. Citado em Freeman 1998, 605.
17. Citado em Sears 2003, 344.
18. Citado em Sears 2003, 345.
19. Citado em McPherson 1998, 661.
20. Citado em Freeman 1998, 588.
21. Citado em Coddington 1968, 500; Sears 2003, 415.
22. Citado em Tucker 1982, 111.
23. Sears 2003, xiv.
24. Boritt 1997, 122.

Capítulo 5

1. Sobre o impacto de projectos de aprendizagem em acção, ver Hirst *et al*. 2004 e Dotlich e Noel 1998.
2. Freedman 2000; Santamaria, Martino e Clemons 2004; Useem, Davidson e Wittenberg 2005.
3. O seminário sobre desenvolvimento de gestão "Senior Executive Program" é anualmente patrocinado pelo Sasin Graduate Institute of Business Administration da Universidade de Chulalongkorn da Tailândia, em colaboração com a Wharton School, Universidade da Pensilvânia, e a Kellogg School, Universidade Northwestern (http://www.sasin.edu/execed/sep).

(224) É Hora de Decidir

4. O programa de cuidados de saúde foi patrocinado pelo Leonard Davis Institute of Health Economics e pela Wharton School da Universidade da Pensilvânia (http://www.upenn.edu/ldi/execed.html).
5. Russo e Schoemaker 2002, 75-85.
6. *Carter Racing* é da autoria de Brittain e Sitkin 1999 (actualizado em 2006).
7. Sony 1997, 1998, 1999, 4; Yermack 1996; Conyon e Peck 1998.
8. Comissão Presidencial sobre o Acidente do Vaivém *Challenger* 1986.
9. Jordan 1996, 2003; Jordan, Davidson, e Useem 2004; entrevista a Purcell, 2005; entrevistas a Jordan, 1997-2005; entrevistas a Boitano, 1997-2005.
10. O *website* do livro está disponível em http://leadership.wharton.upenn.edu/TheGoPoint.
11. Whitestone 1983; Gittel 2003.

Capítulo 6
1. Estado de Nova Iorque 2002.
2. Armstrong 2000.
3. Pillmore 2003.
4. *Business Week 2001.*
5. Estado de Nova Iorque 2002; Lin 2002.
6. U.S. Securities and Exchange Comission 2002.
7. Dallek 2004, 10-11; Gardner 2003, 147-63.
8. Tocqueville 1835.
9. Bazerman 2002; Russo e Schoemaker 2002; Klein 1998; Hammond 2000; Soros 1997, 2000.
10. Friedman 1970.
11. Useem 1996, 2004 ("Corporate Governance").
12. Hewitt Associates, comunicação pessoal.
13. Jensen 1989; Jensen e Murphy 1990.
14. Soros 1997.
15. Brady 2005; Pace 6 de Dezembro, 2005; Useem 2001.
16. Swartz e Watkins 2003; McLean e Elkind 2003; entrevista e observação a Watkins, 2002-4, Wharton School, Universidade da Pensilvânia.
17. Kwasjniewski 2005, 86.
18. Winik 2001; Trulock 1992; Marvel 2002; Chamberlain 1994; Freeman 1998.
19. Entrevista a Thomson, 2004; entrevista a Cooper, 2004; entrevista a Bernard, 2004; entrevista a Jones, 2004; observação a Pottruck, 1 de Outubro e 3 de Novembro de 2005, Wharton School, Universidade da Pensilvânia; entrevista e observação a Brennan, 2004, 28 de Julho de 2005, Academia Naval dos EUA; Lao-tzu 1986.
20. Collins 2001.
21. King 1990; Garrow 1986.

Notas (225)

22. Observação a Clinton, 28 de Janeiro, 2006, Fórum Económico Mundial, Davos, Suíça.

Capítulo 7

1. Entrevista e observação a Breen, 29 de Setembro de 2005, Wharton School, Universidade da Pensilvânia.
2. Entrevista a Crisson, 2004.
3. Gerstner 2002; observação a Gerstner, 12 de Fevereiro de 2003, Wharton School, Universidade da Pensilvânia; Purdum 2004; entrevista a Druskin, 2004.
4. Entrevista a Kaiser, 2004; entrevista a Lykketoft, 2004.
5. Dallek 2004, 7.
6. Frost 1983.
7. J. Useem *et al.* 2005.
8. Colvin 2000; Useem 2003.
9. Last 2006.
10. Partes da secção seguinte são retiradas de Useem e Useem 2005.
11. Entrevista a Irick, 2005.
12. Entrevista a Buch, 2006.
13. Entrevista a Liu, 2004.
14. Entrevista e observação a W. Cook, King, Kurtz, Means, Rust, Wuchner, 23-26 de Julho de 2004, Parque Nacional de Yosemite, Califórnia; observação da equipa de bombeiros no incêndios de Meadow no Parque Nacional de Yosemite, 23-26 de Julho de 2004.
15. Entrevista e observação a Petrie, Dillon, 2003, 2004, Houston, Texas.
16. Entrevista a Pace por J. Useem, 2005; Gladwell 2005.
17. Freedman 2000.
18. Observação a Livermore, 2 de Fevereiro de 2005, Wharton School, Universidade da Pensilvânia; Ulrich, Kerr e Ashkenas 2002.
19. Observação a Musharraf, 26 de Janeiro de 2006, Fórum Económico Mundial, Davos, Suíça.
20. Observação a Pace, 6 de Dezembro de 2005, Wharton School, Universidade da Pensilvânia.
21. Entrevista e observação a Elachi, 3 de Fevereiro e 23 de Março, 2004, Wharton School, Universidade da Pensilvânia.
22. Rubin 2003, 186.
23. Entrevista a Russell, 2004.
24. Aquilar 1994; Aquilar e Brainard 1986.
25. Entrevista a Pace por J. Useem, 2005.
26. McKibben 1997.
27. Boling 2004.

(226) É Hora de Decidir

28. Guth 2005.
29. Entrevista e observação a Barr, 26 de Janeiro e 2 de Fevereiro de 2005, Wharton School, Universidade da Pensilvânia.
30. Esta secção foi retirada de Useem e Useem 2003; Hunt 1954; Shipton 1969; Venables 2003.
31. Hunt 1954.

Referências bibliográficas

Abshire, David M. *The Character of George Marshall* (panfleto). Lexington, Va.: Washington e Lee University, 2005.

Allison, Graham T., e Philip Zelikow. *Essence of Decision: Explaining the Cuban Missile Crisis*. Segunda edição. Nova Iorque: Longman, 1999.

Anker, Conrad, e David Roberts. *The Lost Explorer: Finding Mallory on Mount Everest*. Nova Iorque York: Simon & Schuster, 1999.

Armstrong, Lance, com Sally Jenkins. *It's Not About the Bike: My Journey Back to Life*. Nova Iorque: Penguin Putnam, 2000.

Aquilar, Francis. "Cray Research, Inc.: Preparing for the 1990s." Case 9-390-066. Boston: Harvard Business School Publishing, 1994.

Aquilar, Francis, e Caroline E. Brainard. "Cray Research, Inc." Case 3-985-011. Boston: Harvard Business School Publishing, 1986.

Baum, J. Robert, e Stefan Wally. "Strategic Decision Speed and Firm Performance." *Strategic Management Journal 24*, 11 (2003): 1107-29.

Bazerman, Max. *Judgment in Managerial Decision Making*. Sexta edição. Nova Iorque: Wiley, 2002.

Bennis, Warren G., e James O'Toole. "How Business Schools Lost Their Way." *Harvard Business Review 83*, 5 (2005): 96-104.

Berman, Dennis K., Henry Sender, e Michael J. McCarthy. "China's Haier Is Said to Drop Offer for Maytag." *Wall Street Journal*, 20 de Julho, 2005.

Bianco, Anthony, e Pamela L. Moore. "Xerox: The Downfall, the Inside Story of the Management Fiasco at Xerox." *Business Week*, 5 de Março, 2001.

Blum, Arlene. *Breaking Trail: A Climbing Life*. Nova Iorque: Scribner/Lisa Drew Books, 2005.

(228) É Hora de Decidir

Boling, Dave. "Patriots' Huard Has Backup Plan: QB's Preparation Pays Off Big for New England." *News Tribune* (Tacoma, Washington), 29 de Janeiro, 2004.

Boritt, Gabor S., ed. *The Gettysburg Nobody Knows*. Nova Iorque: Oxford University Press, 1997.

Brady, James. "In Step with ...Gen. Peter Pace." Parade, 2 Outubro, 2005.

Brittain, Jack w., e Sim B. Sitkin. "Carter Racing." In *Ethical and Environmental Challenges to Engineering*, editado por Michael E. Gorman, Matthew M. Mehalik, e Patricia Werhane. Upper Saddle River, N.J.: Prentice Hall, 1999.

Business Week. "The Top 25 Managers: Dennis Kozlowski, Tyco International." 8 de Janeiro, 2001.

Butler, BretW., Roberta A. Bartlette, Larry S. Bradshaw, Jack D. Cohen, Patricia L. Andrews, Ted Putnam, e Richard J. Mangan. *Fire Behavior Associated with the 1994 South Canyon Fire on Storm King Mountain*. U.S. Forest Service, 1998. Disponível em http://www.fs.fed.us/rm/pubs/rmrs_rp009.html.

Carville, James. "Karl Rove: A Brilliant (Ouch!) Political Strategist." *Time*, 18 de Abril, 2005.

Chamberlain, Joshua Lawrence. *Bayonet! Forward: My Civil War Reminiscences*. Gettysburg, Pa.: Stan Clark Milirary Books, 1994.

Cisco Systems. "Cisco Systems to Acquire Growth Networks Inc.: Delivers Terabit Performance for Next-Generation Networks." Press release, 16 de Fevereiro, 2004. Disponível em http://newsroom.cisco.com/dlls/fspnisapi3cd4.html.

Coddington, Edwin B. *The Gettysburg Campaign: A Study in Command*. Nova Iorque: Scribner's 1968. Redistribuído pela Touchstone, 1997.

Collins, Jim. *Good to Great: Why Some Companies Make the Leap... and Others Don't*. Nova Iorque: HarperBusiness, 2001.

Columbia Accident Investigation Board. *Report*. Washington, D.C.: National Aeronautics and Space Administration and Government Printing Office, 2003.

Colvin, Geoffrey. "America's Most Admired Companies." *Fortune*, 21 de Fevereiro, 2000, 108-14.

Conyon, Martin J., e Simon I. Peck. "Board Size and Corporate Performance: Evidence from European Companies." *European Journal of Finance* 4 (1998): 291-304.

Cook, Jim. "Leadership Toolbox: From Wildland Firefighters." *Wharton Leadership Digest*, Outubro 2002. Disponível em http://leadership.wharton.upenn.edu/digest/10-02.shtml.

Cowell, Alan. "English Church Advances Bid for Women as Bishops." New York Times, 12 de Julho, 2005.

Cowley, Robert, ed. *What If? The World's Foremost Military Historians Imagine What Might Have Been*. Nova Iorque: Putnam, 1999.

_____. *What If? 2: Eminent Historians Imagine What Might Have Been*. Nova Iorque: Berkley Trade, 2002.

_____. *What Ifs? of American History: Eminent Historians Imagine What Might Have Been*. Nova Iorque: G. P. Putnam's Sons, 2003.

Crossen, Cynthia. " 'What Ifs' Don't Thrill Historians, but They Raise Intriguing Issues." *Wall Street Journal* 2 Fevereiro, 2005.

Dalai Lama. *Freedom in Exile: The Autobiography of the Dalai Lama*. Nova Iorque: HarperCollins, 1991.

Dalai Lama e Howard C. Cutler. *The Art of Happiness: A Handbook for Living*. Nova Iorque: Penguin Putnam, 1998.

Dallek, Robert. *Lessons from the Lives and Times of Presidents* (panfleto). Richmond, Va.: Jepson School of Leadership Studies. 2004.

Dar, Reuven, Dan Ariely, e Hanan Frenk. "The Effect of Past-Injury on Pain Threshold and Tolerance." *Pain* 60,2 (1995): 189-93.

Dotlich, David L., e James L. Noel. *Action Learning: How the World's Top Companies Are Recreating Their Leaders and Themselves*. São Francisco: Jossey-Bass, 1998.

EBS. *Annual Report*. Londres: EBS, 2004. Disponível em http://www.ebs.com.

Edmondson, Amy c., Michael A. Roberto, e Michael D. Watkins. "A Dynamic Model of Top Management Team Effectiveness: Managing Unstructured Task Streams." *Leadership Quarterly* 14, 3 (2003): 297-325.

Eisenhardt, Kathleen M. "Speed and Strategic Choice: How Managers Accelerate Decision Making." *California Management Review* 32, 3 (1990): 39- 54.

Ferreras, Pipin. *The Dive: A Story of Love and Obsession*. Nova Iorque: Regan Books, 2004.

Fiedler, Fred E. "Time-Based Measures of Leadership Experience and Organizational Performance: A Review of Research and a Preliminary Model." *Leadership Quarterly* 3, 1 (1992): 5-23.

_____. *Leadership Experience and Leadership Performance*. Arlington, Va.:United States Army Research Institute for the Behavioral and Social Sciences,1994.

Finkelstein, Sydney, e Donald C. Hambrick. *Strategic Leadership: Top Executives and Their Effects on Organizations*. Minneapolis: West Publishers, 1996.

(230) É Hora de Decidir

Finucane, Melissa, Ali Siddiq Alhakami, Paul Slovic, e S. M. Johnson. "The Affect Heuristic in Judgments of Risks and Benefits." *Journal of Behavioral Decision Making* 13, 1 (2000): 1-17.

Fitzgerald, F. Scott. *The Crack-Up*. Nova Iorque: New Directions, 1993. Publicado originalmente em 1936.

Forbes, Daniel P. "Managerial Determinants of Decision Speed in New Ventures." *Strategic Management Journal* 26, 4 (2005): 355-66.

Fortune. Edição especial sobre tomada de decisões. 27 de Junho, 2005.

Freedman, David H. *Corps Business: The 30 Management Principles of the U.S. Marines*. Nova Iorque: HarperBusiness, 2000

Freeman, Douglas Southall. *R. E Lee A Biography*. Nova Iorque: Scribner's, 1934.

_____. *Lee's Lieutenants: A Study in Command*. Resumido em um volume por Stephen W. Sears. Nova Iorque: Scribner, 1998.

_____. ed. *Lee's Dispatches: Unpublished Letters of General Robert E. Lee to Jefferson Davis and the War Department of the Confederate States of America*. Baton Rouge: Louisiana State University Press, 1994.

Friedman, Milton. "The Social Responsibility of Business Is to Increase its Profits." *New York Times Magazine*, 13 de Setembro, 1970.

Frost, David, e Michael Deakin. *David Frost's Book of the World's Worst Decisions*. Nova Iorque: Crown, 1983.

Frost, Robert. "The Road Not Taken." *Mountain Interval*. Nova Iorque: Henry Holt and Company, 1920.

Gallagher, Gary w., ed. *The First Day at Gettysburg: Essays on Confederate and Union Leadership*. Kent, Ohio: Kent State University Press, 1992.

_____. *The: Second Day at Gettysburg: Essays on Confederate and Union Leadership*. Kent, Ohio: Kent State University Press, 1993.

_____. *The: Third Day at Gettysburg & Beyond*. Chapel Hill, N.C.: University of North Carolina Press, 1994.

Gardner, Howard, com Emma Laskin. *Leading Minds: An Anatomy of Leadership*. Nova Iorque: Basic Books, 2003.

Garrow, David J. *Bearing the Cross: Martin Luther King, Jr., and the Southern Christian Leadership Conference*. Nova Iorque: William Morrow, 1986.

Gerstner, Louis V., Jr. *Who Says Elephants Can't Dance? Inside IBM's Historic Turnaround*. Nova Iorque: HarperCollins, 2002.

Gilbert, D. T. "Inferential Correction." In *Heuristics and Biases: The Psychology of Intuitive Judgment*, editado por Thomas Gilovich, Dale Griffin, e Daniel Kahneman. Nova Iorque: Cambridge University Press, 2002.

Gillie, John. "Boeing's Balancing Act: For the 7E7 to Make It, the Aerospace Giant Must Find the Right Mix of Features and Value." *News Tribune*, 27 de Abril, 2003.

Gittell, Jody Hoffer. *The Southwest Airlines Way: Using the Power of Relationships to Achieve High performance* Nova Iorque: McGraw-Hill, 2003.

Gladwell, Malcolm. *Blink: The Power of Thinking Without Thinking.* Nova Iorque: Little, Brown, 2005.

Granovetter, Mark S. "The Strength of Weak Ties." *American Journal of Sociology* 78 (1973): 1360-80.

Guth, Robert A. "Think Pad: In Secret Hideaway, Bill Gates Ponders Microsoft's Future." *Wall Street Journal* 28 de Março, 2005.

Hammond, John S., Ralph L Keeney, e Howard Raiffa. *Smart Choices: A Practical Guide to Making Better Decisions*. Nova Iorque: Broadway Books, 1999.

Hammond, Kenneth R. *Judgment Under Stress*. Nova Iorque: Oxford University Press, 2000.

Harris, Robert. Fatherland. Nova Iorque: HarperTorch, 1993.

Hastie, Reid, e Robyn M. Dawes. *Rational Choice in an Uncertain World: The Psychology of Judgment and Decision Making*. Thousand Oaks, Calif.: Sage Publications, 2001.

Hawkins, Lee, Jr. "GM's Wagoner Takes Control of Ailing North American Unit."*Wall Street Journal* 5 de Abril, 2005.

Heller, Frank Alexander, ed. *Decision-Making and Leadership*. Nova Iorque: Cambridge University Press, 1992.

Heppenheimer, T. A. *Turbulent Skies: The History of Commercial Aviation*. Nova Iorque: Wiley, 1995.

Hincks, Rob. "Positively Phobic." *Scanorama*, Maio 2005, 86-90.

Hirst, Giles, Leon Mann, Paul Bain, Andrew Pirola-Merlo, e Andreas Richver. "Learning to Lead: The Development and Testing of a Model of Leadership Learning." *The Leadership Quarterly* 15, 3 (2004): 311-27.

Hunt, John. *The Conquest of Everest*. Nova Iorque: E. P. Durcon, 1954.

Hymowitz, Carol. "Chiefs with Skills of a COO Gain Favor as Celebrity CEOs Fade." *Wall Street Journal*, 5 de Abril, 2005.

Incident Command System. *National Training Curriculum: Organization Overview*. Boise, Id.: National Interagency Fire Center, 1994.

Incident Operations Standards Working Team, National Wildfire Coordinating Group. "Operational Leadership Guide." In *Incident Response Pocket Guide*. Boise, Id.: National Interagency Fire Center, 2002.

Jaffe, Greg. "Battle Lines: Rumsfeld's Push for Speed Fuels Pentagon Dissent." *Wall Street Journal* 16 de Maio, 2005.

Janis, Irving L. "Groupthink." *Psychology Today*, Novembro 1971, 43-46,74-76.

Janis, Irving L, e Leon Mann. *Decision Making: A Psychological Analysis of Conflict, Choice, and Commitment*. Nova Iorque: Free Press, 1977.

(232) É Hora de Decidir

Jensen, Michael C. "Eclipse of the Public Corporation." *Harvard Business Review* 67,5 (1989): 61-74.

Jensen, Michael C., e Kevin J. Murphy. "CEO Incentives: It's Not How Much You Pay, but How." *Harvard Business Review* 68, 3 (1990): 138-53.

Jordan, Rodrigo. K2: *The Ultimate Challenge*. Santiago, Chile: Servicio de Impression Laser S.A., 1996.

_____. "Strategy at the Crux: Life-and-Death Choices on Everest and K2." In *Upward Bound: Nine Original Accounts of How Business Leaders Reached Their Summits*, editado por Michael Useem, Paul Asel, e]erry Useem. Nova Iorque: Crown Business/Random House, 2003.

Jordan, Rodrigo, Mark Davidson, e Mike Useem. "Life and Death Decisions on 'The Savage Mountain': Leadership at 28,000 Feet." Case Study. Filadélfia: Wharton Center for Leadership and Change, Universidade da Pensilvânia, 2004.

Judge, William Q., e Alex Miller. "Antecedents and Outcomes of Decision Speed in Different Environmental Contexts." *Academy of Management Journal* 34,2 (1991): 449-63.

Junger, Sebastian. *Fire*. Nova Iorque: Harper Perennial, 2002.

Kahneman, Daniel. "Maps of Bounded Rationality: Psychology for Behavioral Economics." *American Economic Review* 93,5 (2003): 1449-75.

Kahneman, Daniel, Paul Slovic, e Amos Tversky, eds., *Judgment Under Uncertainty: Heuristics and Biases*. Nova Iorque: Cambridge University Press, 1982.

Kamler, Kenneth. *Surviving the Extremes: A Doctor's Journey to the Limits of Human Endurance*. Nova Iorque: Sr. Martin's Press, 2004.

Karnazes, Dean. *Ultramarathon Man: Confessions of an All-Night Runner.* Nova Iorque: Penguin, 2005.

Killing, Peter, e Thomas Malnight com Tracey Keys. *Must- Win Battles: Creating the Focus You Need to Achieve Your Key Business Goals*. Upper Saddle River, N.J.: FT Prentice-Hall, 2005.

King, Martin Luther,Jr., *A Testament of Hope: The Essential Writings and Speeches of Martin Luther King, Jr.,* editado por James M. Washington. São Francisco: HarperSanFrancisco, 1990.

Klein, Gary. *Sources of Power: How People Make Decisions*. Cambridge, Mass.: MIT Press, 1998.

_____. *Intuition at Work: Why Developing Your Gut Instincts Will Make You Better at What You Do*. Nova Iorque: Currency Doubleday, 2003.

Krakauer, Jon. *Into Thin Air: A Personal Account of the Mt. Everest Disaster*. Nova Iorque: Villard/Random House, 1997.

Referências bibliográficas (233)

Kunreuther, Howard C. "Protective Decisions: Fear or Prudence." In *Wharton on Making Decisions*, editado por Stephen J. Hoch e Howard C. Kunreuther. Nova Iorque: Wiley, 2001.

Kwasjniewski, Aleksander. "Victor Yushchenko: A Revolution for the World." *Time*, 18 de Abril, 2005, 86-87.

Lagace, Martha. "Machiavelli, Morals, and You." *Harvard Business School Working Knowledge*, 25 de Junho, 2001. Disponível em http://hbswk.hbs.edu/pubitem.jhtml?id=2335&t=leadership.

Lao-tzu. *The Way of Life According to Lao- Tzu*. Traduzido por Witter Bynner. Nova Iorque: Perigee Trade, 1986.

Last, Jonathan V. "The Disaster Was a Movie." *Wall Street Journal* 13 de Janeiro, 2006.

Lin, Anthony. "Criminal, Civil Charges Filed Against Three Former Tyco Officers." *New York Law Journal* 13 de Setembro, 2002. Disponível em htttp://www.law.com/jsp/article.jsp?id=1030821213567.

Lincoln, Abraham. "Letter to General J. Hooker, May 14, 1863." *Abraham Lincoln: Speeches and Writings*, 1859-1865. Nova Iorque: Literary Classics of the United States, 1989,447-48.

Maclean, James N. *Fire on the Mountain: The True Story of the South Canyon Fire*. Nova Iorque: William Morrow, 1999.

_____. *Fire and Ashes: On the Front Lines of American Wildfire*. Nova Iorque: Henry Holt, 2003.

Maclean, Norman. *Young Men and Fire*. Chicago: University of Chicago Press,1990.

Manly, Lorne. "Editors at Time Inc. Offer Reassurances to Reporters." *New York Times*, 13 de Julho, 2005.

Manly, Lorne, e David D. Kirkpatrick. "Top Editor at Time, Inc. Made Difficult Decision His Own." *New York Times*,1 de Julho, 2005.

Marvel, William. *Lee's Last Retreat: The Fight to Appomattox*. Chapel Hill, N.C.: University of North Carolina Press, 2002.

Marx, Karl. *The Eighteenth Brumaire of Louis Bonaparte*. Nova Iorque: Internacional Publishers, 1963. Publicado originalmente em 1852.

McKibben, Gordon. *Cutting Edge: Gillette's Journey to Global Leadership*. Boston: Harvard Business School Press, 1997.

McLean, Bethany, e Peter Elkind. *Smartest Guys in the Room: The Amazing Rise and Scandalous Fall of Enron*. Nova Iorque: Portfolio, 2003.

McPherson, James M. *For Cause and Comrades: Why Men Fought in the Civil War*. Nova Iorque: Oxford University Press, 1997.

_____. *Battle Cry of Freedom: The Civil War Era*. Nova Iorque: Oxford University Press, 1988.

(234) É Hora de Decidir

_____. *Hallowed Ground: A Walk at Gettysburg*. Nova Iorque: Crown, 2003.

Mehta, Stephanie N. "Cisco Fractures Its Own Fairy Tale." *Fortune*, 14 de Maio, 2001, 104ff.

Mello, Peter A. "Thirty Years with Sailing Training." In *Sail Tall Ships!: A Directory of Sail Training and Adventure at Sea*. Newport, RI: American Sail Training Association, 2003.

Metcalfe, Janet. "Cognitive Optimism: Self-deception or Memory-based Processing Heuristics." *Personality and Social Psychology Review* 2,2 (1998): 100-10.

Meyer, John P. "Four Territories of Experience: A Developmental Action Inquiry Approach to Outdoor-Adventure Experiential Learning." *Academy of Management Learning and Education* 2, 4 (2003): 352-63.

Mintzberg, Henry. *Rise and Fall of Strategic Planning*. Nova Iorque: Free Press, 1994.

Mizruchi, Mark S., e Linda Brewster Stearns. "Getting Deals Done: The Use of Social Networks in Bank Decision-Making." *American Sociological Review* 66, 5 (2001): 647-71.

Morris, Betsy. "Charles Schwab's Big Challenge." *Fortune*, 30 de Maio, 2005, 88-99.

Mullen, Harris. *10 Incredible Mistakes at Gettysburg: A Review of the Battle and How Blunders by the Generals Shaped the Outcome*. Tampa, Fla.: High Water Press, 1995.

Murnighan, J. Keith, e John C. Mowen. *The Art of High-Stakes Decision-Making: Tough Calls in a Speed-Driven World*. Nova Iorque: Wiley, 2002.

Nagourney, Adam, e Janet Elder. "New Poll Finds Bush Priorities Are Out of Step with Americans." *New York Times*, 30 de Março, 2005.

National Wildfire Coordinating Group. *Fireline Handbook*. Boise, Id.: National Interagency Fire Center, 2004.

New York Times/CBS News Poll. 24-28 de Fevereiro, 2005.

O'Reilly, Charles A., III, e Jeffrey Pfeffer. *Hidden Value: How Great Companies Achieve Extraordinary Results with Ordinary People*. Boston: Harvard Business School Press, 2000.

Pace, Peter. "How the Marine Corps Trains Leaders." Entrevista de Jerry Useem. *Fortune*, 27 de Junho, 2005, 108.

Parrado, Nando, com Vince Rause. *Miracle in the Andes: 72 Days in the Andes and My Long Trek Home*. Nova Iorque: Crown Publishers, 2006.

Paterniti, Michael. "Torched," *Outside magazine*, Setembro, 1995, pp. 58ff.

Perlow, Leslie A., Gerardo A. Okhuysen, e Nelson P. Repenning. "The Speed Trap: Exploring the Relationship Between Decision Making and Temporal Context." *Academy of Management Journal* 45, 5 (2002): 931-55.

Pfeffer, Jeffrey, e Robert I. Sutton. *The Knowing-Doing Gap: How Smart Companies Turn Knowledge Into Action*. Boston: Harvard Business School Press, 2000.

Pillmore, Eric M. "How We're Fixing Up Tyco." *Harvard Business Review*, Dezembro, 2003, 96-103.

Presidential Commission on the Space Shuttle *Challenger* Accident (Rogers Commission). *Report of the Presidential Commission on the Space Shutttle Challenger Accident*. Washington, D.C.: Government Printing Office, 1986. Disponível em http://history.nasa.gov/rogersrep/genindex.htm.

Purdum, Todd S. "Imagining How Powell Might Still Have a Job." *New York Times*, "Week in Review," November 21, 2004.

Putnam, Ted. "The Collapse of Decision Making and Organizational Structure on Storm King Mountain." Missoula, Mont.: Technology and Development Center, U.S. Forest Service, 1995.

Pyne, Stephen J. *Fire in America: A Cultural History of Wildland and Rural Fire*. Seattle: University of Washington Press, 1997.

Quintanar, Ray. "Staff Rides." Memorando de 29 de Julho, 2003, para os Directores e Supervisores, U.S. Forest Service.

Read, Piers Paul. *Alive: The Story of the Andes Survivors*. Nova Iorque: Avon Books/HarperCollins, 1974.

Redding Interagency Hotshot Crewmember Report. "South Canyon Fire Staff Ride, Glenwood Spring, Colorado, 25-29 de Maio, 2003." Redding, Ca., 2003.

Reilly, Brendan M., Arthur T. Evans, Jeffrey J. Schaider, e Yue Wang. "Triage of Patients with Chest Pain in the Emergency Department: A Comparative Study of Physicians' Decisions." *American Journal of Medicine* 112, 2 (2002): 95-103.

Rimer, Sara. "Professors, in Close Vote, Censure Harvard Leader." *New York Times*, 16 de Março, 2005.

Rivlin, Gary. "Hewlett-Packard to Lay Off 14,500 to Save $1.9 Billion." *New York Times*, 20 de Julho, 2005.

Robbins, Royal. "Falling Up: Success Through Failure in the School of Hard Rocks." In *Upward Bound: Nine Original Accounts of How Business Leaders Reached Their Summits*, editado por Michael Useem, Paul Asel, e Jerry Useem. Nova Iorque: Crown Business/Random House, 2003.

Roberto, Michael A. *Why Great Leaders Don't Take Yes for an Answer: Managing for Conflict and Consensus*. Cambridge, Reino Unido: Pearson Publishing/Wharton School Publishing, 2005.

Roberts, David. "Out of Thin Air: 75 Years Later, Everest Finally Gives Up Mallory's Ghost." *Adventure*, Outono1999, 98-115.

(236) É Hora de Decidir

Roper Center for Public Opinion Research. Estudo do Center for Survey Research and Analysis, University of Connecticut e Heldrich Center em Rutgers e Center for Survey Research and Analysis, University of Connecticut, 10 de Maio- 29 de Maio, 2000. Acedido a 22 de Junho, 2005, do iPOLL Databank, Roper Center for Public Opinion Research, University of Connecticut, http://www.ropercenter.uconn.edu.

Roth, Philip. *The Plot Against America: A Novel* Boston: Houghton Mifflin, 2004.

Rubin, Robert E., com Jacob Weisberg. *In an Uncertain World: Tough Choices from Wall Street to Washington*. Nova Iorque: Random House, 2003.

Ruggero, Ed. *Duty First: West Point and the Making of American Leaders*. Nova Iorque: HarperCollins, 2001.

Russo, J. Edward, e Paul J. H. Schoemaker. *Decision Traps: Ten Barriers to Brilliant Decision-Making and How to Overcome Them*. Nova Iorque: Simon & Schuster, 1990.

_____. *Winning Decisions: Getting It Right the First Time*. Nova Iorque: Currency Doubleday, 2002.

Salka, John, com Barret Neville. *First In, Last Out: Leadership Lessons from the New York Fire Department*. Nova Iorque: Portfolio/Penguin, 2004.

Santamaria, Jason A., Vincent Martino, e Eric K. Clemons. *The Marine Corps Way: Using Maneuver Warfare to Lead a Winning Organization*. Nova Iorque: McGraw-Hill,2004.

Sears, Stephen W. *To the Gates of Richmond: The Peninsula Campaign*. Nova Iorque: Houghton Mifflin, 1992.

_____. *Controversies and Commanders: Dispatches from the Army of the Potomac*. Boston: Houghton Mifflin, 1999.

_____. *Gettysburg*. Boston: Houghton Mifflin, 2003.

Shipton, Eric. *That Untravelled World: An Autobiography*. Nova Iorque: Charles Scriber's Sons, 1969.

Simon, Mark, e Susan M. Houghton. "The Relationship Between Overconfidence and the Introduction of Risky Products: Evidence From a Field Study." *Academy of Management Journal* 46, 2 (2003): 139-49.

Sony Corporation. *Annual Reports*, 1997, 1998 e 1999. Disponíveis em http://www.sony.net/SonyInfo/IR/library/index.html.

Soros, George. "The Capitalist Threat." *Atlantic Monthly*, Fevereiro 1997, 45ff

_____. *Open Society: Reforming Global Capitalism*, Nova Iorque: Public Affairs Press, 2000.

Equipa de Investigação do Acidente no Incêndio de South Canyon. *South Canyon Fire Investigation of the 14 Fatalities That Occurred on July*

Referências bibliográficas (237)

6, 1994 near Glenwood Springs, Colorado. Washington, D.C.: U.S. Forest Service and Bureau of Land Manage-ment, 1994.

State of New York v. L. Dennis Kozlowski. Case no. 3418/02, June 4,2002. Disponível em http://news.findlaw.com/cnn/ docs/tyco/nykozlowski60402ind.pdf

Stein, Nicholas. "The World's Most Admired Companies," *Fortune*, 2 de Outubro, 2000, pp. 182-190.

Stewart, Thomas A. "The Leading Edge: Making Decisions in Real Time." *Fortune*, 26 de Junho, 2000, 332ff.

Sutton, Larry. "Leadership on the Line: Wildland Firefighters." *Wharton Leadership Digest*, Janeiro de 2002. Disponível em http://leadership.wharton.upenn.edu/digest/01-02.shtml.

Swartz, Mimi, com Sherron Watkins. *Power Failure: The Inside Story of the Collapse of Enron*. Nova Iorque: Doubleday, 2003.

Tam, Pui-Wing. "Boss Talk: Hitting the Ground Running-New CEO of H-P Immerses Himself in Studying Company." *Wall Street Journal*, 14 de Abril, 2005.

_____. "Rewiring Hewlett-Packard-Before Attempting to Fix H-P, Hurd Had to Understand It." *Wall Street Journal*, 20 de Julho, 2005.

Tam, Pui-Wing, e Joann S. Lublin. "H-P CEO Won't Rule Out Breakup — Mark Hurd Says First Job Is Improving Performance." *Wall Street Journal*, 13 de Março, 2005.

Tam, Pui- Wing, Joann S. Lublin, e Carol Hymowitz. "H-P Picks NCR Chief Hurd to Take Over Struggling Giant." *Wall Street Journal*, 30 de Março, 2005.

Thamel, Pete. "Three Times a Charm for Pitino: Taking Louisville to the Final Four Comes Amid Personal Loss." *New York Times*, 31 de Março, 2005.

Tocqueville, Alexis de. *Democracy in America*. Nova Iorque: Signet, 2001. Publicado originalmente em 1835.

Trudeau, Noah Andre. *Gettysburg: A Testing of Courage*. Nova Iorque: HarperColllins, 2002.

Trulock, Alice Rains. *In the Hands of Providence: Joshua L. Chamberlain and the American Civil War*. Chapel Hill, N.C.: University of North Carolina Press, 1992.

Tucker, Glenn. *Lee and Longstreet at Gettysburg*. Dayton, Ohio: Morningside Book-shop, 1982.

_____. *High Tide at Gettysburg*. Dayton, Ohio: Morningside Bookshop, 1983.

Turdedove, Harry. *The Guns of the South*. Nova Iorque: Del Rey, 1993.

Ulrich, Dave, Steve Kerr, e Ron Ashkenas. *The GE Work-Out: How to Implement GE's Revolutionary Method for Busting Bureaucracy and Attacking Organizational Problems — Fast!* Nova Iorque: McGraw-Hill, 2002.

(238) É Hora de Decidir

U.S. Marine Corps University. "Conduct of the Staff Ride." Quantico, Va.: Marine Corps University, 2004.

U.S. Military Academy. "Staff Rides." 2004. Disponível em http://www.dean.usma.edu/history/web03/staff%20rides%20site/sret%20pages/staff%20ride%20home03.htm.

U.S. Navy. *Standard Organization and Regulations of the U.S*. Navy (OPNAVINST 3120.32). Washington, D.C.: U.S. Navy, 2001.

U.S. Securities and Exchange Commission. Commission Announcements, 17 de Dezembro, 2002. Disponível em http://www.sec.gov/news/digest/12-17.txt.

U.S. Senate Select Committee on Intelligence. *Report of the U.S. Intelligence Com-munity's Prewar Intelligence Assessments of Iraq*. 17 de Julho, 2004. Washington, D.C.: U.S. Select Committee on Intelligence. Disponível em http://intelligence.senate.gov/iraqreport2.pdf.

Useem, Jerry. "Decisions, Decisions." *Fortune*, 27 de Junho, 2005, 55-56.

Useem, Jerry, et al. "20 That Made History." *Fortune*, 27 de Junho, 2005,58-86.

Useem, Michael. *The Inner Circle: Large Corporations and the Rise of Business Political Activity in the U.S. and UK*. Nova Iorque: Oxford University Press, 1984.

_____. *Executive Defense: Shareholder Power and Corporate Reorganization*. Cambridge, Mass.: Harvard University Press, 1993.

_____. *Investor Capitalism: How Money Managers are Changing the Face of Corporate America*. Nova Iorque: Basic Books/HarperCollins, 1996.

_____. *The Leadership Moment: Nine True Stories of Triumph and Disaster and Their Lessons for Us All*. Nova Iorque: Random House, 1998.

_____. *Leading Up: How to Lead Your Boss So You Both Win*. Nova Iorque: Crown Business/Random House, 2001.

_____."Corporate Governance Is Directors Making Decisions: Reforming the Outward Foundations for Inside Decision Making." *Journal of Management and Governance* 7, 3 (2003): 241-53.

_____."Behind Closed Doors." *Wall Street Journal*, 23 de Setembro, 2003.

_____."The Essence of Leading and Governing Is Deciding." In *Leadership and Governance from the Inside Out*, editado por Robert Gandossy e Jeffrey Sonnenfeld. Nova Iorque: Wiley, 2004.

_____."Corporate Governance and Leadership in a Globalizing Equity Market." In *The INSEAD-Wharton Alliance on Globalizing: Strategies for Building Successful Businesses*, editado por Hubert Gatignon e John Kimberly com Robert Gunther. Nova Iorque: Cambridge University Press, 2004.

_____."Decision Making and Leadership." In *Encyclopedia of Leadership*, editado por James MacGregor Burns, George R. Goethals, e

Georgia Sorenson. Great Barrington, Mass.: Berkshire Publishing Group/ Sage Publications, 2004.

_____."Decision Making-the Problem of Proxies." *Harvard Business Review* 82, 11 (2004): 20, 24-25.

_____."Structures to Help Directors Reach the Point: Company Boards Are Increasingly Adopting Formal Decision- Making Protocols to Ensure that They Address the Most Important Issues." *Financial Times*, 20 de Maio, 2005.

_____."In the Heat of the Moment: A Case Study in Life-and-Death Decision Making." *Fortune*, 27 de Junho, 2005, 125-34.

Useem, Michael, James Cook, e Larry Sutton. "Developing Leaders for Decision Making Under Duress: Wildland Firefighters in the South Canyon Fire and Its Aftermath." *Academy of Management Learning and Education* 4, 4 (2005): 461-85.

Useem, Michael, Mark Davidson, e Evan Wittenberg. "Leadership Development Beyond the Classroom: The Power of Leadership Ventures to Drive Home the Essence of Decision Making." *International Journal of Leadership Education* 1 (2005): 159-78.

Useem, Michael, e Jerry Useem. "The Board That Conquered Everest." *Fortune*, 27 de Outubro, 2003,73-74.

_____."Great Escapes: Nine Decision-Making Pitfalls-and Nine Simple Devices to Beat Them." *Fortune*, 27 de Junho, 2005, 97-102.

Useem, Michael, e Andy Zelleke. "Oversight and Delegation in Corporate Governance: Deciding What the Board Should Decide." *Corporate Governance: An International Review* 14, 1 (2006): 2-12.

Van Maanen, John. "Style as Theory." *Organizational Science* 6 (1995): 133-43.

Vaughan, Diane. *The Challenger Launch Decision: Risky Technology, Culture, and Deviance at NASA*. Chicago: University of Chicago Press, 1996.

Venables, Stephen. *Everest: Summit of Achievement*. Nova Iorque: Simon & Schuster, 2003.

Vlahos, James. "Then Alive! & Now," *National Geographic Adventure*, Apri12006, 46ff.

Weathers, Beck. *Left for Dead: My Journey Home from Everest*. Nova Iorque: Villard/Random House, 2000.

Weick, Karl E. "The Collapse of Sensemaking in Organizations: The Mann Gulch Disaster." *Administrative Science Quarterly* 38, 4 (1993): 628-52.

_____."Drop Your Tools: An Allegory for Organizational Studies." *Administrative Science Quarterly* 41, 2 (1996): 301-13.

Weick, Karl E., e Karlene H. Roberts. "Collective Mind in Organizations: Heedful Interrelating on Flight Decks." *Administrative Science Quarterly* 38, 3 (1993): 357-81.

Weisman, Steven R. "The Struggle for Iraq: The Transfer; U.S. Presidential Politics and Self-Rule for Iraqis," *New York Times*, 19 de Fevereiro, 2004.

_____."Democrats Delay Final Approval of Rice for State Dept." *New York Times*, 20 de Janeiro, 2005.

Weisman, Steven R., e Joel Brinkley. "At the Senate Hearing, Rice Cites Progress in Training Iraq Forces." *New York Times*, 19 de Janeiro, 2005.

Welch, Jack, com John A. Byrne. *Jack: Straight from the Gut*. Nova Iorque: Warner Business Books, 2001.

Welch, Jack, com Suzy Welch. *Winning*. Nova Iorque: HarperCollins, 2005. [Vencer. Lisboa: Actual Editora, 2005.]

Wharton Leadership Digest. "Leadership in China: Haier's Zhang Ruimin." Março de 2005. Disponível em http://leadership.wharton.upenn.edu/digest/03%2D05.shtml.

Whitestone, Debra. "People Express." Case 9-483-103. Harvard Business School, Boston, 1983.

Wildland Fire Leadership Development Program. Ver http://www.fireleadership.gov, 2004.

Wildland Fire Leadership Development Staff Ride Library. Ver http://www.fireleadership.gov/toolbox/staffride/index.html, 2004.

Wildland Fire Leadership Development Training Courses. Ver http://www.fireleadership.gov/courses/courses.html, 2004.

Wildland Fire Leadership Development Values and Principles. Ver http://www.fireleadership.gov/values_principles.html, 2004.

Wilmoth, Peter. "Slowly, Slowly, a Corporate Strongman Climbs His Mountains." *The Age* (Melbourne), 5 de Maio, 2002.

Winik, Jay. Abril de 1865: *The Month That Saved America*. Nova Iorque: HarperCollins, 2001.

Woodward, Bob. *Plan of Attack*. Nova Iorque: Simon & Schuster, 2004.

Yates, J. Frank. *Decision Management: How to Assure Better Decisions in Your Company*. São Francisco: Jossey-Bass, 2003.

Yermack, David. "Higher Market Valuation of Companies with a Small Board of Directors." *Journal of Financial Economics* 40, 2 (1996): 185-211.

Agradecimentos

Primeiro tenho de agradecer aos muitos que partilharam com franqueza e de bom grado as suas experiências de tomada de decisão, alguns dos quais, mas não todos, estão identificados no prefácio. Quero também agradecer às seguintes pessoas por prestarem um serviço e uma orientação incalculáveis durante a preparação deste livro: James Bailey, Penny Bamber, Maria Bartiromo, Alain Belda, Edwin Bernbaum, Aldo Boitano, Kate Bonamici, William Bowling, Leigh Buchanan, Peter Cappelli, Dennis Carey, Johannah Christensen, Jim Cook, Peter Cowen, Mark Davidson, Jonathan P. Doh, Kay Dowgun, Charles Elson, Claudio Engel, Robert Gandossy, Hank Gilman, Mark Hanna, Jack Hershey, Sarah Hershey, Paola Hjelt, Tim Hough, Anjani Jain, Rodrigo Jordan, Sandhya Karpe, Rakesh Khurana, Jeffrey Klein, Lynn Krage, Howard Kunreuther, Neng Liang, Connie Mack, James McPherson, Marshall Meyer, Kenneth Miller, Robert E. Mittelstaedt, Li-Chun Moy, Cait Murphy, Mukul Pandya, Kathryn Pearson, Eric Pillmore, Lewis Platt, David Pottruck, Michael Roberto, Joseph Rosenbloom, Sanjay Saxena, Paul Schoemaker, Harbir Singh, Jitendra Singh, Jeffrey Sonnenfeld, Jon Spector, Thomas Stewart, Stephen A. Stumpf, Larry Sutton, Todd Thomson, Andrea Useem, Susan Useem, Yumi Wakayama, Chris Warner, Karl Weick, Evan Wittenberg e Andy Zelleke.

Para o capítulo sobre combate a incêndios na Storm King Mountain, estou agradecido pelas observações de um número de pessoas que se juntaram a nós durante uma caminhada de um dia pela zona do incêndio de South Canyon a 29 de Maio de 2002. Incluem-se aqueles que traba-

(242) É Hora de Decidir

lham para as agências governamentais de combate a incêndios: Kim Bang, Grant Beebe, Tim Blake, Jim Cook, Sarah Doehring, Pam Ensley, Deb Epps, Anthony Escobar, Jim Glenn, Jim Kitchen, Bob Leighty, Mark Linane, Nancy Lull, Greg Power, George Steele, Larry Sutton e Steve Thomas; oficiais da Marinha dos EUA, Bob Baird, Eric Carlson e Cheston Souza; John Maclean, autor de *Fire on the Mountain*, uma narrativa meticulosa do incêndio de South Canyon; e professores e licenciados da Wharton School e da Universidade da Pensilvânia, incluindo, Mark Davidson, Neil Doherty, Bruce Newsome e Barbara Shannon. A visita à Storm King Mountain e a outra zona de incêndio, Mann Gulch em Montana, são descritas resumidamente em http://leadership.wharton.upenn.edu/l_change/trips/SKM-fire.shtml e em http://leadership.wharton.upenn.edu/l_change/Fire.shtml. Estou em dívida para com o bombeiro Donald Mackey, cujas decisões durante o incêndio de South Canyon fundamentaram profundamente o meu pensamento acerca da tomada de decisão sob *stress* intenso.

Devo um agradecimento muito especial ao meu agente, Raphael Sagalyn, ao meu editor pessoal Howard Means e ao editor da Random House/Crown Business, John Mahaney. O seu encorajamento, orientação e apoio durante o desenvolvimento das ideias por detrás do livro e do livro em si foram inestimáveis ao longo do processo. O meu colega Evan Wittenberg exige um agradecimento especial pelas nossas numerosas reflexões acerca de tomadas de decisão, à medida que percorríamos terrenos que iam desde a Antárctida aos Himalaias, e pelo seu apoio ilimitado nos terrenos mais próximos da nossa universidade. A minha mulher, Elizabeth Useem concedeu o seu apoio e orientação fundamentais durante as entrevistas, observações e escrita que se seguiu, ingredientes essenciais para completar esta tarefa. Eu e o meu filho Jerry Useem tivemos bastantes discussões providenciais sobre tomadas de decisão; elas moldaram muitas das ideias nestas páginas e criaram ao longo do tempo dois artigos escritos em conjunto identificados mais abaixo.

Algumas passagens neste livro foram adaptadas de vários artigos que escrevi ou co-escrevi durante a preparação para o livro, todos disponíveis sob pedido em TheGoPoint@wharton.upenn.edu:

"Oversight and Delegation in Corporate Governance: Deciding What the Board Should Decide," com Andy Zelleke, *Corporate Governance* 14 (2006): 2-12.

Agradecimentos (243)

"Developing Leaders for Decision Making Under Duress: Wildland Fire-fighters in the South Canyon Fire and Its Aftermath," com James Cook e Larry Sutton, *Academy of Management Learning and Education* 4 (2005): 461-85.

"Making Responsible Decisions," in *Handbook of Responsible Leadership and Governance in Global Business*, editado por Jonathan P. Doh e Stephen A. Stumpf, Edward Elgar Publishing, 2005.

"In the Heat of the Moment: A Case Study in Life-and-Death Decision Making," *Fortune*, 27 de Junho, 2005, 125-33.

"Great Escapes: Nine Decision-Making Pitfalls-and Nine Simple Devices to Beat Them," com Jerry Useem, *Fortune*, 27 de Junho, 2005, 97-102.

"Structures to Help Directors Reach the Point: Company Boards Are Increasingly Adopting Formal Decision-Making Protocols to Ensure That They Address the Most Important Issues," *Financial Times* 20 de Maio, 2005.

"Leadership Development Beyond the Classroom: The Power of Leadership Ventures to Drive Home the Essence of Decision Making," com Mark Davidson e Evan Wittenberg, *International Journal of Leadership Education* 1 (2005): 159-78.

"The Essence of Leading and Governing Is Deciding," in *Leadership and Governance from the Inside Out*, editado por Robert Gandossy e Jeffrey Sonnenfeld, Wiley, 2004.

"Decision Making — the Problem of Proxies," *Harvard Business Review*, Novembro de 2004, 20, 24-25.

"Decision Making and Leadership," in *Encyclopedia of Leadership*, editado por James MacGregor Burns, George R. Goethals, e Georgia Sorenson. Great Barrington, Mass.: Berkshire Publishing Group/Sage Publications, 2004.

"The Board That Conquered Everest," com Jerry Useem, *Fortune*, 27 de Outubro, 2003, 73-74.

"Behind Closed Doors," *Wall Street Journal*, 23 de Setembro, 2003.

"Corporate Governance Is Directors Making Decisions: Reforming the Outward Foundations for Inside Decision Making," *Journal of Management and Governance* 7, 3 (2003): 241-53.

"Clear and Present Danger," *Fast Company*, July 2003,29-30.

Créditos
de fotografias, imagens, tabelas e simulações

As fotografias, imagens, tabelas e uma simulação são usadas com permissão das seguintes fontes:

Introdução

Astronautas: Bettmann/Corbis

Capítulo 1

Anatomia de uma Tragédia: John Tomanio, *Fortune*
Bombeiros cortam uma linha de fogo: Tony Petrilli, USDA Forest Service
A decisão final de Don Mackey: Fotografia de Jim Kautz, USDA Forest Service; Gráfico de John Tomanio, *Fortune*

Capítulo 2

Gustavus W. Smith: Bettmann/Corbis

Capítulo 3

Dalai Lama: Bettmann/Corbis

Capítulo 4

Abraham Lincoln: Abraham Lincoln Book Shop, Inc., Chicago, IL.; todos os direitos reservados
Joseph Hooker: Biblioteca do Congresso, Divisão de Fotografias e Impressões
George Meade: Biblioteca do Congresso, Divisão de Fotografias e Impressões
George Pickett: Biblioteca do Congresso, Divisão de Fotografias e Impressões

Capítulo 5

Equipas de alunos de MBA preparam-se para resolver problemas num treino da Marinha: Michael Useem
Carter Racing: @ 1986, 2001, 2005, 2006 por Jack W. Brittain e Sim B. Sitkin e distribuído com a autorização da Delta Leadership Incorporated. Todos os direitos reservados. Não pode ser reproduzido, modifcado, armazenado, ou transmitido sem a prévia permissão por escrito do detentor dos direitos de autor ou seu representante. Para obtenção de autorização de direitos de autor, contacte Delta Leadership, Inc: carter@deltaleadership.com.
Aproximando-se do K2: Christian Buracchio/Vertical S.A.
Aproximando-se do cume do K2: Cristian Garcia Huidobro/Vertical S.A.
Folheto de tarifas da People Express: Chris Sloan, CMedia
Simulação da People Express: John Sterman, People Express Microworld, Global Strategy Dynamics Limited, Princes Risborough (http://www.strategydynamics.com)

Capítulo 6

Peter Pace com fotografia de Guido Farinaro: SSgt D. Myles Cullen, D.S. Air Force
Joshua Lawrence Chamberlain: Do quadro original de More Künstler, *Salute of Honor*, ©2001 More Künstler, Inc.

Capítulo 7

Tenzing Norgay no cume do Monte Evereste: Real Sociedade Geográfica
Cume do Monte Evereste: Real Sociedade Geográfica
Edmund Hillary, John Hunt e Tenzing Norgay: Associated Press

Sobre o autor

Michael Useem é professor de Gestão da cátedra William e Jacalyn Egan e director do Center for Leadership and Change Management da Wharton School da Universidade da Pensilvânia. Na universidade lecciona cadeiras de MBA e *Executive* MBA sobre gestão e liderança, e oferece programas sobre liderança, governação e mudança para gestores nos Estados Unidos, Ásia, Europa e América Latina. Michael Useem também trabalha no desenvolvimento de liderança com empresas e organizações nos sectores privado, público e sem fins lucrativos, e tem sido consultor de várias empresas em questões de *corporate governance*. É o autor de *The Leadership Moment: Nine True Stories of Triumph and Disaster and Their Lessons for Us All, Investor Capitalism: How Money Managers Are Changing the Face of Corporate America* e outros livros, e os seus artigos têm sido publicados em várias revistas e jornais nos Estados Unidos e no estrangeiro. Está disponível informação adicional em http://www.wharton.upenn.edu/faculty/useem.html e o autor pode ser contactado em useem@wharton.upenn.edu.

Gostou deste livro? Oferecemos-lhe a oportunidade de comprar outros dos nossos títulos com 10% de desconto. O envio é gratuito (correio normal) para Portugal Continental e Ilhas.

☐	**Sociedade Pós-Capitalista** Peter F. Drucker	19 € + iva = 19,95 €
☐	**Liderança Inteligente** Alan Hooper e John Potter	19 € + iva = 19,95 €
☐	**O que é a Gestão** Joan Magretta	19 € + iva = 19,95 €
☐	**A Agenda** Michael Hammer	19 € + iva = 19,95 €
☐	**O Mundo das Marcas** Vários	20 € + iva = 21,00 €
☐	**Vencer** Jack e Suzy Welch	21 € + iva = 22,05 €
☐	**Como Enriquecer na Bolsa** Mary Buffett e David Clark com Warren Buffett	16 € + iva = 16,80 €
☐	**Vencer** (áudio) Jack e Suzy Welch	15 € + iva = 18,15 €
☐	**O Diário de Drucker** (versão capa mole) Peter Drucker com Joseph A. Maciarello	19 € + iva = 19,95 €
☐	**O Mundo é Plano** Thomas L. Friedman	20 € + iva = 21,00 €
☐	**O Futuro é Hoje** John C. Maxwell	19 € + iva = 19,95 €
☐	**Vencedores Natos** Robin Sieger	19 € + iva = 19,95 €
☐	**Nunca Almoce Sozinho** Keith Ferrazzi com Tahl Raz	19 € + iva = 19,95 €
☐	**Sou Director, e Agora?** Thomas J. Neff e James M. Citrin	19 € + iva = 19,95 €
☐	**O Meu Eu e Outros Temas Importantes** Charles Handy	19 € + iva = 19,95 €
☐	**Buzzmarketing** Mark Hughes	19 € + iva = 19,95 €
☐	**A Revolução da Riqueza** Alvin e Heidi Toffler	21 € + iva = 22,05 €
☐	**A Cauda Longa** Chris Anderson	20 € + iva = 21,00 €
☐	**Vencer: As Respostas** Jack e Suzy Welch	19 € + iva = 19,95 €
☐	**Um Nível Superior de Liderança** Ken Blanchard	19 € + iva = 19,95 €
☐	**Know-How** Ram Charan	19 € + iva = 19,95 €
☐	**Mavericks no trabalho** William C. Taylor e Polly LaBarre	20 € + iva = 21,00 €
☐	**O Poder de uma Hora** Dave Lakhani	18 € + iva = 18,90 €
☐	**A Cauda Longa** (áudio) Chris Anderson	17 € + iva = 21,57 €
☐	**Onde Estão os Bons Líderes?** Lee Iacocca com Catherine Whitney	19 € + iva = 19,95 €

Colecção Espírito de Negócios

☐	**Gestão do Tempo** Polly Bird	18 € + iva = 18,90 €
☐	**O Poder do Pensamento Positivo nos Negócios** Scott W. Ventrella	18 € + iva = 18,90 €
☐	**A Arte da Liderança Pessoal** Randi B. Noyes	18 € + iva = 18,90 €
☐	**Comunicar com Sucesso** Perry Wood	18 € + iva = 18,90 €
☐	**Persuasão** Dave Lakhani	18 € + iva = 18,90 €
☐	**Como destruir uma empresa em 12 meses… ou antes** Luis Castañeda	18 € + iva = 18,90 €
☐	**Ler Depressa** Tina Konstant	18 € + iva = 18,90 €
☐	**Como gerir pessoas difíceis** Carrie Mason Draffen	18 € + iva = 18,90 €
☐	**Saber trabalhar melhor** Mark Gulston	18 € + iva = 18,90 €

Colecção Harvard Business School Press

☐	**Visão Periférica** George S. Day e Paul J.H. Schoemaker	20 € + iva = 21,00 €
☐	**Questões de Carácter** Joseph L. Badaracco, Jr.	20 € + iva = 21,00 €
☐	**A estratégia Oceano Azul** W. Chan Kim e Renée Mauborgne	20 € + iva = 21,00 €
☐	**Síndrome do Macho Alfa** Kate Ludenman e Eddie Erlandson	20 € + iva = 21,00 €
☐	**O Futuro da Gestão** Gary Hamel	20 € + iva = 21,00 €

Colecção Jovem Empreendedor

☐	**Por que é que os empreendedores devem comer bananas** Simon Tupman	19 € + iva = 19,95 €
☐	**Qualquer um consegue** Sahar e Bobby Hashemi	19 € + iva = 19,95 €

Colecção Conceitos Actuais

☐	**Afinal quem são "eles"?** B.J. Gallagher e Steve Ventura	16 € + iva = 16,80 €
☐	**O Tao de Warren Buffett** Mary Buffett e David Clark	12 € + iva = 12,60 €
☐	**As leis "não escritas" da gestão** W.J. King (actualização de G. Skakoon)	12 € + iva = 12,60 €

Total	
10% desconto	
Custo Final	

Pode enviar o pagamento por cheque cruzado, ao cuidado de **Conjuntura Actual Editora, Lda.** para a seguinte morada:
Caixa Postal 180 | Rua Correia Teles, 28-A | 1350-100 Lisboa | Portugal
Por favor inclua o nome completo, morada e número de contribuinte.

Os preços, adequados à data em que o livro foi editado e à disponibilidade, podem ser alterados.
Para mais informações visite o nosso *site*: **www.actualeditora.com**